人类的群星闪耀时

STERNSTUNDEN DER MENSCHHEIT

[奥] 斯蒂芬·茨威格◎著 刘小燕◎译

中国商业出版社

图书在版编目（CIP）数据

人类的群星闪耀时／（奥）斯蒂芬·茨威格著；刘小燕译. —北京：中国商业出版社，2017.8
ISBN 978-7-5208-0034-1

Ⅰ.①人… Ⅱ.①斯… ②刘… Ⅲ.①历史人物—列传—世界 Ⅳ.①K811

中国版本图书馆 CIP 数据核字（2017）第 223695 号

责任编辑：武文胜

中国商业出版社出版发行
010-63180647   www.c-cbook.com
（100053 北京广安门内报国寺 1 号）
新华书店经销
三河市华润印刷有限公司

★ ★ ★ ★ ★

880×1230 毫米 1/32 11 印张 210 千字
2018 年 3 月第 1 版 2018 年 3 月第 1 次印刷
定价：45.00 元

★ ★ ★ ★

（如有印刷质量问题可更换）

序言

"灵感迸发"这个词,想必大家已经屡见不鲜了。的确,如今我们所见到的那些成功的艺术作品往往都归功于这短暂又求而不得的时刻,没有哪个艺术家会不分白天黑夜地创作。被我们歌颂为所有时代最杰出的表演者的历史也是如此,历史不可能时时刻刻推陈出新。虽然歌德曾经赞誉历史为"神明的神秘作坊",可是发生在这作坊里的却是数不清的微不足道的平常事。和在艺术中和生活中遇到的情形一样,历史上也很难见到那些令人难以忘怀的时刻。因为所有关键性的里程碑式似的时刻都需要长久的发酵,每一桩、每一件都有一个发展的过程,所以编年史家只是把这个作坊中的事实面无表情地、持续不断地串成链条。在一个民族内,往往几百万人的努力才会造就一位天才。同样地,必然经过长久的岁月流逝,才会出现一个在世界上具有真正纪念意义的时刻——一个人类的群星闪耀的时刻。

可是,这种具有真正纪念意义的时刻一旦出现,就如同一位艺术天才一旦出现就会名垂青史一样，它往往会对人类几十年甚至几百年的历史进程产生决定性的影响。如同避雷针的尖端会汇集整个大气层的电流一样，那些数不清的事件也会集中发生在非常短的时间内。那些平常看上去漫不经心、依次发生的事，都会集中表现在这一短暂时刻。这一时刻会永恒地改变这个世界，对一个人的生死，甚至一个民族，乃至对整个人类的未来都起到决定性的作用。

  不管是在个人的一生中，还是在历史的发展过程中，这种戏剧性的和决定命运的时刻都非常少见，通常只出现在某一天、某一小时甚至只在某一分钟，可是它们的影响力却远远超出时间的范畴。我之所以叫它们为群星闪耀的时刻，就是因为它们像天上的星星一样永远光芒四射，照亮着黑夜，我准备在本书中从各个不同时期和地区对这些时刻进行回忆。可是我想让其尽可能真实地表现自己，不想因为我的想象让其内外真实性都大打折扣，因为历史本身已经完整呈现了那些非常时刻，不需要通过后人的帮助。历史是名副其实的诗人和戏剧家，不管哪个作家都不要做超越历史本身的春秋大梦。

斯蒂芬·茨威格

目录

求救于永垂不朽的事业 / 001

攻陷拜占庭 / 034

亨德尔的死而复生 / 069

那一晚,灵感迸发 / 098

滑铁卢决定性的一分钟 / 116

玛丽恩巴德悲歌 / 135

探寻黄金国 / 149

英雄的刹那 / 163

横跨大洋的首次通话 / 174

往苍天逃去 / 201

去南极探险 / 243

密闭的列车 / 268

西塞罗 / 282

威尔逊的夙愿和失败 / 317

求救于永垂不朽的事业

准备好一艘船

哥伦布①首次从被发现的美洲凯旋时,行进在塞维利亚②和巴塞罗那③人来人往的街道的队伍可谓是万众瞩目,他带回来各种奇珍异宝、一直为人所不知的红种人,还有各种人们从来没见过的动物,像一直叫个不停的斑斓鹦鹉、傻傻的貘,以及

---

① 克里斯托弗罗·哥伦布(Cristoforo Colombo, 1451—1506),出生于意大利,后于1485年移居西班牙,在西班牙伊莎贝拉女王的支持下,1492年8月至1493年3月,他首次向西远航,试图找到一条新航道,可以直达印度,最后他到了如今的古巴和巴哈马群岛、海地等岛,之后又连续三次往西航行,抵达中美、南美大陆沿岸地带,被称为历史首位发现美洲的欧洲人,可是直到死,他都误认为自己到的是印度。

② 塞维利亚(Sevilla),位于西班牙南部的一个城市,1503至1717年西班牙统管殖民地国家时,这里是管辖印度事务的所在地。

③ 巴塞罗那(Barcelona),西班牙东北部的关键性港口,靠近地中海,哥伦布首次航海归来以后,就是在这里给西班牙的伊莎贝拉国王和斐迪南国王提交的航海报告。

马上就会在欧洲安家,并引发世人关注的植物和谷类,像玉米、椰子和烟草。欢呼的人群无不露出新奇的表情。可是两位国王①和谋士们最感兴趣的,却是小箱子和小篮子里装的黄金。哥伦布并没有从新印度带回来很多黄金,确切地说是一些黄金末子更合适,这些都只是和土著人进行交换或直接掠夺而来的装饰物、小金锭或为数不多的零碎的金粒,所有的战利品最多也只能铸造几百枚威尼斯古金币②,可是这位天才的梦想家哥伦布——对于自己乐意相信的事情,他总是执拗地选择相信,就像他一直自诩通往印度的海路是他开拓的一样——一直带着严肃而激动的心情炫耀着说,这只是他首次带回来的一点样品。有确切消息表明,在这些新岛屿上有数不清的金矿;这种贵金属就位于浅表地层底下,有些地方的地表面甚至都可以看到,只需要用一个小铁铲就可以挖出来。只是这个黄金之国位于更南边——那里的国王们喝水都是用的黄金杯子,那里的黄金价值还不如西班牙的铅。对于这番有关新黄金国③的言论,这两位对黄金有着无尽的渴望的国王听得入迷了,对哥伦布的种种

---

① 两位国王,指当时位于伊比利亚半岛中部的卡斯蒂利亚王国的统治者——女王伊莎贝拉一世(Isabella I,1451—1504)和位于比利牛斯山麓的亚拉冈(一译阿拉贡)王国的统治者——国王斐迪南二世(Ferdinando II,1452—1516),1469年,二人结为夫妻,进而使西班牙逐渐统一。在哥伦布以后的大探险时代,这两人统领西班牙,历史上叫作"天主教二王"。

② 威尼斯古金币,原文是 Dukaten,是指1284年打造的威尼斯的纯金古币。

③ 这里的"黄金国"原文是"俄斐"(Ophir),是《圣经·列王纪》中所记载的黄金和宝石遍地的地方,在西方用它来喻作黄金国。

信誓旦旦的话没有丝毫的质疑，因为当时还没有人意识到哥伦布爱浮夸的习惯。于是，第二次的远航船队很快就整装待发。现在，不需要四处去招募船员了。因为那个新发现的、黄金随处可见的黄金国的消息，整个西班牙都陷入了疯狂的境地；成百上千，甚至上万的人都蜂拥而至，都想去那个黄金国看看。

可是，这聚集了一批什么样的人啊！因为贪欲，所有的城市、乡镇和小村庄都人潮涌动。有想让自己的纹盾镀满黄金的名门贵族、探险家、一往无前的士兵，还有西班牙所有的垃圾和废物，全部涌到了巴罗斯①和加的斯②。烙有金印的盗贼、强盗、小偷——他们想去黄金国谋得一份有着丰厚回报的手艺活；有负债累累的欠款人，也有为了远离自己咄咄逼人的妻子的丈夫，所有这些走到穷途末路的人、有罪在身的人，都兴致勃勃地想要加入这支远航队。这是一群不要命的人、毫无组织和纪律的人，他们打定主意要去那里大干一番，为了能实现一夜暴富的愿望，他们会动用种种武力手段去做恶事。哥伦布的夸大之辞更是让他们异想天开，都觉得只要在那些地方拿铁锹一铲就可以得到大把大把的黄金。移民者中一些家财万贯的人甚至把佣人和牲口都带上了，准备大批量运走那里的黄金。一些报

---

① 巴罗斯（Palos），西班牙东南部港口，哥伦布首次向西远航的起点就是这里。

② 加的斯（Cadiz），西班牙西南部港口，靠近大西洋，从1492年开始，从西班牙到美洲的商船队的总部就位于这里。

名不成功的人只得再想其他的办法；那些探险家根本不去问朝廷是否允许，就自己肆意地组装船只。他们只希望能即刻抵达那里，得到更多的黄金。而西班牙也暗自庆幸可以暂时远离那些不守规矩的狂妄分子了。

看到这些来路不明的人接二连三地来到伊斯帕尼奥拉岛①，负责管辖这里的总督的脸上不禁露出骇人的神色。每年都会有新货物被海船运过来，同时到来的还有越来越不听指挥的人。可是，新来的人也同样觉得难过和失望，因为这里并不是黄金遍地；这些金发野兽大肆抢劫这里可怜的土著人，直到从他们身上再也剥削不到一丁点儿黄金了。于是，这群闲散的人就开始四处游荡，到处寻衅滋事，可怜的印第安人每天都生活在胆战心惊中，这里的总督也忐忑不安。他想了很多种办法，给他们分发土地、牲畜，甚至还给他们每人派发了六十到七十名印第安人奴隶，只希望他们去开拓新殖民地，可是最后都没有起到作用。不管是名门贵族，还是曾经的盗贼，统统都对经营农庄不感兴趣。他们不远万里来到这里，可不是来种植小麦和饲养家畜的，所以他们对播种和收获从来都不上心，每天只干两件事，要么就是欺负可怜的印第安人，以至于才几年时间，当

---

① 伊斯帕尼奥拉岛（La Española），也就是现在的海地岛，1492 年哥伦布远航到了这里，用伊斯帕尼奥拉命名，意思是小西班牙，又叫圣多明各岛（Santo Domingo）。1509 年西班牙负责管辖这个岛屿的总督是迭戈·哥伦布（Diego Colombo, 1480—1526），美洲新大陆的发现者哥伦布是他的父亲。

地的居民就死光了,再然后就是到赌窟里混沌度日。不久以后,大部分人都负债累累,只得把自己的财物都卖掉,甚至到最后连大衣、帽子和最后一件衬衫都被卖掉,商人和高利贷者扼住了他们的咽喉。

所以,当有消息传来,伊斯帕尼奥拉岛上备受人敬仰的法学家马丁·费尔南德斯·德·恩西索①"学士"将带着一支新队伍于一五一〇年准备好船只,去支援那块新大陆的殖民地时,所有在伊斯帕尼奥拉岛上生活不济的人都觉得这不啻一个天大的好消息。一五〇九年,两位知名探险家——阿隆索·德·奥赫达②、迭戈·德·尼古萨③得到斐迪南二世国王的首肯,拥有在巴拿马海峡附近和委内瑞拉沿海地区建立一块殖民地的特权,这块地方迅速被他们叫作黄金的"卡斯蒂利亚"④。恩西索——

---

① 马丁·费尔南德斯·德·恩西索(Martin Fernandez de Enciso,1470?—1528?),西班牙殖民者,1500年到美洲,后来以法学家的身份在伊斯帕尼奥拉岛住下来,创作有《地理全书》(Suma de Geografia,1519),用西班牙文总结了新世界的发现地。

② 阿隆索·德·奥赫达(Alonzo de Ojeda,1465?—1515),西班牙冒险家,1493年和哥伦布一起抵达美洲,1493至1495年在伊斯帕尼奥拉岛上开展殖民活动,1499至1500年和冒险家韦斯普奇(Vespucci)一起出海到了圭亚那海岸,首次披露了亚马逊河。

③ 迭戈·德·尼古萨(Diego de Nicuesa),西班牙朝廷曾委派他到巴尔沃亚所侵占的殖民地——达连湾安提瓜岛的圣玛利亚担任总督,可是巴尔沃亚阻止其上岸,回国途中落入大海中牺牲。

④ 卡斯蒂利亚(Castilia),原是西班牙历史上卡斯蒂利亚王国的名字,1479年西班牙统一后仍时常采用这个传统国名。西班牙殖民者也经常用西班牙的国名或地名去对美洲的殖民地命名。

这位对法律非常了解可是却涉世未深的"学士"为这个名字着迷,又受到一些喜欢说大话的人的诱惑,于是把所有财产都投注到这块殖民地上。可是这块位于乌拉巴海湾①的新建立的圣塞瓦斯蒂安殖民地并没有让他收获一块黄金,而只听到了求救声。被恩西索派到那块陆地上的人,一半死于和土著人的抗争,一半死于饥饿。为了把已经投注的钱财收回来,恩西索便毅然决然投入全部家产,组建起一支援助远征队。住在伊斯帕尼奥拉岛上的所有深陷泥淖的人听闻恩西索在招募士兵,都想趁这次机会离开这个地方,远离债主,远离总督的防备。可是债主们一刻都不敢大意,当他们发现这群人想要逃之夭夭时,就找到了总督,请求在没有得到总督的同意下,任何人都不得擅自离开。总督答应了他们,采取了严格的管束措施:恩西索的船不能停泊在港口以内;政府的小船会到处巡察,以免有人趁其不备登上恩西索的大船。于是,所有那些不怕死,却对诚恳地工作或筑起的高债台恐惧万分的潦倒之人,只能无比痛心地看着恩西索的大船远航去冒险,而自己只能继续待在这里。

---

① 乌拉巴海湾(Golfo de Uraba),在现在的哥伦比亚西北部(16世纪这个地方统一叫委内瑞拉),北边和达连湾相连。圣塞瓦斯蒂安(San Sebastian)和乌拉巴海湾紧邻。

木箱里躲着的人

恩西索的船从伊斯帕尼奥拉岛启程，前往美洲大陆。海岛的轮廓已消失在蓝色的地平线以下。这次航行很安静，刚开始一切都按部就班地进行着，只是后来，人们才看到那只强壮有力的狼狗在舱面上紧张地穿梭，还这里闻闻，那里嗅嗅，它是有名的狼狗贝塞里科（小牛）的孩子，它自己也因为叫莱昂西科（小狮）而被大家所熟知。至于那只威武的狼狗的主人是谁，它又是如何登上船的，没有人知道。而更引人注目的是，那只狗停在了一只最后一天搬上船的特大木箱前。可是你看，那只木箱竟然自己打开了，从里面出来一个三十五岁左右的男子，他整装待发，身着盔甲，手里拿着盾牌，腰上还有一把长剑，和卡斯蒂利亚的保护神圣地亚哥①没有两样。他就是巴斯科·努涅斯·德·巴尔沃亚②。他用这种方式首次考验了自己那令人咋舌的勇

---

① 圣地亚哥（Santiago），耶稣基督的十二使徒之一，西班牙保护神。
② 巴斯科·努涅斯·德·巴尔沃亚（Vasco Nùñez de Balloa，1475—1519），西班牙冒险家和殖民统治者。首个发现太平洋的欧洲人，出身于小贵族家庭。1500年身为巴斯蒂达斯的探险队的一员到达美洲，先是停留在伊斯帕尼奥拉岛，1510年到巴拿马地峡东北岸的达连湾开拓新殖民地。1511年，他被西班牙国王任命为达连临时总督兼军事指挥官。1513年9月1日，在没有得到西班牙国王的首肯下，他径自带领人马从达连湾安提瓜岛启程到南边，于1513年9月25日登上巴拿马地峡西北岸的一座山峰，看到了太平洋，当时被他叫作南海，7年以后，麦哲伦航行至这里，命名为太平洋。1519年1月12日，政敌佩德拉里亚斯以谋反的罪名处死了巴尔沃亚。

敢和机智。他来自于西班牙赫雷斯·德·洛斯·巴瓦雷洛斯的一个小贵族家庭，曾经以一个普通士兵的身份跟随罗德里戈·德·巴斯蒂达斯共同来到这个新世界。在巴斯蒂达斯的那艘船上，他在历经了无数次弯路以后才终于抵达伊斯帕尼奥拉岛，并在此登岸。岛上的总督曾经试图培养巴尔沃亚成为一个优秀的殖民地开拓者，可是他失败了。对于分配给他的土地，巴尔沃亚只打理了几个月以后就弃之一旁了，最后他身无分文，面对一群债主束手无策。可是，正当其他负债人在海滩上攥紧拳头，对不允许他们逃到恩西索大船上去的政府的小船怒目而视时，巴尔沃亚却在自己的帮手的帮助下，躲到了一只装食品用的空木箱里，从而英勇地逃过了迭戈·哥伦布总督设置的警戒线。当时，船上的人都忙着启程，场面一度十分混乱，没有人发现这样的阴谋。直到巴尔沃亚清楚帆船已经离海岸很远了，不可能再因为他而返航时，这个偷乘的旅客才露头。如今他正和众人面对面。

　　恩西索"学士"是学法律出身，他和很多法学家一样，很是严谨。作为负责那块新领地治安的长官——警察总监，他不想看到自己管辖的范围内有不劳而获的人和可疑人员，所以他厉声斥责巴尔沃亚，他不想带他一同前往那里，让他在下一个海岸登岸，无论那座岛上有没有人烟。

　　可是，事情并没有按他想象的进行。原因是当这艘船朝圣塞瓦斯蒂安新殖民地，也就是"黄金的卡斯蒂利亚"驶过去时，在中途遇到了一条人满为患的小船——这太让人惊讶了，因为当时行进在这片外界还不知道的海域的总共只有几十条船。那条小船上的首领是一个叫弗朗西斯科·皮萨罗①的人，这个人后来闻名于海内外。刚开始他们还以为那些乘员是一群准备闹事的人呢，后来才知道他们来自于恩西索在美洲的殖民地圣塞瓦斯蒂安。这下轮到恩西索目瞪口呆了，他们说"黄金的卡斯蒂利亚"——圣塞瓦斯蒂安已经从这个世界上消失了，他们就是这块以前的殖民地上最后的幸存者。长官奥赫达已经坐船先逃跑了，只给余下来的人留下两艘双桅小帆船。这两艘小帆船可以乘坐的人有限，无奈之下，他们只好等到死去七十个人以后才出发。后来，其中一艘船又不幸遇难了，而这三十四人在皮萨罗的带领下成为"黄金的卡斯蒂利亚"的最后一批人。既然这样，那么恩西索的船队又该去哪儿呢？听完了皮萨罗的陈述以后，恩西索手下的人已经不想再去那偏远的殖民地——"黄金的卡斯蒂利亚"了，那里有恐怖的沼泽，还有土著人毫

---

① 弗朗西斯科·皮萨罗（Francisco Pizarro，1475？—1541），西班牙探险家，因为把印加帝国变成了西班牙的殖民地而举世闻名。1502年他定居在伊斯帕尼奥拉岛，1510年参加奥赫达的探险队，在现在的哥伦比亚西北部的乌拉巴海湾建立殖民地圣塞瓦斯蒂安。1513年参加巴尔沃亚的探险队去了达连湾。1519至1523年出任新建立的巴拿马城的长官。1523年和西班牙探险家阿尔马格罗一起计划到南美西海岸去。两次南征以后，于1532年在秘鲁登岸，征服了印加帝国。在胜利果实的分配上，二人发生冲突，1538年，皮萨罗处死了阿尔马格罗。1541年，阿尔马格罗的儿子和其父亲的效忠者对皮萨罗在利马的官邸发起进攻，是年6月26日，皮萨罗死于双方的交战中。

不留情的毒箭。他们觉得现在只有一条路可以走,那就是回到伊斯帕尼奥拉岛。正在这千钧一发的时刻,巴尔沃亚忽然发声了,在和罗德里戈·德·巴斯蒂达斯首次出海时,他对中美洲所有沿海地区的情况有了大致的了解,印象中他们曾经到过一个名叫达连①的地方,它紧邻着一条含金的河流,那里的土著人都很友善,因此他们应该去那里定居而不是再回到那不幸的伊斯帕尼奥拉岛。

所有人都一致认可这个提议。于是他们掉转船头,驶向巴拿马海峡东北岸的达连湾。到那以后,他们先大肆残杀土著人。因为这群不要命的人在抢夺来的财物中发现了黄金,因此他们决定就在那里住下来,以后那座新镇,又被他们以一颗感恩的心命名为"达连湾安提瓜岛的圣玛利亚"。

危险重重的升迁

很快,这位不幸的恩西索"学士"——投资这块殖民地的人就悔不当初,为什么那只木箱和躲在里面的巴尔沃亚没有被他第一时间丢到海里去,因为几个星期以后,他手中的所有权力都被这个胆大包天的人给夺走了。恩西索——这个成长于纪

---

① 达连(Darién),是指16世纪紧挨着达连湾的西班牙殖民地。达连湾,也就是现如今的加勒比海最南部的海湾,两边分别是巴拿马东北岸和哥伦比亚西北岸。

律和秩序中的法学家，曾经以候任的总督——行政长官的身份试图好好治理这块殖民地，使之对西班牙朝廷有利。在破旧的印第安式的茅舍里，他工整地书写着，措辞严谨，认真地签发着自己的法令，似乎自己此刻就身处塞维利亚自己的律所里。他觉得黄金属于王室，所以他不允许士兵在这块还没有人来过的荒地上向土著人索要黄金。他想要让那些不听指挥的歹徒都开始遵守秩序和法律，可是那些冒险家天生就看不上那些舞文弄墨的文弱书生，只服刀剑。很快，这块殖民地的实际掌权人就变成了巴尔沃亚。恩西索为了求生，只得逃离这里；而当一个名叫尼古萨的总督到这里来建立秩序时，巴尔沃亚根本没让他登岸。倒霉的尼古萨就这样被驱逐出了国王封给他的土地，在回国的途中不幸殒命。

现在，这块殖民地的主人就是曾经躲在木箱里的人——巴尔沃亚。可是，虽然他取得了胜利，可是他并不高兴。因为他公开反对了国王，被国王派到这里来管辖的总督也因为他的原因而丢了性命，这让国王对他怀恨在心。他很清楚，出逃的恩西索正带着控告他的信前往西班牙，法庭早晚要对他的叛乱行为进行审判。可是，西班牙离这里很远，在一艘船一来一回穿越大洋以前，他的时间还很充分。为了尽可能不让自己的权力被剥夺，他只有充分利用好这仅有的一种方式，那就是时间。在那个时代，他知道，要想洗清自己的罪状，就只有干出成绩来。他还知道，如果向朝廷进贡足够多的黄金，这场审判就会迟一点到来或者会被免除，也就是说，当务之急是弄到黄金，因为黄金就代表着权力！于是他伙同弗朗西斯科·皮萨罗一起对土著人进行残忍地掠夺，就是在这种残忍的屠杀中，他终于遇到了一次决定性的好机会。有一次，他忽然心怀不轨地来到一个名叫卡雷塔的印第安人酋长家中，在那里肆意撒野，酋长心知自己难逃一死，于是给巴尔沃亚提议：请他最好不要把所有印第安人都当作敌人，而是和自己的部落结成同盟。他还将自己的女儿当作表示忠诚的信物献给巴尔沃亚。巴尔沃亚马上意识到结识一个忠诚又有权势的土著人朋友太重要了，于是答应了卡雷塔的提议，而更让人觉得吃惊不已的是，一直到死，他都对那个印第安姑娘一往情深。他和卡雷塔酋长一起把所有其他的印第安人都纳至麾下，建立起自己的威信，以至于当地势力最强大的酋长柯马格莱最后也对他毕恭毕敬。

巴尔沃亚到这位势力最强大的酋长家中访问后，他的一生都因此出现了重大的转折，可以说具有世界历史意义。而在此之前，他充其量只是一个不要命的人，以及一个和朝廷对抗的叛乱者，最后肯定会被卡斯蒂利亚法庭判处绞刑或杀头。他们的会面是在一幢宽敞的石头房子里，房子里到处都是金银财宝，巴尔沃亚不禁惊讶得张大了嘴巴。巴尔沃亚还没有来得及开口，主人就主动说送他四千盎司黄金。可之后发生的一切轮到酋长惊讶了，因为他这么谦恭地招待的这些天国子弟——一群不可一世像神一样神圣的外来人在看到黄金以后,身上所有的威严都荡然无存,而是如同一群疯狗一样乱咬。他们拔剑四顾、拳头紧攥、大声疾呼、互相谩骂,每个人都想尽可能多地拿到黄金。酋长脸上露出吃惊的蔑视表情,静静地看着这一场闹剧。在天涯海角生活的所有自然之子永远难以理解这些文明人。为什么这些文明人觉得这一小堆黄色的金属要比他们的文明所带来的精神和技术上的卓越成就更有价值呢?

最后,酋长走上去跟他们说话。当翻译员将酋长的话翻译过来告诉这群西班牙人时,他们脸上露出无比贪婪的表情,让人不由得退避三舍。柯马格莱说:"你们真是太奇怪了,竟然为了这样一些毫无价值的东西争吵不休,为了这样一种再平常不过的金属几乎连性命都不要了,还生这么大的气。这些高山后面有一片大海,所有汇入大海的河流都携带有黄金;有一个民族住在那边,和你们一样,他们也乘坐这种有帆和桨的船;他们的国王都是用金制杯盘吃喝;到了那里以后,这样的黄金你们想要多少就有多少。不过,到那里的路并不好走,因为一路上那些酋长肯定会为难你们,不过,幸亏距离不远,只需要几天的时间就足够了。"

这正是巴尔沃亚的心声。多少年了,他们终于找到了传说中的黄金之国的踪迹。他们的先辈们曾四处寻觅,走遍了五湖四海。而现在,假如酋长没有骗他们,那么他们离黄金之国就只差几天的路程。而且,另一个大洋的存在也因为酋长的话得到了验证。哥伦布、科莱里阿尔①、卡伯特②以及所有伟大的航海家都试图找到去往这个大洋的道路，可是都失败了。因为这个大洋一旦被找到，就代表着一条环绕地球的航道被发现。第一个亲眼看到这片海洋，并为自己的祖国占领这片海洋的人，势必会名垂千古。巴尔沃亚意识到，为了给自己赎罪，也为了给自己赢得千古流芳的美名，他必须去做这件事：他必须第一个从巴拿马海峡穿过去，抵达这个通往印度的南海，并为西班牙朝廷去占领这个新的黄金之国。就在这幢柯马格莱酋长的房子里，他一生的命运就由此决定。从这时开始，这个出来试试手气的探险家的生活开始拥有了不被时间所约束的至高无上的价值。

求救于永垂不朽的事业

在一个人的人生中途，也就是在他最身强力壮的时候找到自己的人生使命，可以说是一个人最大的幸运。巴尔沃亚很明白，此刻的自己正面临着这样的抉择：要么凄惨地死在断头台上，要么流芳百世。他第一步得先收买人心，让朝廷先不降罪于他，对他抢夺来的权力进行追认——他的恶劣行为——是合

---

① 科莱里阿尔（Corereal），15世纪航海家，生平不详。
② 约翰·卡伯特（John Cabot，1450？—1498？），意大利航海家，后移居英国，在英王亨利七世的特许下，他于1497年往西航行，企图找到通往亚洲的新航道，结果52天以后，他登陆于北美大西洋上的布雷顿角岛，所以后人就视他为发现北美的先驱者之一。

乎法制且得到认可的。因此,这个曾经的叛乱者现在变成了最热心的臣仆,先是拿出柯马格莱赠送的黄金的五分之一转送给了伊斯帕尼奥拉岛上的财务总管帕萨蒙特——根据法律,这五分之一本来是归王室所有的。而且他不仅正式向朝廷进贡,还特地给财务大臣送了一大批黄金,请求财务大臣对他在这块殖民地上的长官职位进行确认——在人情世故、阴谋诡计方面,他的经验要比呆板正直的法学家恩西索多多了。伊斯帕尼奥拉岛上的财务总管帕萨蒙特尽管根本没有这方面的权限,可是为了对那么多黄金表示感谢,他寄给了巴尔沃亚一张毫无意义的临时文书。同时,为了让各方面都给自己做担保,巴尔沃亚又派了两名他最信赖的亲信去西班牙,以便直接将他为王室建立的功勋奏报给朝廷,同时也将酋长告诉给他的消息上报给朝廷。巴尔沃亚在提交给塞维利亚①的报告中说,只需要支援他一千兵力,他就可以为卡斯蒂利亚王国做很多从来没有任何一个西班牙人做到过的事情。他保证会去把那个新海洋找到,并征服那个终于找到了的黄金国。哥伦布曾经许诺找到可是却一直没有找到的地方,他,巴尔沃亚要去将它收回来。

如今看上去,对于这个身处劣势的叛乱者来说,好像一切都在朝好的方向发展。可是,他很快就收到了一个不好的消息:

---

① 塞维利亚(Sevilla)在16世纪以前就已经是古代西班牙的重要城市,因为这里经济富裕,海运方便,政府重要部门一直部署在这儿,国王也经常驻守于此,大体上就相当于一个首都,直到1561年西班牙把马德里定为首都。

他在叛乱时的一名同党——也就是他派到西班牙朝廷，去和恩西索提出的控告进行反驳的亲信——回来说，事态的发展大大不利于巴尔沃亚，他甚至有性命之忧。那个被骗的"学士"恩西索已经指控了这个夺走他权力的强盗，西班牙法庭已经判处巴尔沃亚赔偿恩西索。此外，西班牙还没有收到那个也许会挽救他的有关附近的南海情况的消息。无论如何，接下来就会有一名法庭的人员到达这里，对巴尔沃亚的叛乱行为进行清算，要么当场处决他，要么给他套上枷锁送回西班牙。

巴尔沃亚心里很清楚，自己已经一败涂地了。他的判决会先执行，然后人们才会得知他的有关附近的南海和那片黄金海岸的情报。毋庸置疑，当他被砍头时，就会有另外一个人利用他的情报，去完成他的理想，而他自己已经不能再对西班牙有任何期待了。所有人都知道，那个国王指派的合法总督尼古萨是因他而丧生的，那个行政长官恩西索也是被他赶走的。假如他只是被关到牢狱中，而不是用杀头来作为对他的肆意妄为的惩处，那样的判决于他来说真是太轻了。他不能再期待他那些有权有势的朋友来帮助他，因为他本身已经失去了任何权势，而他最佳的辩护人——黄金，声音还太小，还没有充分的力量保护他。现在，能让他免于惩处的只有一件事——那就是去做一件更勇敢的冒险事。假如他能在法庭的执行人员抵达这里以前，在他们给他戴上镣铐以前，找到另一个海洋和那个新的黄金国，他才有可能自我救赎。对于他来说，在这人类世界的天涯海角也只有这种逃离方式——逃到声势浩大的行动中，到不朽的事业中去寻求保护。

于是，巴尔沃亚打定主意开始行动，不再祈祷西班牙会给他派来一千名士兵，也不徒然地等待法庭执法人员的到来，与其这样，他还不如带着那些虽然数量不多可是意志和他一样坚定的伙伴们去进行这项伟大的事业！他宁愿死于在任何时代都堪称最勇敢的一种冒险行为中，也不想束手就擒，被屈辱地带上断头台。巴尔沃亚召集了殖民地上的所有人员，跟他们说清楚他为什么要穿越巴拿马地峡，而且也没有掩饰途中会遇到的诸多困难，问他们是否愿意和他一起去。所有人都被他的勇气所激励，一百九十个士兵——相当于这个殖民地上的所有武装人员都愿意和他一同去。因为那些人一直生活在战争中，所以不需要过多的装备。一五一三年九月一日，巴尔沃亚——这个具有多重身份的人——探险家、强盗、英雄、叛乱者，为了躲避绞刑或监狱，开始了他的探险之旅——求救于不朽的事业。

历史永存的刹那

跨越巴拿马地峡始于考伊巴地区，那里属于卡雷塔酋长的管辖范围——他的女儿已经陪伴在巴尔沃亚身边；就像巴尔沃亚自己后来证明的那样，巴拿马地峡还有比这个地区更狭窄的地段。因为事先不知道这一情况，他在危险路段上多走了好几天。可是,对于他来说,最关键的是,当他冒险到达一个一无所知的地区时,在补给或撤退方面都需要一个友善的印第安人部落的支持。一百九十名随身携带剑、矛、弓箭、火枪的士兵,一群强壮、让人毛骨悚然的狼狗,这就是所有人马,十条大独木舟把他们带到达连海湾,然后他们从这里出发前往考伊巴。那位和他达成盟约的酋长卡雷塔给他们派来了向导和驮物的脚夫。一五一三年九月六日,跨越地峡的英勇行动就此拉开了序幕。虽然这一群冒险家历经过无数的考验,可是跨越地峡依然非常考验他们的意志力。这些西班牙人在穿过低洼地时必须忍受让人难以呼吸、疲惫不堪的赤道灼热,即便是数百年以后修建巴拿马运河时,那里的沼泽泥潭和四处肆虐的疟疾也曾让数千人丧生。这条往前延伸至从来没有人到过的地区的道路,一开始就需要用刀斧和利剑把有毒的藤萝丛林劈开,打开一条通道。就如同一行人从一座庞大的绿色矿井穿过时,领头的人要给后面的人在灌木丛中挖出一条坑道才行。之后,这支西班牙征服者的军队排成一个一眼望不到头的纵队,依次顺着这条坑道往前走。他们的手中一直拿着武器,二十四小时保持高度警备状态,随时准备抵御土著人的突然攻击。巨大的树冠湿漉漉的,就像穹顶,树冠底下笼罩着灰暗、灼热的雾气,让人难以呼吸,树冠上空是炽热的太阳,每个人都大汗淋漓,嘴唇发干。这支队伍背负着重重的装备,迈着沉重的步伐,一里一里往前走;忽然,天空下起了瓢泼大雨,小溪马上变成了急流。他们只能涉水而过，或者从印第安人临时搭建好的、一步三摇的树索桥上走过。这些西班牙人只带了很少的玉米作为干粮。他们疲惫至极、又饿又渴，成群的蜇人、吸血的昆虫在他们身边飞来飞去，他们的衣服被刺芒扎破了，脚也受伤了，眼睛里布满了血丝，因为被嗡嗡的蚊子侵袭，他们的面颊也肿得老高。他们白天黑夜都不能休息，很快精力就跟不上了。连续走了一个星期以后，大部分人都忍受不了了。巴尔沃亚明白，这才刚刚开始呢。于是他没有再带那些害热病的人和无法再继续前行的人，只带了精兵强将继续此次冒险行动。

地势终于慢慢升高。原来只能在沼泽的洼地上长势良好的热带丛林也慢慢变少了。可是，再也没有树荫帮他们遮挡毒辣的太阳了。他们被赤道上的灼灼烈日照射着，背上的装备像火炉一样炙热。这群累到极点的人一步一挪地在斜坡上爬，上面就是高山，那些连绵不绝的山岭就像一条石头的背脊，把两个海洋之间的这一块狭窄地带分隔开。眼前越来越开阔，空气也越来越新鲜。看上去，十八天的艰辛跋涉以后，他们已经克服了最严重的困难。他们前面出现了一条高高的山脊。那几个印第安人向导告诉他们，站在那座山峰上可以看到那两个海洋——大西洋和当时还没有人涉足过的也没有取名的太平洋。可是，就当他们快要战胜大自然的种种磨难时，他们眼前又出现了新的敌人。当地的一个印第安人部落酋长带领着成百上千名武士挡在了他们面前。巴尔沃亚想要打败印第安人根本不在话下,他只需要发出一排火炮就可以吓跑他们,因为人为制造出来的雷电交加会让土著人觉得巴尔沃亚具有一种神奇的魔法,他们会尖叫,然后会被后面追过来的西班牙人的狼狗追得逃散开去。可是这一次,巴尔沃亚不想就这么轻松地获胜,而是和所有西班牙侵略者一样,让自己的名声也沾染了血腥:他把一批俘虏的手脚都结结实实地绑好,然后让一群饥肠辘辘的狼狗撕咬、吞噬这群毫无防卫能力的俘虏——借此取代斗牛和击剑的快乐。在巴尔沃亚得以流芳百世的那天前夜,因为一场血腥的屠杀,他的名声已然臭了。

这些西班牙征服者的个性和行为中确实存在着一种琢磨不透的复杂现象。他们不仅拥有只有地道的基督徒才有的忠诚和信仰,真诚地、疯狂地祈祷天主,而且又打着天主的旗号做一些最没有人性、最龌龊的事。他们的英勇和一往无前的精神会帮助他们建立丰功伟业,可同时他们又以最卑鄙的方式钩心斗角,而且在这种让人唾弃的行为中还包含着一种非同一般的荣誉感——那是一种对自我使命的觉知,受人敬仰,且确实值得夸赞。巴尔沃亚就是这样一种人,前一天晚上他让狼狗活活咬死那些失去自我防卫能力的俘虏,也许还满足地抚摸过满嘴沾满人类鲜血的狼狗的上唇,可同时他又无比清醒地意识到自己的行动会在人类历史上具有非同一般的意义,并在那决定性的时刻想出一种姿态,如何才能让自己名垂千古。他非常清楚一五一三年九月二十五日将成为非同凡响的一天,会具有划时代的意义,所以,为了表明自己对这种使命所具有的意义有多么了解,这位意志坚定、果敢的探险家会表现出让人刮目相看的西班牙人的激情。

巴尔沃亚是这样表现的:那天晚上,那次大屠杀行动以后,一名土著人告诉他,只要爬到眼前的这座山峰的峰顶,就可以看到那还没有人类涉足过的南海。巴尔沃亚马上部署下去。伤员和已经累到极点的人被留在这个处处是血腥味的村落里,而且给剩下的所有人——一共六十七个人下命令,继续前行,去爬那座高山,而他从达连启程时的总人数是一百九十。上午九点多将近十点时,他们离顶峰只有一步之遥了,只要爬到那个裸露的小山顶上,就可以举目四望了。

可是就在这一刻,巴尔沃亚下令所有人原地待命,任何人都不要跟着他,因为他想独享第一眼看到这个还不为世人所知的大洋的荣誉。他要一个人往前走,成为从世界上最大的海洋——大西洋穿过去以后,第一个看到另一个还没有世人涉足的大洋——太平洋的西班牙人、欧洲人、基督徒而永远被世人所牢记。当这一伟大的时刻来临时,他的心跳加速,激动得不能自已,一手拿着旗,一手拿着剑,慢慢登上山顶,空旷的四周只有他一个人的身影。他已经成功了,于是不紧不慢地往上爬着,只要再走几步就到了。最后,他终于站在了山顶上,眼前的景色真是不同以往。倾斜的山后边是一大片一望无际的、闪耀着微光的大海。这就是那个还没有人类涉足过的,一直到现在依然只出现在人们的梦里,而从来没有人亲眼看到过的大海。哥伦布和他的后来者多少年以来,一直在寻找这个波涛冲击着美洲、印度和中国的传说中的海洋,可每次都失败了。而现在,巴尔沃亚却亲眼看到了这广阔的海洋,他觉得无比地兴奋和骄傲,脑子里一直被这种意识所占据:是他这双欧洲人的眼睛第一次看到这片蓝色的海洋。

巴尔沃亚长久地、陶醉地凝视了好久,才呼唤同伴们都上来,和伙伴们一起分享他的快乐和自豪。伙伴们欢呼雀跃着登上了山顶,惊讶地看着眼前的景色。忽然,和他们一起来的神父安德烈斯·德·巴拉唱起了感恩诗《天主呀,我们赞颂您》,顿时所有的喧闹声都戛然而止。这一群又是冒险家,又是赌徒的士兵用粗鲁的、别扭的嗓门同时唱起了这首圣歌。印第安人一脸的惊奇,看着他们遵照神父的指示,用一棵树做成一个十字架,在十字架的木头上用花体字刻下西班牙国王的名字,似乎十字架向两边伸展开去的横木就是两条胳膊一样,它们能把两个距离甚远、一望无际的大洋——大西洋和太平洋都揽入怀中。

在一片对天主充满敬畏的肃穆中,巴尔沃亚出列了,向自己的士兵发表演讲。他说,毫无疑问,他们应该对天主表示感谢,感谢天主把这样的荣誉赐给他们,祈祷天主继续保佑他们把这一片海洋和土地都占为己有。假如他们继续追随他,那么从这新印度回去以后,他们就会是西班牙最富有的人。说完这番话以后,他便非常庄重地把旗帜举起来,向四面挥舞,代表只要风到过的地方,西班牙都要去征服。接下来,他让文书安德烈斯·德·巴尔德拉瓦诺草拟一份文书,记录这一庄重的时刻。巴尔德拉瓦诺从一个木匣里取出一张羊皮纸、墨水盒、羽毛笔,他一直背着这个木匣从原始森林穿过。文书要求所有的贵族、骑士和士兵都在上面签字证明:"这位巴斯科·努涅斯·德·巴尔沃亚先生是首次发现这片大海的人,后来者也是在他的指引下才看到这片大海。"这些人被称为"品德优良、作风严谨的人","这些在国王陛下的总督——优秀而令人敬仰的巴尔沃亚队长的庇佑下才有这个荣幸看到南海的人"。

之后,六十七人才心满意足地下了山顶。因此,一五一三年九月二十五日,直到现在,地球上最后一个不为人所知的大洋也被人类知道了。

黄 金 珠 宝

这片广阔的海洋是他们亲眼所见,现在已经证据确凿了。可是他们还要到它的岸边去,去亲自感受海水、触摸海浪、品尝海水,还要把海滩上的胜利果实都搜刮过来。他们花了两天时间才从山上走下来。为了在山麓和海边之间找到一条最短的路径,巴尔沃亚将队伍分成好几个小分队。阿隆索·马丁带领的第三分队率先到达海滩。所有人的脑海里都被追求功名的虚荣心、希望不朽的声名所充斥着，以至于这个再普通不过的阿隆索·马丁也让文书抓紧时间记录下这一笔，借以表明在这片不知名的海域中，第一个打湿手脚的人是他，让自己这个卑微的"我"也能在历史上留下光辉的一笔。之后他才跟巴尔沃亚汇报说，他已经到海边了，而且还亲自触摸了海水。巴尔沃亚马上又想出一种新的更激动人心的姿态。第二天——九月二十九日正好是圣米歇尔节，他来到海滩边，同行的只有二十二名同伴。他全副武装，带上刀剑，为了让自己像圣米歇尔一样在无比神圣的仪式中去拥有这片新海洋，他没有快速冲到海水中，而是像占领了这片海域的征服者一样坐在一棵树下休息，趾高气扬地等着上涨的海水来拍打他的脚，让海浪如同一条温顺的狗一样舔舐他的脚。之后他才把盾牌背在背上，站了起来，在阳光的照耀下，盾牌如一面镜子一样发出耀眼的光芒，他一手拿着剑，一手举着卡斯蒂利亚王国的旗帜，上面还有圣母图像，缓缓进入海水中，直到海浪拍打着他的两髋，他才让整个人浸入到这一片不知名的海域中。接下来，这个之前的叛乱者，如今国王最忠诚的仆人和胜利者——巴尔沃亚，尽情挥舞着旗帜，同时呐喊道："卡斯蒂利亚、莱昂①、亚拉冈的伟大而高贵的君

---

① 莱昂（León），9 世纪时西班牙西北部的莱昂王国，1230 年被卡斯蒂利亚王国占有。

主斐迪南和胡安娜①万岁!我要以他们之名,为了卡斯蒂利亚王国,去真正地征服这里所有的海域、陆地、海洋、港口和岛屿。我对天起誓,只要有人敢说他拥有这里的陆地和海洋,不管他是亲王还是船长,是基督徒还是异教徒,他拥有什么信仰,什么地位,我都会以卡斯蒂利亚二王的名义奋起抗争,因为这里的陆地和海洋已经属于二王,永远都是,除非世界消亡。"

同行的西班牙人也发了同样的誓言。他们洪亮的声音把大海的呼啸声都给淹没了。现在,每个人都品尝了一下海水,文书安德烈斯·德·巴尔德拉瓦诺再次把这征服仪式记录了下来,他的结束语是这样的:"这二十二个人,还有文书书写人安德烈斯·德·巴尔德拉瓦诺是第一批踏进这片南海的基督徒,他们都亲自品尝了这里的海水,目的就是要知道它是否和其他海里的水一样咸。当他们确定这一点时,他们一起感谢天主的恩赐。"

丰功伟业已建立,接下来他们就要从这种冒险行动中得到一些实际利益。这群西班牙人先是从一些土著人那里抢来或换了一些黄金。可是,在他们享受胜利的快感时,他们还遇到了一件意外的好事,那就是在周边的岛屿上,他们发现了很多珍

---

① 胡安娜(Juana,1479—1555),亚拉冈国王斐迪南二世和卡斯蒂利亚女王伊莎贝拉所生的女儿,后其母亲在卡斯蒂利亚的王位由她继承,1505 至 1516 年间由其父亲摄政。

珠,在他们从印第安人那里得到的很多价值连城的珍珠中,一种叫"佩莱格里纳"的珍珠曾经被塞万提斯和洛佩·德·维加①都大加赞叹过,因为西班牙和英国国王的王冠上都镶嵌着这种最美丽的珍珠。西班牙人将大大小小的口袋都装满了这种珍珠,可是,在这里,珍珠的价值还赶不上贝壳和沙粒。当他们贪心不足地想要打听他们一直最看重的东西——黄金时,一名印第安人酋长指着南边地平线上那片若隐若现的山脉对他们说,山的那边有一片蕴藏着无限宝藏的土地,那里的统治者所用的杯盘都是黄金制的。还有长着四条腿的庞大牲口——美洲骆驼,这些牲口会往国王的宝库里运载一包包最珍贵的东西。酋长说出了这片大海南边山背后的国家的名字,声音很好听,可听上去又很遥远,似乎是"皮鲁"。

顺着酋长所指的方向,巴尔沃亚远远地看到那里的山峦消失在天边。可是极具诱惑力的、柔美动听的"皮鲁"二字却已牢牢镌刻在他的心中。巴尔沃亚的心剧烈地跳动着。这个伟大的预言是他平生第二次偶然得到的。他已经完成了第一个使命:柯马格莱所预言的这一片珍珠遍地的海滩和南海已经被他找到了。也许第二个预言他也能顺利完成呢:去找到和占领这个地

---

① 塞万提斯(Miguel de Cervantes Saavedra, 1547—1616),16至17世纪西班牙伟大作家,著有《堂吉诃德》,广为流传。洛佩·德·维加(Lope de Vega, 1562—1635),和塞万提斯是同一时期的西班牙著名剧作家,西班牙戏剧的奠基人。

球上的黄金之国——印加帝国①的使命。

神明极少庇佑……

　　巴尔沃亚用贪得无厌的目光一直紧紧地注视着远方。"皮鲁",也就是"秘鲁"这个名字就像一口金钟一直回荡在他的灵魂深处。可是,这一次,他不敢再以身涉险了,他只能放弃!凭借他们现在的力量——二三十个累到极致的人,想要占领一个王国,无异于天方夜谭。也就是说,他必须先回到达连,准备充分以后才能再顺着这条路线去占领那个新的黄金之国。再回过头看眼前,返程的途中,他们就已经困难重重了。这群西班牙人必须再次从热带灌木丛林穿过,必须重新打败土著人。更何况他们现在已经是一支热病缠身,只靠最后一点力量支撑着往前走的人群,远远比不上之前那支斗志昂扬的队伍。巴尔沃亚本人也已经离死亡不远了,躺在一张吊床上,由四个印第安人抬着往前走。历经艰辛的四个月,这支队伍终于于一五一四年一月十九日返回了达连。可是,他们毕竟完成了一项历史上最伟大的行动。巴尔沃亚践行了自己的诺言,所有和他一起探险的人都拥有了万贯家财。他的士兵从南海沿岸带回来很多

---

　①　印加帝国,15世纪建立于南美太平洋沿岸地区的帝国,1533年被皮萨罗带领的西班牙殖民者占领。文中所说的"皮鲁"就是当时属于印加帝国管辖范围的秘鲁。

财宝，远远超过哥伦布和另外几个西班牙征服者，所有其他殖民者所得到的财物只相当于他们获得的几分之几。战利品的五分之一被巴尔沃亚供奉给朝廷。在分配战利品时，作为得胜者的他，给自己的狼狗莱昂西科也留了一份，以回报它在对付那些土著人时毫不留情。狼狗所得到的回报和其他参与者一样：五百金比索。可是没有人提出异议。在巴尔沃亚如此成绩斐然以后，这块殖民地上的所有人都不再质疑他作为总督的权威。这个冒险家和叛乱者像个神一样被人敬仰。他可以无比骄傲地这样发消息给西班牙：自哥伦布以来，他给卡斯蒂利亚朝廷完成了伟大的壮举。他如今正是最辉煌的时期，就像太阳刚刚升起，把他头顶上的乌云全部拨散开去了。

可是，巴尔沃亚的好运并没有持续很久。几个月后的一个六月天，阳光正好，达连的居民都无比惊讶地齐聚在海滩上。海平面上出现了一张白帆，对于这个偏远的世界一角，这本就很让人惊讶。可是接下来，又出现了第二张白帆、第三张白帆，还有第四张、第五张，很快他们眼前就出现了十艘帆船，不，应该是十五艘，也不对，应该是二十艘——是一整个舰队，浩浩荡荡地朝他们开过来。他们很快就明白了，这一切都是拜巴尔沃亚的那封信所赐，可是不是说他胜利的那封信——那封信还在路上呢，而是他一早写的那封信。在那封信里，他写道，他首次从印第安酋长那里打听到有关附近南海和黄金国的说法，并请求国王派给他一千名士兵去征服那块土地。西班牙朝廷毫不犹豫地派了一支规模宏大的远征舰队。可是，塞维利亚和巴塞罗那方面完全没有想过由巴尔沃亚这样一个叛乱者和冒险家来承担这样的重担。所以，一名出身富豪贵族、深受国王器重的已经六十岁的佩德罗·阿里亚斯·达维拉——一名真正的总督——大家都叫他佩德拉里亚斯①——被一同派了过来。他会奉命在这里建立新的秩序，清理之前这里发生的所有不正当的行为，而且要去找到南海和那个预言中的黄金国。

这时的处境对于佩德拉里亚斯来说很是窘迫。一方面，他被赋予了这样的使命：要对叛乱者巴尔沃亚赶走前总督的责任进行查办，假如有确切的证据表明他有罪，那么他就要把他抓起来，要不，就证明他是被冤枉的。而另一方面，他又要完成去找到南海的使命。可是，他换乘的小船刚一到岸，他就马上得知，正是这个巴尔沃亚，他准备亲自审问的这个人已经完成了这个伟大的行动，也正是这个叛乱者已经对佩德拉里亚斯所期望的胜利进行了欢庆。自美洲被发现以后，巴尔沃亚给西班牙朝廷做出了又一伟大壮举。毋庸置疑，他现在不可能把他像一个罪恶昭著的犯人一样杀掉，而必须恭敬地问候他，向他表示祝贺。只是，从这一刻开始，巴尔沃亚事实上已经失败了。

---

① 佩德拉里亚斯（Pedrarias），全名：佩德罗·阿里亚斯·达维拉（Pedro Arias Dávila, 1440？—1531），西班牙将领和殖民地统治者。1513 年西班牙国王任命他为美洲新大陆西班牙殖民地驻军司令。1514 年带领 19 艘舰船前往新大陆。1514 至 1526 年任达连和巴拿马总督，1519 年成立巴拿马城。1527 至 1531 年出任尼加拉瓜总督。1519 年 1 月以谋反的罪名把政敌巴尔沃亚处死了。

他单独完成了此项壮举，佩德拉里亚斯是永远不会原谅他的，因为这项行动本来是要由佩德拉里亚斯来完成的，而且这项行动势必会给他带来传世美名。因此，尽管佩德拉里亚斯为了先安抚达连的那些殖民者，制造了一种和平的假象，先没有表现出对于巴尔沃亚的仇视，追究其责任的事也一直往后拖，甚至不惜把自己在西班牙的亲生女儿都嫁给巴尔沃亚。可是，他对于巴尔沃亚的仇恨和妒忌却是与日俱增。现在，巴尔沃亚的壮举也传到了西班牙朝廷，这里还收到了一张委任状，追认这个从前的叛乱者以相关头衔，也就是也任命他为总督，而且还跟佩德拉里亚斯说，但凡遇到大事，都必须和巴尔沃亚商量一下。可是，这么一片土地，同时存在两个总督，不管怎么说都必须有一个要臣服于另一个，直到最后倒台。巴尔沃亚觉得自己可能随时都会遭遇不幸，因为军权和司法权都在佩德拉里亚斯手里掌握着，于是他准备再次投入到不朽的事业中以寻找庇护。因为第一次尝试，他获得了圆满的成功，他希望得到佩德拉里亚斯的同意，自己去装备一支远征队，去南海周边考察并征服它周围的土地。可是，这个曾经的叛乱者的真实想法是：他之所以跑那么远，就是为了不被监视，他要自己建立起一支舰队，让自己占领那一片土地，而且如果有可能的话，就把传说中的秘鲁——新世界的黄金国据为己有。佩德拉里亚斯狡诈地答应了：假如巴尔沃亚在这次行动中牺牲了最好；假如他成功了，那么以后依然有机会处置这个一心追求功名的人。

于是，巴尔沃亚又开始了一项伟大的事业，以寻求新的庇护。也许第二次尝试会更加荣耀呢，可是，虽然对于有成绩的人，历史总是会让他无限荣耀，可是第二次尝试，他却没有享受到和前一次同样的胜利。这一次穿越地峡，巴尔沃亚不仅带着自己的部队，而且还拖拽着木材、木板、船帆、铁锚和四艘双桅帆船用的绞盘，由数百名土著人拉着跋山涉水，因为他的想法是，等抵达山的那一边以后，他的第一件事就是先打造一支舰队，之后才能去征服所有的沿岸地区，将那些珍珠遍地的岛屿和神秘的秘鲁变成自己的。可是这一次，这个勇敢的冒险者却没有那么好运了：他先是不断遇到新的挑战。在从潮湿的热带灌木丛穿过时，蠹虫把所有木材都蛀坏了，等他们到那儿以后，木材都已经腐烂，无法再用了。可是巴尔沃亚没有灰心，他在巴拿马海湾砍下新的木料，再锯成新木板。在他的才干下，奇迹诞生了。眼看一切就要大功告成，在太平洋上航行的第一批双桅帆船已经建好了，可是忽然，洪水暴发，已经完工的船只全部被冲走了，在大海上被撞得粉身碎骨。无奈之下，巴尔沃亚只能开始第三次建造。终于，他又建造好了两艘双桅帆船，再建造两三艘这样的船，他就可以去海上乘风破浪了，去征服那一直向往的土地——自从他凝望过印第安人酋长指给他看的方向，第一次听到那个极具诱惑力的名字"皮鲁"以后，这个梦想就长存于他的心中。如今，只需要再组建一支优良的后备部队，再配有几个英勇的军官，他就能创建属于自己的王国了。

只要再花上几个月时间，只要他的宏图伟略再加上一点好运气，那么永载于史册的打败印加人、占领秘鲁的人就是他巴尔沃亚，而不是什么皮萨罗了。

可是，即便是对它最宠爱的人儿，命运也不会永远大方。众神只保佑这个不能永生的人完成了一项壮举，就远离他而去了。

摧　　毁

凭借着顽强的斗志，巴尔沃亚为自己的伟大计划做着准备。可是，正是这种勇敢的行为所带来的成功，让他身处险境，因为佩德拉里亚斯始终怀疑地盯着这个下属，紧张地关注着他的目的。或许是因为叛徒的出卖，佩德拉里亚斯得知巴尔沃亚竟然想要建立自己的王国，也或许是因为单纯的妒忌，害怕这个曾经的叛乱者再次取得胜利。总的来说，他忽然寄给巴尔沃亚一封言辞诚恳的信，信中这样写道，巴尔沃亚在准备远征以前最好先回到阿克拉——达连周边的一座城市——再好好商量一下。巴尔沃亚也希望可以让佩德拉里亚斯派更多兵力支援他，于是欣然赴约了。等他兴冲冲地向城门外一小队士兵——看上去像是迎接他的到来一样，走过去，想要和他们的队长——自己多年的战友、发现南海时的伙伴、自己无比信任的朋友弗朗西斯科·皮萨罗拥抱时，不幸发生了。

皮萨罗却重重地把手按在他的肩上，告诉他，他已经被逮捕了。皮萨罗也希望能建立不朽的功勋，也希望能够去征服那个黄金国，因此，当他得知要消灭这个无所顾忌的挡路人时，心里其实是高兴的。佩德拉里亚斯总督进行了这场所谓对叛乱者的审判，而且迅速做出了不公正的裁决。没过多长时间，巴尔沃亚和他最忠诚的几个伙伴就一起被送上了断头台。刽子手手起刀落，那几个头颅上的眼睛瞬间永远合上了，这是人类的第一双眼睛呀，曾经一起看到过把我们地球围绕起来的两个大洋。

攻陷拜占庭

岌岌可危

一四五一年二月五日,身处小亚细亚的苏丹穆拉德二世①的大儿子——时年二十一岁的穆罕默德②接到一位密使的奏报,说他的父亲已经辞世了。这位英明神武的皇太子没有知会自己的大臣和谋士,而是独自一人骑着一匹最好的马,一连跑了一百二十里,抵达博斯普鲁斯海峡,而且马上渡海,来到欧洲一岸的加利波里。直到这时,他才告诉亲信们,自己的父亲去世了。为了打消其他人对王位的觊觎,他先纠集了一支优良的部

---

① 奥斯曼土耳其最高统治者称苏丹。1421 至 1451 年间,奥斯曼帝国苏丹穆拉德二世在位。
② 苏丹穆罕默德二世在位时间为 1451 至 1481 年,1453 年率兵攻下拜占庭。

队到亚得里亚堡①,虽然在那里,他根本没有受到任何质疑,而是顺利登基,成为奥斯曼帝国的最高统治者。他做出的第一个政治举措也充分表明了他那无所顾忌的气魄,着实让人恐惧。为了提前把所有的嫡血竞争对手都消灭掉,他派人淹死了自己还没有成年的弟弟,而且又马上害死了那个被他逼着去做这件事的人,由此可以看出他生性有多么残暴,又是一个多么奸诈的人哪!

相比之下,之前的穆拉德二世更为稳重老成,而如今这个穆罕默德也就是现在的奥斯曼土耳其人的苏丹不仅年轻一些,而且一心只想谋求功名。拜占庭人得知这一消息后害怕不已,因为上百名密探打听过来的消息表明,虽然这个家伙年纪不大,可是却曾经发誓要把这座曾经的世界第一古都纳至麾下,而且还一刻不停地谋划着如何才能把自己的这项宏伟计划完成。而且所有的报告都无一例外地表明:这位奥斯曼土耳其的新君主在军事和外交上都具有突出的才干。穆罕默德身上具有多重秉性,他忠诚的同时又残暴,热情的同时又狡诈,不仅是一个才高八斗、热衷艺术、可以用拉丁文通读恺撒大帝和其他罗马伟人的传记的人,而且是一个残忍、血腥的人。他有一个典型的鹰钩鼻,尖尖的,还有一双时时露出忧郁的漂亮眼睛。他用行动表明自己身兼三职:不仅是一个兢兢业业的工人,还是一个英勇无畏的士兵和

---

① 亚得里亚堡(Adrianopel),也就是如今的土耳其城市埃迪尔内(Edirne)。它原本是拜占庭帝国的城市,1361年被奥斯曼帝国占领,1366至1453年为奥斯曼帝国首都。

一个恬不知耻的外交家。而如今，这些让人发怵的力量都朝一个理想汇聚：要远超自己的祖父巴耶塞特一世①和父亲穆拉德二世所建立的功勋——他们曾经利用新兴的奥斯曼土耳其国家的军事力量首次击败了欧洲。可是，大家都无比强烈地意识到，穆罕默德二世的首要目标是让拜占庭臣服在自己脚下——这颗被奉为君士坦丁大帝和查士丁尼大帝皇冠上的最后瑰宝。

事实上，对于一个如此果决的人来说，这颗宝石已经失去了所有庇护，根本就是手到擒来。当年，拜占庭帝国——也就是东罗马帝国的疆土曾经绵延至世界几个大洲，从波斯一直延伸至阿尔卑斯山脉，另一边又延伸至亚洲的沙漠地带，可谓是一个泱泱大国，人们就算花几个月时间也难以走完全境，足可见其大。可是如今走完整个国家只需要短短三个小时。当年的拜占庭帝国眼下只剩下一个没有四肢的脑袋，一个孤零零的首都：君士坦丁堡，也就是君士坦丁之城。更何况，这座归属于今日东罗马帝国巴斯列乌斯皇帝②的拜占庭城和曾经的拜占庭城早已不可同日而语了，而只是它的一部分，也就是说只限于市区斯坦布尔，因为热那亚人已经掌控了城郊的加拉太，奥斯曼土耳其人侵占了城墙以外的所有土地。这最后一位皇帝所管

---

① 巴耶塞特一世（Bāyazid I，1389—1402 年在位），奥斯曼帝国第四代苏丹，在东欧打了很多胜仗，使得奥斯曼帝国声名远播，可是在 1405 年和帖木儿在安卡拉附近的一战中被战败，被俘后死在狱中，他是穆罕默德二世的祖父。

② 也就是东罗马帝国最后一任皇帝君士坦丁十三世（Konstantin XIII.，1403—1453）。

辖的帝国只剩下这么一小块地盘了。人们叫作拜占庭的，只是一方包围着教堂、宫殿和一排排屋宇的高大城墙以内的空间。因为被十字军肆意抢掠①和破坏，这座城市已经受到了严重的伤害；因为瘟疫、兵灾，城内人口急剧减少；再加上要长年和游牧民族对抗，早已没有什么实力；更何况内部不断爆发民族和宗教的争端，早已变成一盘散沙。如今穆罕默德二世——这个敌人已经把这里团团围了起来，拜占庭根本无法通过自身的力量与之对抗。拜占庭不仅缺兵少员，而且也没有作战的勇气，拜占庭的最后一任皇帝君士坦丁十三世的统治随时都有可能被推翻。他的皇冠也正听天由命。可是，正因为奥斯曼土耳其人把拜占庭围了个水泄不通，也正因为整个西方世界都把这座拥有千年之久的欧洲文化的地方——拜占庭视为圣地，因此，对于欧洲来说，拜占庭代表了荣誉，只有整个基督教世界都团结起来，才能一起守护这个它在东方的最后一个堡垒，虽然已经分崩离析。东罗马帝国最后和最瑰丽的东正教教堂——圣索菲亚大教堂②才能以作为信仰基督的教堂而延续下去。

君士坦丁十三世马上意识到了眼前的危险。虽然穆罕默德

---

① 第四次十字军东征时，1204年4月12日，君士坦丁堡沦陷，整整一个星期，这座文明古城都被劫掠焚烧。半个多世纪以后，1261年，东罗马帝国又收复了君士坦丁堡。

② 圣索菲亚大教堂，东罗马皇帝查士丁尼一世于532至537年间修建，之前是作为拜占庭帝国东正教的宫廷教堂兼君士坦丁堡牧首的主教堂，1453年这里被奥斯曼土耳其人攻占以后更名为伊斯兰教清真寺。

二世一直宣称和平，可是君士坦丁十三世还是忐忑不安地给意大利、威尼斯、热那亚以及教皇都派出去很多使节，请求他们的支援。可是罗马和威尼斯都拿不定主意，因为一直到现在，东派教会和西派教会之间依然在古老的宗教信仰上存在分歧。希腊东正教对罗马天主教恨之入骨。希腊东正教的牧首否认罗马教皇是最高牧师。尽管在面对共同的敌人奥斯曼土耳其人时，两教会在费拉拉和佛罗伦萨的两次宗教会议上①已经重新达成了一致，并承诺当拜占庭被奥斯曼土耳其人进攻时给予支持，将这个作为统一的前提。可是当拜占庭的危险刚缓和一点时，希腊东正教的一些教会又再次否认了该决议。东正教会的顽固直到穆罕默德二世成为苏丹，再度危急的形势才使东正教会的态度有所好转。拜占庭在给罗马送去自己愿意臣服于他的消息时，又请求火速支援。于是，拜占庭迎来了很多艘装载有弹药和士兵的大战船。首先抵达的是罗马教皇的特使，他有一个重要使命，那就是无比郑重地达成西方世界两个教会的握手言和，并向全世界宣称：谁攻打拜占庭，谁就是挑衅团结在一起的基督教世界。

---

① 1438年教皇尤金四世在意大利费拉拉召开天主教宗教会议，对罗马教会和希腊教会合二为一的问题进行讨论，参加的希腊教会代表有七百多名，一年以后会议地址搬到佛罗伦萨。1439年7月6日两教会统一的决议达成，希腊东正教会认可罗马教皇为基督在世代表，集所有权力于一身，后来因为君士坦丁堡教会不同意，1453年，两教会再次分裂。

重归于好的弥撒

　　从前的索菲亚大教堂豪华气派，它的璀璨来自于大理石和玻璃镶嵌细雕的图案和那些闪亮的装饰品，从后来被改成的清真寺中已经难觅那种风采。十二月的一天，这里正在举行两个教会握手言和的盛大庆祝活动，场面肃穆又郑重。君士坦丁十三世皇帝被所有达官显贵围着，参加了此次活动。他要作为一个皇帝成为这次永远团结的最高证明人和承诺者。在数不清的蜡烛的照耀下，宽敞的大厅宛如白昼，到处是人。罗马教廷的特使伊斯多鲁斯和希腊东正教的大牧首格列高利一起在圣坛前做弥撒，看上去就像亲兄弟一样。在这座教堂里，教皇的名字首次重新被提及，赞美诗也首次用拉丁语和希腊语一起唱，主教堂的拱顶间余音绕梁。同时，施匹利迪翁的圣体被已经达成一致的两派教士站成两队庄重地抬进来。看上去，东西两派的宗教信仰自此以后要永远合二为一了。欧洲的理念，也就是西方精神，在历经了长久的罪恶的纷争以后，再次取得了统一。

　　可是，纵观历史，理智和言和的时刻总是转瞬即逝的。正当教堂里响起越来越响亮的共同祈祷的忠诚声音时，外面的一间修士室里，那位学识渊博的修道士盖纳蒂奥斯已经开始强烈批评那些讲拉丁语的人，指责他们和真正的信仰背道而驰。由理智促成的和平统一才刚刚达成，再一次毁在了冲动信仰的癫狂上,而且就像这位希腊教士并不是从内心深处臣服一样,地中海对岸的朋友们也将自己答应援助的事情忘得一干二净。尽管罗马支援给拜占庭几艘战船和几百名士兵,可是之后,这座城市的死活就无人问津了。

战争爆发

战争的挑起者——那些强权统治者们,在他们还没有准备就绪时,总是会竭尽可能地散布和平的讯息,穆罕默德二世也不例外。在他的加冕仪式上,他和君士坦丁十三世皇帝的使团进行了亲切的交谈,说了很多友善的暖心的话;他庄重地向真主及其在世的代表穆罕默德教祖、天使们和《古兰经》公开宣誓:对于和拜占庭皇帝所签署的所有条约,他都会坚决执行。可同时,这个诡计多端的家伙转过身又和匈牙利人、塞尔维亚人签订了一条长达三年的双边中立合约——在这三年时间内,他想要心无旁骛地把拜占庭拿下。穆罕默德二世要再三保证和平以后,才会言而无信地发动战争。

直到这时,奥斯曼土耳其人还只是占领了博斯普鲁斯海峡的亚洲一岸。因此拜占庭的船只依然可以顺畅地从海峡穿过开到黑海,到自己的粮仓去。现在,穆罕默德要先把这条通道斩断,所以他不顾自己是否有理,命令在海峡最窄小的区域,也就是欧洲一岸紧邻鲁米里·希塞尔的地方,修建一个关口(古代波斯人称霸时,英勇的薛西斯①渡过博斯普鲁斯海峡就是在这里)。于是一夜之间,穆罕默德二世调了数千名挖土工来到这里——欧洲这一岸,而根据条约上的内容,欧洲一岸是禁止修筑工事的——可是,对于强权者来说,条约根本不值一提。这些挖土工为了自己的生计,大肆劫掠周围的庄稼;建筑城堡需要石块,他们就拆掉普通的房舍,更有甚者,闻名遐迩的圣米歇尔教堂也被他们毁于一旦。苏丹亲自坐镇指挥,日夜施工,而拜占庭只能眼睁睁看着他们置公理和条约于不顾——把拜占庭和黑海连通的这条自由通道生生斩断。那些想要从黑海通过——现在还是公海——的拜占庭首批船只已经遭到炮轰;穆罕默德首次成功显示了自己的威力以后,就开始更加明目张胆了。一四五二年八月,他把文武大臣都召集到一块,公开宣称自己想要进攻和征服拜占庭。这一宣告发出以后不久,野蛮行动就拉开了序幕。奥斯曼土耳其帝国境内的所有地方,几乎都能看到传令官的身影,号召能人志士去当兵。一四五三年四月五日,拜占庭城墙以外的平原上,一支长长的奥斯曼帝国军队如同潮水一般忽然涌现出来。

　　苏丹全副武装,骑马走在最前面,他要驻扎在吕卡斯城门前。可是,他让人先在地上铺上祈祷所用的地毯,然后才在自己的统帅部营帐前升起帅旗。他光着脚跪拜在地,朝麦加的方

---

① 薛西斯(Xerxes),公元前486至公元前465年的波斯帝国皇帝,公元前480年亲自带领大军,从水陆两路对希腊发动进攻。

向三叩头；他身后数千名将士也是如此，一同念着相同的祷告，祈祷真主保佑他们胜利——那个场面真是太恢宏了。之后苏丹才站起来，之前的谦恭变成了挑衅，之前真主的仆人，摇身一变成了主人和武士。这时，他的那些"传令兵"，也就是负责传谕的人，正奔走在整个大营，敲鼓吹号，不停地宣称："开始围攻拜占庭城了！"

城墙和大炮

如今的拜占庭仅有的防御就是城墙了，曾经的拜占庭横跨几大洲，可是，那么辉煌的时代给如今的拜占庭留下来的也只有城墙而已，其他的什么都没有。这座城市为三角形，底部有三道防守，在南边马尔马拉海岸边和北边金角湾岸边这两条斜边上，围着虽然低矮可是却坚不可摧的石头围墙，而开阔的东边那一侧则是一座庞大的壁垒形的城墙，也就是狄奥多西城墙。之前的君士坦丁大帝早早意识到拜占庭将来会面临的危险，因此城池又用大方石加固了一遍，在他以后，查士丁尼[①]又扩充和加固了一遍城墙，可是真正的主体防御工事却是由狄奥多西二世修建的。他修建了长达七公里的城墙。如今我们可见的被

[①] 查士丁尼一世（Justinian I，在位期间为527—565年，也称查士丁尼大帝），东罗马帝国皇帝，在位期间不仅扩充自己的疆土，修建了圣索菲亚大教堂，而且还主动改革内政，主持编纂《查士丁尼民法大全》，把罗马法都汇聚成一体。

常春藤爬满的残留遗迹足以表明当年的石块拥有多么顽强的力量。这座城墙是用平行的两层和三层建筑起来的，气势磅礴，上面还可以看到凹形的眼口和雉堞，正前面还有护城壕，由大块方石筑起的牢不可破的望楼也像一个哨兵一样坚守在这里。一千多年以来，它都被历代皇帝加固翻修过，所以这座城墙也代表了攻不可破。之前，这些由石块垒成的壁垒就对蛮族部落的群起而攻之发出肆意的嘲笑，对于奥斯曼土耳其人想要通过人力来攻克也嘲笑不已，如今，它又开始嘲笑那些所有新式工具——攻城所用的撞槌，城墙受到它的击打，仍旧完好无损；对于这座高耸的城墙来说，罗马式的攻城槌、新式的野战炮和臼炮根本发挥不了作用。君士坦丁堡有了这座狄奥多西城墙，防御会比欧洲所有城市都好。

如今，穆罕默德二世对这座城墙已经非常了解了，也领教了它的威力。几个月以来，抑或说几年以来，他晚上都睡不着觉，甚至做梦都在想：如何才能把这座不可攻破的城墙攻下来，把这座不能捣毁的城墙捣毁。他的案桌上码放着量尺、敌方工事的草图，还有很多图样。对于城墙内外的所有山丘、洼地、水流，他都了如指掌，他的工程师们和他一起详细而周密地考虑了所有细节。可是让人沮丧的是，他们所有人最后的计算结果都是一致的：假如用如今的臼炮去捣毁这座狄奥多西城墙，是根本不可能的事。

这也就是说，必须研发更大的臼炮，必须研发出一种射得比现在的火炮远、威力比现在的火炮强、炮筒也比现在的火炮长的新型火炮！还必须研发出一种和现如今的石弹相比更重、进攻力更强、摧毁力也更加厉害的弹头。要想攻克这座难以靠近的城墙，只有一种办法，那就是发明一种新的重炮。穆罕默德二世表示，为了研发出这种新的进攻武器，他甘愿付出所有。

甘愿付出所有——这就会激发无限的创造力和驱动力。因此，宣布开战以后没过多长时间，就有一名男子来找苏丹。他叫乌尔巴斯，或者奥尔巴斯，来自于匈牙利，是当时世界上最具有创造力和最富有经验的铸炮能手。尽管他是基督徒，而且之前还为君士坦丁十三世皇帝效力过，可是他期待能够在穆罕默德二世手下完成更具有开拓性的使命，也让自己的技艺得到更高的回报，于是他对穆罕默德二世说，假如穆罕默德二世可以给他提供足够多的金钱，他就可以铸造出一种前所未有的最大火炮。穆罕默德二世答应了他。就如同任何一个鬼迷心窍的人一样，苏丹已经毫不在乎要付出的金钱，他马上答应给他足够多的工人，而且指派成千辆车子将矿砂运到亚得里亚堡。三个月以后，铸炮工人经过艰辛的奋战，终于运用秘密的淬火方法制作好了一个黏土模坯，再用烧得通红的铁水浇铸就大功告成了。最后一道工序也宣布成功。现如今世界上最大的炮筒横空出世了，就是脱坯于这个模具，再冷却而成的。在进行首次发射试验以前，传令兵就在穆罕默德二世的吩咐下跑遍了全城，提醒怀孕的妇女小心。于是，只听轰的一声响，一颗巨大的石弹从发亮的炮口里被发射出来，它面前的一堵墙直接成了碎片。于是穆罕默德二世马上命令让所有炮兵都装备上这种巨大的大炮。

希腊的著述家们一直到后来才心惊肉跳地把这种庞大的"投石器"称为大炮——看上去已经研制成功了。可是眼下还有一个更为棘手的问题：那就是这种巨龙一样的铸铁怪物要如何才能跨过整个色雷斯①，到达拜占庭的城墙前面呢？于是，史上最浩大的一项工程开始了，无论是百姓还是士兵，所有人都参与了进来，整整耗时两个月，才把这个庞大的怪物拖拽出来。走在最前面的若干队骑兵负责开道，以免这宝贝遇袭。紧随其后的是成百甚至成千名挖土工，他们要昼夜不停地挖土、运土，随时铲平凹凸不平的路面，这样才能把这些重达千钧的大炮运送过去，因为运输后的几个月，这些道路又会全部被损坏。一辆碉堡似的巨车被五十双并列前行的公牛往前拖拽着，巨车的所有轮轴上均匀地承受着金属炮筒的重量——就如同很早以前，从埃及把方尖塔②运到罗马一样。左右两边一直都有两百名壮工扶着这个因为太重而左右摇晃的炮筒。而且，还有

---

① 色雷斯（Thrakien），巴尔干半岛东南部古地名，地处如今土耳其和保加利亚一部分。

② 方尖塔（Obelisk），和中国的华表很像，是一种石制立柱，高达二三十米，可是它的主干为四方形，顶部为尖状，公元前3世纪产生于埃及，原本代表着太阳神，以后变成神庙的装饰建筑，经常成对地展现在庙门前。埃及的很多这种方尖塔都被罗马帝国皇帝掠夺走了。19世纪时，埃及政府曾把这种文物赠送给巴黎、伦敦、纽约，现在在巴黎的协和广场依然有一对这样的方尖塔。

五十名车匠和木匠忙不迭地更换滚木、给滚木涂抹润滑油、对支架进行加固、建桥。大家都知道，如此规模的运输队要想穿过山岭和平原，只能以最慢的速度，就像老牛拉车一样。村民们都无比惊叹地在村口聚集，看着这个铸铁的怪物被它的仆人和教士像运输一尊战神一样从这里运到那里，他们不禁在胸前画着十字。可是，不久以后，又有好几个这样的怪物从他们眼前经过——人的意志又一次打败了不可能。现在，拜占庭城门前已经矗立了二十或三十个这样的怪物，战争史册上从此给重炮队记下了浓墨重彩的一笔。东罗马帝国皇帝的千年城墙和新苏丹的新大炮之间开始了一场角逐。

再次升腾起希望

　　拜占庭的壁垒遭到这种巨型大炮猛烈地、顽固地攻击。刚开始，这种大炮每天只能发射六七次，即便这样，城墙每天都在被损毁。每射中一炮，就只见尘土飞扬、碎石四溅，这座石头壁垒就在人们眼前慢慢垮下去，中间又出现了一个裂缝。尽管躲在城墙后面的人们到了晚上会找来各种越来越不结实的木栅栏和亚麻布堵住这些缺口，可是原来那座完好无损、牢不可破、可以在它的庇护下战斗的城墙已经消失了。现在，壁垒后面的八千人的部队始终在惴惴不安地设想着决战那一刻会是什么样子，到那时，这些已经满目疮痍的防御工事会遭到穆罕默德二世十五万军队的决定性攻击。现在到了最关键的时刻,到了欧洲世界、基督教世界履行诺言的时刻。拜占庭城内,教堂的圣徒遗骨的木匣前跪着大批妇女和小孩;所有的瞭望塔上都有士兵在昼夜观察:马尔马拉海面上除了奥斯曼土耳其人的船只,还会不会出现希望中的由罗马教皇和威尼斯派过来的增援舰队。

四月二十日凌晨三点钟,终于出现了一个闪光的信号,瞭望塔上的士兵看到了远远驶过来的船帆。尽管那不是他们一直日思夜想的基督教世界的强大舰队,可毕竟是三艘热那亚的巨船,正缓缓向他们驶过来,最后面是一艘小一点的拜占庭的运粮船,航行在三艘大船之间,被它们保护着。看到这一场景,君士坦丁堡所有人都兴奋地来到临海的城墙上,准备对这些支援者进行热烈欢迎。可是,同时,穆罕默德二世也离开了自己的营帐,骑着战马飞奔向停泊着奥斯曼土耳其舰队的港口,命令要尽一切可能把这些船只阻拦在拜占庭的港口——金角湾以外。

接到命令,奥斯曼土耳其舰队一百五十艘战船的几千副船桨同时开始划动,尽管船身要小一些。这些三桅船上都装备有铁爪篙、掷火器、射石机,现在一起驶向那四艘大橹战船。因为强大的顺风,那四艘大橹战船的速度要比那些奥斯曼土耳其船只快得多,后者只是用炮弹和呼喊声给自己加油。四艘大橹战船风帆鼓得满满的,淡定地向前航行着,根本没把这些进攻者放在眼里。因为在拜占庭城区和加拉太之间的海口一直被那条有名的铁链封锁着,以免战船遇袭,所以现在四艘大橹战船所驶向的金角湾是安全港口。眼看距离目的地只有咫尺之遥了，船上的每一张脸几乎都可以看得分明了，城墙上的所有人都跪了下来，感谢天主和圣徒们给他们提供支援，保护港口安全的铁链也慢慢沉入海面以下，发出清脆的响声，准备欢迎这几艘支援船。

　　可就在这时，恐怖的事情发生了！风忽然不再吹了，四艘大橹战船就如同一块被磁石吸住了似的，停在大海之中无法动弹了，和可以救援的港口只差了几箭远的距离。看到此情此景，奥斯曼土耳其水军立刻整体出击，像一群猎犬一样扑向这四艘无法动弹的大橹战船，高声呐喊着。而这四艘大橹战船却如同四座塔楼，僵硬地矗立在大海中丝毫不能动弹。十六条小战船如同一群猎犬咬住大橹战船不松口，铁爪篙钩住大橹战船的两边，刀斧用力地砍在上面，想弄沉它们，更多人抓住锚链往上爬，朝帆篷扔火炬和引燃的柴火，想烧掉它们。奥斯曼土耳其舰队的司令官下令自己的旗舰冲向那艘运粮船，想从侧面撞坏它。这时，这两艘船已经像两个摔跤的人一样扭打在了一起。尽管刚开始，因为头盔的保护，热那亚的水兵还可以在高高的船舷上和爬上来的敌人进行搏斗，还可以用刀斧、石块和希腊式的火炬让进攻者后退。可是这场搏斗持续不了多长时间，因为敌我双方的实力相差太大。热那亚船队必定会战败。

　　城墙上的几千人亲眼看见了这恐怖的景象！这些希腊人曾经兴奋地在古希腊的战车竞技场上观看残忍的搏斗，如今却悲痛地看着这场海上的大搏杀在自己眼前上演，他们已料想到自己这一方必败无疑，这四艘大橹战船顶多还能坚持两个小时，就会败在敌人手下。尽管等来了救援者，可是却完全没用。君士坦丁堡城墙上颓然的希腊人眼睁睁地看着自己的弟兄被打败，而离他们如此近的他们却只能攥紧拳头，无助地呐喊，而无法施以援手。有些人表现出激励的样子，想要鼓舞那些战斗中的朋友。还有一些人高举双手，呼喊基督和大天使米歇尔，呼喊着数百年以来曾经对拜占庭进行过保卫的自己的教派和修道院所有圣徒的名字，希望他们可以让奇迹出现。可是对面加拉太的岸边，奥斯曼土耳其人也依然在呼喊，在希冀，同样祈求着自己这一方战胜对手。大海变成巨大的舞台，海战变成了斗士的角逐。苏丹本人已赶赴这里，一群高级将领簇拥在他的身边，他催马一直往海滩的水中走去，以至于上衣都打湿了。他双手放在嘴边，气愤地朝自己的士兵高喊，给他们下达强制性指令，不管怎么样也要抓住这些基督徒的船只。当他看到自己的三桅战船中有一艘被击退时，他就骂个不停，那柄弯刀也在他手里被挥舞着，威吓自己的舰队司令，假如他不能打败敌手，就不要活着回来。

尽管那四艘基督徒的大橹战船依然安然地矗立在那里，可是战斗已经快结束了，四艘大橹战船可以用来抵抗的石弹已愈见稀少。面对比自己强大五十倍的敌人，大橹战船上的水兵们抗争了几个小时，已经快要累垮了。太阳已经西落，傍晚来临了。而这四艘大橹战船最起码还有一个小时要这样毫无抵抗能力地裸露在敌人面前,到时即便土耳其人没有占领它们,海潮来袭,它们也会被冲向加拉太后面已经被奥斯曼土耳其人霸占的岸边。一切都结束了!

就在这关键时刻,情况又发生了突然的逆转——聚集在拜占庭城墙上的那群哀号的人觉得,这根本就是一个奇迹。吹过来一阵微风,紧接着风越来越大。他们终于盼来了希冀已久的风。四艘大橹战船上干瘪的篷帆霎时间变得又大又圆,船头昂首挺立,随着风帆强有力地鼓动,船突然朝前开动了,土耳其敌人的船只被冲得四散开去,四艘大橹战船得到了自由,获救了。城墙上的几千人顿时爆发出震耳欲聋的欢呼声,四艘大橹战船驶进安全的港口。刚才放下的对海面进行封锁的铁链再次被拉起,阻隔了外面的船只,奥斯曼土耳其人那群猎犬一样的小战船在铁链后面的海面上无奈地散开了。原本愁云惨淡的城市上空久久地响起欢呼声。

战舰跋山涉水

一整晚,被围困的拜占庭人都沉醉在无比的快乐之中。这一夜他们忘记了一切,想象着美好的画面,这一丝希望像一剂麻醉剂,让他们神魂颠倒。这天晚上,这些被围困的人相信自己已经得救了。因为他们畅想着,从现在开始,以后每周,他们都会迎来新的船只，而且会像这四艘大橹战船上的士兵和粮食成功上岸。欧洲还记得他们。他们似乎看到拜占庭已经恢复了自由，敌人被击败——可是这些只是他们自己在危难关头的希冀而已。

而回到穆罕默德二世这边，他也是一个梦想家，当然是另一种，有更多新奇想法的梦想家。这种梦想家知道如何让梦想变成现实。那边热那亚的大橹战船还在兴致勃勃地认为自己在金角湾的港口不会遇到任何危险时，穆罕默德二世已经拟订出了一个非常具有想象力的计划，在战争史上，这项计划都可以和汉尼拔①和拿破仑的最英勇的行动相提并论。对于穆罕默德二世来说，拜占庭就如同一个金苹果一样可望而不可得。现在他们面临的最大障碍就是深深凹下去的海岬——金角湾，这个形同盲肠的海湾对君士坦丁堡的一侧进行着守卫。因为海湾入口处的边上是热那亚人的大本营城市加拉太——穆罕默德二世曾许诺让这座城市保持中立——而且和那座敌人的城池拜占庭还横亘着一条铁链，所以他们的舰队根本不可能从正面进入这个海湾，而只能把热那亚人领地边缘的内部水域当作起始点，去对那些基督徒的战舰进行攻击。可是一支舰队要如何才能抵

---

① 汉尼拔（Hannibal，公元前247？—公元前183），迦太基统帅，历史上军事名将，擅长打敌人个措手不及，曾经和罗马帝国交战。公元前218年，汉尼拔率领六万兵马从西班牙到意大利打仗，第一次越过阿尔卑斯山，汉尼拔忽然出现在意大利北部，在蒂查纳河和台伯河战役中让罗马军队粉身碎骨。后来，罗马人打败了汉尼拔，他又过了几年寄居生活以后，于公元前183年被逼服毒自尽。

攻陷拜占庭／051

达那里呢？当然，可以在海湾里面组建一支舰队，可是，这不知又要耗费多长时间，而心急的苏丹是不可能等这么久的。

于是，穆罕默德二世异想天开，提出一项大胆的计划，让自己的舰队越过岬角，从根本无法发力的外海被运到金角湾里面的内港，也就是让成百艘战舰穿过高山密布的岬角地带。这个想法太让人惊讶了，实属前所未有。它看上去根本不可能实现，而且太荒谬了，以至于拜占庭人和加拉太的热那亚人脑海里根本没有闪现过这样的想法，就如同汉尼拔和拿破仑的军队神奇地穿越阿尔卑斯山以后出现在之前的罗马人和之后的奥地利人眼前时，他们都惊呆了。经验告诉人们，战舰只能航行在水里，从来没听说过舰队还可以翻越高山的。可是让不可能变可能，才代表着一种精灵的真正意志；再加上穆罕默德二世一直都认为，一位军事天才对于那些常规战争应该是嗤之以鼻的，他自己绝对不会按常规行事，而要见机行事。于是，一场空前的大行动开始了。穆罕默德二世偷偷让人运来不少圆木头，让工匠们做成滑板，之后将从海面上拖过来的战舰绑在这些滑板上，就如同牢牢绑定在移动的船坞上一样。同时，上千名挖土工也忙活开了，为了运输便利，他们尽可能填平那条经过佩拉山丘的狭窄山路。同时，苏丹下令部队每天晚上向周边地区，除了中立的加拉太城以外，不停地发射臼炮，这些臼炮的发射本身没什么意义，只是为了分散敌人的注意力，掩饰自己突然把这么多工匠聚集起来，也同时掩饰自己的战舰从山地和峡谷经过，抵达另一个水域。当拜占庭城里的人以为敌人只从陆路进攻他们时，若干根沾满了油脂的圆木头正朝山下滚去，固定在滑板上的战舰就这样被拖着经过那座佩拉山，两行不计其数的水牛在前面拖，水兵们在后面帮忙推。这场奇怪的迁徙就在天色刚黑时开始。世间所有伟大的行为的完成都是默默无闻的，世间所有的智者都是思考缜密的，这无与伦比的奇迹：整整一支舰队终于翻过了崇山峻岭，大功告成！

在所有伟大的军事行动中，制胜的关键一着往往是在敌方毫无防备时攻击、打它个措手不及。在这方面，穆罕默德二世的天才可谓是非同一般。事先根本没有人知道他的想法。这位天才的计谋家曾经这样说自己："假如有一根胡须知道了我的企图，我就会彻底把它除掉。"正当臼炮大张旗鼓地攻击拜占庭的城墙时，在最详细的部署下，他的命令已经开始执行了。四月二十二日这一天晚上，七十艘战舰终于从山冈、峡谷、种葡萄的山丘、田野、树林穿过，抵达了另一个海面。第二天早晨，当拜占庭的市民看到一支载着水兵，三角旗迎风飞舞的敌军舰队时，他们恍然觉得这都要归功于神的手，这些他们觉得根本无法靠近的海湾中心的舰队才会被送到这儿来，他们一直以为自己还没有睡醒，不停地揉着眼睛，不知道这样的奇迹是如何产生的。一直由海港保护的这一面城墙下面，他们听到了欢呼声、呐喊声、军号声、铜钹声，还有战鼓喧天。除了加拉太那一片保持中立的狭窄区域以外，因为一个天才的计划，整个金角湾包括基督徒舰队都属于苏丹和他的军队了。如今,苏丹已经可以指挥自己的部队从自己的浮桥上顺利地进攻拜占庭城墙这防御力量薄弱的一面。因为这薄弱的一侧也遇袭,本来就因为地广人少而岌岌可危的防线此时显得更加薄弱了。牺牲者的喉咙已经被铁的巨手扼得紧紧的。

欧洲,救救我!

被围困在拜占庭的人不能再自欺欺人了。他们心里很清楚:就算可以坚守住已经出现裂口的这一翼,假如支援力量没有及时赶到,仅仅依靠这已经满目疮痍的城墙后面的八千人的部队,要和十五万大军对抗,失败是早晚的事。可是,威尼斯的执政官不是曾经庄严地许诺过会给予支援吗?当看到西方世界最豪华的教堂——圣索菲亚大教堂也许会变成异教徒的清真寺时,罗马教皇还会坐视不管吗?难道一直到现在,困于内斗而因此成为一盘散沙的欧洲依然还没有意识到西方文明如今已经岌岌可危了吗?——被困在城墙后面的人们一直这样自我安慰着,或许早就有一支增援舰队准备就绪,只等着形势到了最危急的时刻就出航。可是现在,现实已经如此严峻了,难道他们还没有意识到这样的犹疑势必会导致灭亡吗?他们负得起这个责任吗?

可是,如何才能让威尼斯舰队知晓如今这个严峻的形势呢?奥斯曼土耳其的船只在马尔马拉海面上四处巡逻。假如拜占庭的所有舰船齐齐出动,那就有可能全军覆没,更何况城防线上会一下子少掉数百名兵力,守城的每一个人都非常重要。于是守城部队最后决定只派一艘很小的船去完成这项英勇的行为,少到只能有十二个人突破重重包围把紧急情况告诉威尼斯舰队——假如历史是公平的话,他们应该像"阿耳戈"船上的英雄们①一样流芳百世,可是他们全部被湮没在历史的尘埃里。为了不被敌人发现,他们把敌人的旗帜挂在这艘双桅小帆船上,所有人都是奥斯曼土耳其人的装束,裹着穆斯林的头巾或戴着非斯帽。五月三日的午夜时分,封锁海面的铁链悄无声息地打开了,在黑夜的掩护下,这艘英勇的小船驶了出去,尽可能让划桨的声音小一点,再小一点。你看,真是太神奇了,这艘轻巧的小船就这样在无人察觉的情况下穿过达达尼尔海峡,驶进了爱琴海,和平常一样,正是这种非同一般的魄力迷惑了对方。穆罕默德二世凡事考虑得很周全,可他万万没有想到会发生这样一件令人难以置信的事情:一艘载着十二名勇士的小船胆敢独自从他的舰队穿过,开展一次阿耳戈英雄们式的航行。

可是,让人难过的是:在爱琴海上,十二名勇士根本没有发现什么威尼斯的帆船,更没有他们想象中的一支威尼斯舰队整装待发。拜占庭已经彻底被威尼斯和罗马教皇所遗忘,他们

---

① 希腊神话中,伊阿宋带领希腊的著名英雄们乘坐着一艘命名为"阿耳戈"的船去海外寻找金羊毛。

根本不看重什么诚信和承诺,而只是对褊狭的教会政治情有独钟。历史上这样的悲剧数不胜数,当迫切需要把所有力量都团结起来保卫欧洲文明时,国家和君主却依然热衷于他们的抗争;热那亚觉得相比和几个小国联合在一起对抗共同的仇敌,将威尼斯搁置在一边要重要得多。反过来,威尼斯对热那亚的态度也是一样的。海面上什么也没有。这些勇敢的人坐在形同核桃壳一样的小船里,万分沮丧地在不同岛屿间划行。可是所有的港口都已经落入了敌军之手,这个作战区域内看不到一只友军的船只,他们也不敢在这里航行。

现在该何去何从?已经有几个人开始灰心丧气,他们认为假如再次回到君士坦丁堡,再重复一次惊险重重的旅程,根本没什么意义。——因为他们是无功而返。也许那座拜占庭城市已经落入敌军之手。假如他们折回去,他们只有两条路可走,一条是被俘,还有一条就是死亡。可是,这些无名英雄们大部分是踌躇满志的——他们最终还是决定返航。他们应该完成被交付的使命。他们出来的任务是打听消息,尽管现在得到的是让人失望的消息,可依然要把消息给大家带回去。于是,这艘小船再次不顾一切地穿过达达尼尔海峡、马尔马拉海峡,从敌人的舰队穿过,回到拜占庭。五月二十三日,即他们启程后的第二十天,就在君士坦丁堡的人们以为这艘小船早已不见了踪影,没有人想过它还会返回或带回来什么消息,忽然一艘小船快速冲向金角湾,几个哨兵用力挥舞着小旗。因为被围困的人群发出震天的呐喊,让奥斯曼土耳其人也不禁警惕起来,这时他们才惊讶地发现这艘上面挂着奥斯曼土耳其旗帜、正畅通无阻地从他们的海域驶过的双桅帆船竟然是敌方的船,于是他们驾着若干小艇从各个方面朝它冲过去,想要在它进入安全港口时阻拦它。拜占庭因为小船的返回又瞬间觉得充满了希望,以为欧洲还记得这座城市,而上次开过来的那几艘大橹战船只是先头部队。将近一千人欢呼雀跃,可是这个时刻也没有维持多久。到了晚上,所有人都得知了真正的坏消息。基督教世界已经彻底遗忘了拜占庭。这些被困守在这座城里的人得不到任何支援了,假如他们不开始自我拯救,他们就必死无疑。

总攻前夕

长达六个星期的拉锯战以后,苏丹开始没有耐心了。他的大炮已经毁坏了城墙的很多地方。可是,在他的亲自指挥下,所有的攻击又都被抵挡了回来。对一个统帅来说,现在只有两条路可走:一是不再围攻,二是在发动若干次小规模进攻以后再进行一次决定性的总攻。穆罕默德二世召集所有将领开了一次作战会议。他的所有担心都被顽强的意志击退了,五月二十九日开始进行大规模的决定性总攻。苏丹用一贯的坚定进行了战前的准备工作。他举行了一次宗教盛典,十五万人的部队,上至最高统帅,下至普通士兵,所有人都要完成伊斯兰教所规定的所有宗教礼仪——小净①和白天的三次礼拜②。现有的所有火药和石弹都被集中到这里,以增强炮兵的力量,给攻占拜占庭提供更充分的条件。因为即将到来的总攻,全军被编排成很多部分。穆罕默德二世日夜不停地忙碌,一刻也不敢耽搁。从金角湾到马尔马拉海,从一个营帐到另一个营帐,他骑着马到处巡视,亲自给指挥员和士兵打气。可是,作为一个对他人心理了解通透的人,他知道要想激发起这十五万人的斗志,怎么做才最有效。他做了一个恐怖承诺——以后他也践行了这个承诺,这不仅让他收获了荣誉,也让他被人诟病。他的宣谕差役敲鼓吹号地四处宣扬这样的诺言:"穆罕默德二世以真主的名义、以教祖穆罕默德的名义和四千名先知的名义,还以他的父亲穆拉德苏丹的灵魂,用他自己孩子们的生命和他的军刀庄严宣誓,等到拜占庭城被攻陷以后,他的部队可以无所顾忌地掠夺三天。城墙内的所有,包括家具、财物、金银珠宝、装饰物、男人、女人以及孩子们都归取得胜利的士兵们所有,而他——穆罕默德二世本人一样东西都不要,他只要得到占领东罗马帝国这个最后堡垒的荣耀。"

听到如此具有诱惑力的宣告以后,士兵们马上兴奋得手舞

---

① 穆斯林在进行一般礼拜前,要完成小净仪式,也就是先洗手,然后洗脸、洗肘、漱口、洗鼻孔、用湿手抹头、冲洗双足,一共七项,称为"沐"。

② 穆斯林每天五次礼拜,时间分别是晨、晌、晡、昏、宵五个时辰,叫作晨礼、晌礼、晡礼、昏礼和宵礼。穆罕默德二世的部队因为身上有战事,只进行前三次礼拜。

足蹈。震耳欲聋的欢呼声就像风在怒吼,呼喊真主的祈祷声此起彼伏,这声音如同一阵龙卷风刮向已经提心吊胆的拜占庭。战场上的口号也变成了"杀呀!""杀呀!""抢啊!""抢啊!"伴随着战鼓、铜钹和军号声久久地回荡。到了晚上,军营里灯火通明,就像欢庆节日一样。被困在城墙后面的拜占庭人从城墙上看到四处都是灯火通明,就像天上闪耀的星星。在还没有打胜仗以前,奥斯曼土耳其人已经用各种方式在欢庆胜利,真是让人毛骨悚然。那种场面像极了异教徒的祭司在献上牺牲以前那种既热闹又残忍的仪式。可是到了午夜时分,在穆罕默德二世的指挥下,所有的灯光忽然都熄灭了,十几万人的欢呼声也统统像按了静音键一样听不到了。可是,这种让人慌乱的黑暗和忽然到来的安静明显不是什么好兆头,对于那些已经六神无主的窃听者们来说,这比灯火通明中的吵闹、肆意的呼喊要恐怖得多。

圣索菲亚教堂里最后的弥撒

被围困在拜占庭城里的人现在对自己的处境再清楚不过了,他们不需要探子再去打探什么消息,也不需要一个敌方的叛徒带给他们什么消息。他们知道,总攻马上就要到来了,所以整座城市因为预感到自己的使命和将要面临的巨大危险而变得乌云密布。在这最后的时刻,这些平时各自为政和陷在宗教纷争中无法自拔的城内居民都汇聚到一块——只有到了最紧要的关头，世间前所未有的团结场面才会出现。为了基督教信仰、伟大的历史、共同的文明这些大家必须合力保护的一切，君士坦丁十三世皇帝举行了一次隆重的仪式。在他的命令下，所有的人——东正教徒和天主教徒、教士和普通教徒、男女老少都齐聚一堂，进行了一次绝无仅有的宗教大游行。不容许任何人待在家里，当然，也没有人愿意待在家里。无论是富人还是穷人，所有人都忠诚地站在庄严的队伍中，唱着"天主保佑"的祈祷歌；游行队伍先是从城内穿过，然后从外面的城墙经过。队伍的最前面是从教堂里拿出来的希腊东正教的圣徒画像和圣徒的遗物。只要发现城墙上的一个缺口，就挂一张圣徒画像，好像和武器相比，画像更能抵挡住异教徒的攻击一样。同时，君士坦丁十三世皇帝将元老院的成员、达官贵族以及指挥官们都聚拢到一起，向他们发表了最后一次讲话，以鼓舞他们。尽管他不能和穆罕默德二世一样，承诺给他们数不清的战利品，可是他却给他们描绘了一幅宏伟蓝图：假如他们把这最后一次决定性的进攻打败了，他们会为所有基督徒和整个西方世界带来多么崇高的荣誉。而且他也跟他们说了这样一个事实：假如他们被那些狂妄之徒打败了，那么他们将要面临毁灭的危险。穆罕默德二世和君士坦丁十三世都清楚，这一天将会对以后几百年的历史带来决定性影响。

接下来，那最后一幕——覆灭以前最让人难以忘怀的场面，也是欧洲历史上最让人热泪盈眶的一个场面开始了。所有快要死的拜占庭人都集中在圣索菲亚教堂里——这座当时世界上最华丽的基督教主教堂,自从基督教东西两个教派友好建交以来,两派的教徒都还没有涉足过。所有宫廷臣僚、贵族、希腊东正教会和罗马天主教会的教士们和所有整装待发的热那亚和威尼斯的水陆士兵,都围在皇帝身边。他们身后跪着好几千人——这是一群满腹担忧和害怕的老百姓,全都恭敬地低着头,喃喃自语。微弱的烛光下,这片昏暗中的人影如同一个人的身体一样跪在地上进行祷告,他们在祈求天主保佑。这时,大主教肃穆地拔高了声调,带头祈祷,唱诗班也跟着他一起唱和。西方世界神圣的、永恒的声音——大厅里再次响起音乐声。之后,在皇帝的带领下,所有向天主祷告的人依次从圣坛前走过,去接受天主的抚慰。宽敞的大厅里萦绕着连绵不绝的祈祷声,盘旋在高高的拱顶四周。东罗马帝国的最后一次安魂弥撒开始了,因为这是最后一次在查士丁尼建造的这座主教堂里举行基督教的仪式。

令人心潮澎湃的仪式结束以后,皇帝最后一次匆忙回到自己的皇宫,向所有的臣仆道歉,请求他们原谅自己曾经的过失,之后他骑上马,和他那骄傲的敌手——穆罕默德二世此刻正在做的那样,到城墙的各个地方去激励士兵。夜已经很深了,人声和武器的叮当声也消失了。可是城内的几千人正怀着不安的心情等待着死亡的那一刻。

被遗忘的凯尔卡门

　　凌晨一点，总攻的信号响起了。随着巨大的帅旗的挥舞、"真主、真主"这样异口同声的呐喊，十万人一起向城墙冲过去，手里还拿着武器、云梯、绳索和铁爪篙，与此同时，战鼓震天响，军号响彻天际，大擂鼓、铜钹、鸣笛声、人的呼喊声、大炮的轰鸣声都聚集在一起，如同猛烈的暴风雨。最先被送到城墙上去的是那些初出茅庐的志愿敢死队，他们上半身裸露在外，在苏丹的进攻计划中，他们肯定只是作为马前卒，目的就是在主力部队进行决战前挫伤敌人的力量和气焰。这些被赶鸭子上架的炮灰带着数以百计架云梯奔跑在黑暗中，往城垛、雉堞上爬，可是往往被打退，然后接着往上冲，就这样不停地往复，因为他们无路可退。在这些只是作为替死鬼的牺牲品后面是精良的主力部队，这些替死鬼被无情地驱赶至差不多是死亡的深渊。城墙上的人暂时处于上风，他们有网眼的铠甲丝毫不会被奥斯曼土耳其人的矢箭和石块所损害，他们所面临的真正危险是他们自身的疲累——而这也刚好是穆罕默德二世的计策。城上的人都身穿重重的甲胄，不停地反抗持续冲上来的轻装部队，他们要转战不同的场地，就是在这样被动的防御中，他们的精力慢慢被消耗完。而这时，接连两个小时的奋战以后，天已经慢慢亮了,土耳其人的第二梯队——由安那托利亚人①组成,开始进攻了,战斗形势对于拜占庭人来说已经相当不利,因为这些安那托利亚人都是经过严格训练的武士,而且同样身穿有网眼的铠甲。除此以外,从数量上来说,他们的优势也是显而易见的,而且提前好好休息过。这样一比较,城上守卫的人却必须转战不同的场地守卫突破口。可是,进攻者依然被顽强地击退了。于是苏丹只好让自己最后准备的精良部队也出动了,他们是奥斯曼土耳其禁卫军,奥斯曼帝国的支柱力量。这一万两千名经过严格挑选、年富力强的禁卫军士兵在他的亲自带领下——这支部队当时被欧洲看作是最杰出的军旅,正高声呼喊着冲向筋疲力尽的敌人。现在真正到了最关键的时刻,城里敲响了所有的钟,呼吁所有还可以战斗的人都聚集到城墙上去,水兵们也从船上到了城墙上,因为真正的决定性的一战已经拉开了序幕。对于在城上守卫的人来说,最不幸的就是那些热那亚部队的指挥官——英勇无敌的朱斯蒂尼亚尼被矢石打中,生命危在旦夕,被抬到了船上。一时间,守卫者的力量开始不稳。可是,皇帝亲自驾临,这次危险十足的进攻被成功阻拦,冲锋者的云梯再次被击退了,在这场敌我双方力量悬殊的战斗中,看上去拜占庭又扳回了一局。他们已经度过了最危险的时刻,抵挡住了最顽强的进攻。可是,就在这时,拜占庭的命运

---

① 安那托利亚,又叫作小亚细亚,也就是现在土耳其之亚洲部分。

因为一次悲剧性的意外事故而被宣判了,就如同有时历史在它让人匪夷所思的决定中所出现的短暂几秒钟一样。

一件完全出乎人意料的事发生了。在和真正的进攻相隔不远的地方,有几个奥斯曼土耳其人从外层城墙中的一个缺口闯了进去。他们不敢贸然冲向内城墙。可是正当他们在第一道和第二道城墙之间无所事事地到处晃时,他们在内城墙的较小的城门中间发现了一座城门——这座城门叫作凯尔卡门——不清楚因为什么原因,它竟然大开着。对于它自身来说,它就是一扇小门。没有发生战争时,在其他几座大城门关闭的几小时内,行人就从这座小门通过。正因为它在军事上不具有价值,因此在最后一夜的兴奋中,它竟然被忘记了。奥斯曼土耳其禁卫军这时无比惊讶地发现,这扇门此刻就这样在他们面前毫无顾忌地大开着。刚开始,他们觉得这也太让人难以置信了,所以他们觉得这是一个阴谋。一般情况下,防御工事前的所有缺口、大门,还有小窗口前都是成堆的尸体——时刻都会遭到燃烧的油和矛枪的攻击,而现在,这里却是一派和平的景象,这扇可以通向城中的凯尔卡门大开着。那几个奥斯曼土耳其人马上想办法把增援部队叫过来了,于是,一整支部队就这样旁若无人地进入了内城。那些还坚守在外层城墙上的人依然没发现任何异常,没曾想过会背部受敌。更不妙的是,几个士兵看到自己的防线后面竟然出现了奥斯曼土耳其人时,却不由自主地脱口而出:"城市沦陷了!"战场上这种不确凿的谣言的杀伤力远大于所有的大炮。现在，奥斯曼土耳其人也跟着大声叫道："城市沦陷了！"于是，所有的抵抗在这样的喊叫声中瞬间土崩瓦解。城墙上的雇佣兵们以为有人叛变了，纷纷从自己的阵地离开，好迅速逃到港口回到自己的船上去。君士坦丁十三世皇帝和几个随从一起顽强地抵抗侵略者，可已经晚了，他被杀死了。局面乱成一团，没有人知道他是谁。直到第二天，人们才通过一只上面有金鹰的朱红靴子辨认出他的尸体，东罗马帝国的末任皇帝就这样光荣地牺牲了，连同他的帝国一起，充分彰显了他的罗马人精神。就因为一扇被遗忘的凯尔卡门这么小的意外，世界历史就这样被决定了。

十字架坍塌

有时，历史就将数字玩弄于股掌之中。因为罗马遭遇汪达尔人①大肆劫掠正好是一千年以前，现在，拜占庭又开始了一场浩劫。一直守信的穆罕默德二世兑现了自己的诺言。第一波大屠杀结束以后，他就任由自己的官兵对房舍、宫殿、教堂、寺院、男人、妇女、儿童进行肆无忌惮地劫掠，成千上万的拜占庭人像鬼魂一样被大肆追赶。教堂是最先遭到袭击的，因为

---

① 汪达尔人（Vandale），日耳曼人的一支，公元4至5世纪进入高卢、西班牙、北非等地，还曾经征服了罗马。

那里有金制的器皿、璀璨的珠宝。而当他们看到穆罕默德二世的一群官兵进来时，会马上在屋前挂上自己的旗帜，以代表这里的战利品已经有主人了。而战利品除了宝石、黄金、衣料、浮财以外，还有男人、妇女和儿童。女人成了苏丹宫殿里的商品，而男人和儿童则成了奴隶市场上的商品。躲在教堂里的那些可怜人，都被皮鞭赶了出来。年纪大的人是吃白食的无用的家伙和没办法卖掉的负担，所以就直接一刀解决了他们。那些年轻人被绑得结结实实地带走。奥斯曼土耳其官兵不仅进行了肆无忌惮的劫掠，而且还进行了最粗鲁的、最残酷的破坏。十字军在曾经遭受过的差不多一样严重的洗劫时所遗留下来的一些珍贵的圣徒遗物和艺术品都未能幸免，有的被撕，有的被砸，有的被摔，弄得支离破碎。他们烧毁了那些弥足珍贵的绘画、敲碎了最伟大的雕塑、烧毁或者随意地丢掉了那些凝结了几千年的智慧、将希腊人的思想和诗歌的传世财富都保存起来的书籍，自此以后都找不到了。人类将永远不可能知道，在那决定命运的时刻，那扇大开着的凯尔卡门到底引发了怎样的祸事；人类也将永远不可能知道，在对罗马、亚历山大里亚①和拜占庭进行劫掠时，人类的精神世界有多少财富永远找不回来了。

这次战争胜利以后的当天下午，大屠杀已经结束时，穆罕

---

① 亚历山大里亚（Alexandria），现在埃及第二大城市，习惯叫作亚历山大港，因为其由古代亚历山大大帝于公元前332年修建而得名，曾经有古代最知名的图书馆。

默德二世才来到这座已经被占领的城市。他骑着那匹金辔马鞍的骏马，表情肃穆又骄傲。他目不斜视地经过那些正在进行粗鲁洗劫的地方，他一直坚守自己的诺言，不干涉那些帮他打赢战争的官兵们的可怕行为。可是，对于他来说，首当其冲的不是去抢到什么实物，因为他已经得到了一切，所以他骄傲地直接走向圣索菲亚大教堂——拜占庭的荣耀中心。他已经连续五十多天从自己的营帐里心怀渴望地看着圣索菲亚教堂闪亮而又难以抵达的钟形圆顶，如今他作为战争的赢家，径直从教堂的铜制大门进去了。可是，穆罕默德二世还要平复一下自己的焦灼心情：他要先对真主表示感谢，才能把这座教堂永远献给真主。这位苏丹谦恭地下了马背，在地上叩头，向真主祈祷礼拜。之后他往自己的头上撒了一撮泥土，为了让自己铭记他本人是一个必然会死的凡人，所以对于自己所取得的胜利，他不能得意扬扬。他虔诚地向真主表达了自己的敬畏以后才站起来，之后作为真主的第一个仆人昂首挺胸地走进圣索菲亚大教堂——由查士丁尼大帝建造的大教堂，集神圣和睿智于一身的教堂。

苏丹仔细地察看这座豪华的建筑，心里觉得既惊奇又兴奋：高高的穹顶、透亮的大理石和马赛克①，考究的弧形门拱，都分外明亮。他认为这座最伟大的宫殿属于他的真主，而不是属

---

① 马赛克（Mosaik），在墙上或地面上用彩石和玻璃拼嵌成的图案。

于他自己。于是他马上派人找来一个伊玛目①，让他到布道坛上去，在那里宣读穆罕默德的信条。这时，这位奥斯曼土耳其君主在这座基督教的教堂里朝麦加的方向向三界的主宰者——真主进行了第一次祷告。第二天，工匠们就被要求去除掉教堂里所有过去代表基督教的东西，他们拆除了基督教的圣坛，在马赛克上刷上石灰，在圣索菲亚大教堂顶上矗立了千年之久的十字架一直张开它的双臂，将人间的所有苦难都抱在怀中，如今却硬邦邦地倒在地上。

教堂里响起石头落地的轰响，同时往很远的地方传去。因为十字架的倒塌，整个西方世界都受到了震动。罗马、热那亚、威尼斯的上空久久回荡着这一可怕的消息，法国、德国也收到了这样的噩耗。欧洲惊恐万分地意识到，因为自己的置若罔闻，这股在劫难逃的破坏力量竟从那座被遗忘的凯尔卡门长驱直入，欧洲势力将会因此数百年受到这股力量的阻挠。是呀，历史就和人的一生一样，一失足就会成千古恨，因为一个小时的延误所造成的损失，就算花上千年的时间也很难弥补。

---

① 伊玛目，阿拉伯语的音译，是指站在前面的人，也就是伊斯兰教做礼拜时站在最前面的主持者。

亨德尔的死而复生

一七三七年四月十三日的下午,在位于布鲁克大街的一幢房子里,乔治·弗里德里克·亨德尔的仆人正坐在底层的窗户旁边,干着一件奇怪的事情。刚才,他恼火地发现,之前储备好的烟叶快要用完了。原本,他只需要走过两条街,到女朋友多莉开的杂货店里,就可以买到新鲜烟叶。但是现在,他可没有胆量离开这幢房子,因为他的主人,那位伟大的音乐家正在大发雷霆,这让作为仆人的他十分不安。乔治·弗里德里克·亨德尔排练回来的时候,就气冲冲的,满脸通红,太阳穴上绽着青筋,用力地摔上了房门。现在,他正在二楼焦急地踱步,踩得地板吱呀作响,在一楼的仆人听得一清二楚。现在主人正在大发雷霆,仆人可绝对要坚守岗位。

所以,仆人只好找点事情来打发时间。现在,他并没有吐出一圈圈好看的蓝色烟雾,而是用自己那个短小的陶瓷烟斗不停地吹着肥皂泡。他制作了一小瓶肥皂水,坐在床边,冲着大街上不停地吹着五彩缤纷的肥皂泡。路过的行人看到这些五彩斑斓的肥皂泡,都开心地伸出手杖把这些泡泡戳破,一边笑着挥挥手,似乎对此并不奇怪,因为在布鲁克大街的这幢房子里,发生什么事情都不稀奇。有时候,半夜三更这里还会传出嘈杂的羽管键琴的声音,有时候,还会有女歌唱家在这里大哭和抽泣,原因只是因为她们将一个八分之一音符唱得过高或者过低。对格罗夫纳广场的这些居民来说,布鲁克大街二十五号这幢房子就如同疯人院一样。

  仆人安静地、不停地吹着五彩斑斓的肥皂泡,过了一会儿,他的技术就进步了很多。他吹出来的肥皂泡的个头越来越大,壁也越来越薄,重量也越来越轻。有一个肥皂泡甚至已经飘过了大街,飘到了对面那座宅子的二楼。突然,一声巨响把他吓了一跳,就连整幢房子都被震得摇晃起来。玻璃窗发出巨大的响声,窗帘也在不停地晃动,想必是楼上有什么又大又重的东西倒在了地板上。仆人迅速从座位上跳起来,急匆匆地沿着扶梯跑到了主人位于二楼的工作室。

  主人工作时坐的软椅上没有人,房间里也空空如也。仆人刚准备去卧室看看,突然发现亨德尔正躺在地板上,睁着无神的双眼,一动也不动。仆人愣住了,接着,他就听到了一阵沉浊、困难的喘息声。此刻,强壮的主人仰躺着,正在地板上呻吟,也可以说是正在短促地喘息,而且他的呼吸声越来越弱了。

  主人要死了!受惊的仆人暗想,赶紧冲到主人身边跪下,对半昏迷的他进行急救。他想扶起主人,将他扶到沙发上,可是身材壮硕的主人实在是太重了。仆人没有办法,只好先把勒在主人脖子上的围巾扯下来,主人憋气的呼噜声马上就消失了。

主人的助手克里斯托夫·史密斯此时正从楼上走上来——他之所以来到这里,是为了抄录几首咏叹调——刚刚那声巨响也把他吓了一跳。现在,他们两个一起将沉重的亨德尔抬到床上。这时的亨德尔就像是一具没有生命的尸体,手臂无力地垂在床边。他们帮他躺好,还把头部用枕头垫高。"你脱下他的衣服,"史密斯命令仆人,"我这就去找医生,你往他身上洒一点凉水,在这儿等着他苏醒。"

克里斯托夫·史密斯连外套都没来得及穿就走了。时间紧迫。他沿着布鲁克大街匆匆地冲向邦德大街,在路上还不停地挥手招呼马车。可是,那些马车依然神气地小跑着,缓缓驶去,对这个衣衫不整、气喘吁吁的胖子毫不理睬。终于,有一辆马车停了下来,赶车的是钱多斯老爷的马车夫,他认出了史密斯。史密斯顾不上客套,冲上去拉开车门,对着这位公爵大喊道:"亨德尔快不行了!我要赶紧去找医生。"他知道,钱多斯公爵十分热衷音乐,是深受自己爱戴的亨德尔的好朋友和最热心的赞助人。公爵见状,立刻邀请他上车。车夫狠狠地抽了马几鞭子。很快,他们就请到了在舰队街的一间小屋中的詹金斯大夫。当时詹金斯大夫正在忙着化验尿液,但是他立刻停下手中的工作,跟史密斯先生坐上自己的双轮双座马车前往布鲁克大街。在马车行驶的时候,史密斯抱怨道:"他就是被那些烦心事给压垮的,都怪那些该死的歌手和阉伶,是他们把他折磨成了这个样子。这些白痴一样的追随者和完全没有品位的挑刺鬼,这些人简直就是令人厌恶的蛀虫。这一年里,他创作了四部歌剧,就是为了挽救剧院,而其他人却忙着向女人和宫廷献媚。特别是那个意大利人,都快把大家弄疯了,这个该死的阉伶,不停地颤声吼叫的怪猴子。亨德尔如此好心,可是那些人又是怎么对待他的呢?他将自己所有的家当,一万英镑,全部掏了出来,可是那群人却不停地向他逼债,把他往绝路上逼。从来没有人取得过像他这样辉煌的成就,也从来没有人像他这样奉献一切,可是像他这样做,即便是巨人也会垮掉的。哎,他多么了不起,杰出的天才!"詹金斯大夫静静地听着,一言不发。走进寓所之前,医生掏出烟斗吸了一口,然后磕掉了里面的烟灰,问:"他今年多大年纪了?"

"五十二岁。"史密斯回答。

"这可不是一个好年纪啊。他会像牛一样拼命干活,不过也会像牛一样强壮的。好吧,先让我看看能帮到他什么吧。"

仆人端来一只碗,克里斯托夫·史密斯举起亨德尔的一条胳膊,医生划破了他的血管,只见一注鲜红的热血流了出来。很快,亨德尔紧紧抿着的嘴唇就松开了,他叹了口气,深深地呼吸着,睁开双眼,可是眼睛还是一副疲惫、异样的样子,毫无知觉和神采。

医生为他包扎好手臂。没有什么别的可做了。他刚准备站起身来,就看到了亨德尔正在翕动的嘴唇。他凑到亨德尔身边去听。亨德尔的声音断断续续,而且很小,就好像是在喘息:"我完了……完了……一点力气都没有……我没有力气就不想活了……"詹金斯医生俯下身去,发现他的右眼直勾勾地,左眼却可以转动。詹金斯试着抬起他的右臂,可是只要他一放手,手臂就垂了下去,好像一点知觉都没有了;詹金斯又举起了他的左臂,左臂却可以保持住这个状态。现在,詹金斯知道亨德尔的情况了。

詹金斯走出了房间,史密斯一直跟着他走到楼梯口,十分不安地问:"他得了什么病?"

"中风,右半身瘫痪。"

"那么,"——史密斯哽住了——"他能够恢复吗?"

詹金斯医生不动声色地掏出鼻烟,慢慢地吸了一口。说实话,对于这个问题,他很不喜欢。

"也许可以治好。只能说,凡事都有可能。"

"他也有可能就这样一直瘫痪下去,是吗?"

"看起来是这样,如果不会出现奇迹的话。"

史密斯对亨德尔十分忠心,他没有就此放弃。

"那么,他至少可以恢复工作吧?要是不创作,他是没法活的。"

詹金斯大夫已经走到了楼梯口。

"继续创作对他来说是不可能的,"他轻轻地说,"或者这次我们能够拯救他的生命，但却救不回一个音乐家了。这次的中风明显已经对他的大脑造成了影响。"

史密斯盯着詹金斯医生，眼神中流露出深深的绝望，医生终于被他给打动了，"我刚才也说过了，"——他又重复道，"是在没有发生奇迹的前提下。当然，我的意思是迄今为止我还没有见过奇迹。"

乔治·弗里德里克·亨德尔毫无生气地度过了四个月，对他来说，力量就是生命。可是他的右半身现在和死了没什么区别。他不能走路和写字，连用手弹一下琴键都做不到。他连话都说不出来了，由于右半身处于瘫痪状态，他的嘴也向一边倾斜，只能含混不清地吐出几个字。每当朋友们为他演奏音乐，他的左眼就会迸发出光芒，他那难以控制的沉重身躯就会乱动，如同一个在做噩梦的可怜人。听到节拍，他的手也想随着一起动，可是他的四肢僵硬，筋肌都不受他的控制——这种僵硬的状态令人心寒：昔日那位身体强壮的音乐家此刻就像置身于一个无形的坟墓中。音乐声结束之后，他就会重重地闭上眼睛，如同一具尸体一样躺着。为了让这位音乐大师摆脱这种无药可救的窘境，詹金斯大夫提出了一个建议——将病人送去亚琛的温泉，也许那里灼热的温泉水会让他的病情有所改善。

像隐藏在地下的那神秘莫测的温泉水一样，在亨德尔僵硬的躯体下，也有一种微妙的力量：他的意志，这是他生命中的原动力。虽然遭受了那样毁灭性的打击，可是他的意志的力量毫不动摇，它不想让追求不朽的精神从这具会消失的肉体中消失。这个魁梧的男人不会承认自己被征服了，他要活着，要创作，而这种意志居然创造出了原本不可能出现的奇迹。在亚琛，医生们曾经郑重地告诫他，在温泉中浸泡的时间绝对不能超过三小时，否则他的心脏会难以承受，他会因此死去。可是，为了活下去，为了自己那难以抑制的恢复健康的意志，他甘愿冒着死亡的危险。每天，亨德尔都会在温泉水中浸泡九个小时，这让医生们无比震惊，然而他的耐力却与意志同步增长。过了一个星期，他开始慢慢地、吃力地移动。过了两个星期，他的右手臂开始能够活动。意志和信心赢得了巨大胜利，他挣脱了死亡设下的瘫痪的圈套，重获新生。与以前的任何一次胜利相比，这一次的胜利显得更加辉煌和激动人心。那种喜悦难以形容，只有他这个刚刚逃脱病魔的人才能体会。

在亚琛温泉的最后一天，亨德尔已经可以行动自如了。走到亚琛的主教堂门前时，他停住了脚步。此前，他并没有非常虔诚，此刻，当他迈着上天赐给他的自由步伐走上唱诗台，看着台上的管风琴，他十分激动。他伸出左手敲击键盘，管风琴马上发出了清晰纯净的音乐，萦绕在整个大厅中。他犹豫了一下，伸出右手，这只手在袖管里藏了太长时间，已经不那么灵活了。但是你听，右手也可以演奏出美妙的乐章。他开始演奏，任凭自己的思绪随着管风琴飘荡，他的情绪也因此起伏。管风琴中传出的美妙的乐章就像是不断被垒起来的石头，逐渐堆积成一层一层的高塔，高耸到无形的顶峰，只有天才才能做到这一切，它巧夺天工，越来越高，却又没有踪迹，只是无形的声音发出的亮光。一些修女和虔诚的教徒在唱诗台下用心聆听。还没有哪个凡人能够演奏出这样的曲子。此时的亨德尔只是谦虚地低着头，不停地弹着。他再次找到了自我表达的语言。他要用这种语言告诉天主、人类和永世：他又可以重新演奏和创作了。直到现在，他才意识到自己已经痊愈了。

"我复活了！"乔治·弗里德里克·亨德尔挺着胸膛、挥舞着双臂，向伦敦的詹金斯医生骄傲地宣布。对于这种近乎奇迹的治疗效果，医生十分惊讶。亨德尔痊愈后，迫不及待地怀着极大的工作热情投入了工作，此刻他已经积累了双倍的创作欲望。现在，五十三岁的亨德尔又重新找回了奋斗精神。他的右手现在已经恢复灵活，他一连写了三部歌剧，还创作了大型清唱剧[①]《扫罗》《以色列人在埃及》[②] 和小夜曲《诗人的冥想》[③]，取之不竭的创作灵感就像持续喷涌的泉水。不幸的是，他实在是命运多舛。卡洛琳王后的逝去使得所有的演出都不得不中断，其次是西班牙战争[④]开始，公众场合充满奔走的人群、

---

　　① 清唱剧是一种由独唱、合唱、器乐演奏紧密结合的大型声乐剧，与中国的《黄河大合唱》形式有些类似。
　　② 两者都是亨德尔作的清唱剧。
　　③ 开始创作于1740年1月，只用了16天就创作完成了。
　　④ 1740至1748年期间为继承奥地利王位而爆发的战争，一方是法国和西班牙，一方是英国、荷兰和普鲁士。

战争的呼号和高声的歌唱，但是剧院里却几乎没有人，因此剧院债台高筑。之后，寒冷的冬季到来了。伦敦到处被冰雪覆盖着，泰晤士河上结了厚厚的冰，雪橇行驶在明亮的冰面上，发出极大的声响。受到恶劣天气的影响，几乎所有的音乐厅都不得不关门，毕竟无论多么美妙的音乐也无法抵挡空荡荡的大厅里这极端的寒冷。很快，歌唱演员们接连病倒了，演出被迫取消；亨德尔的处境也变得越来越难。债主们步步紧逼，评论家们嘲讽，公众在这种情况下不会有心思去关注音乐剧，只保持沉默。在这种走投无路的情况下，这位勇士也渐渐失去了勇气。虽然义演的收入使他暂时摆脱了经济困境，但是这种类似乞丐的生活是多么窘迫啊！于是，亨德尔开始拒绝接触外人，心情也越来越忧郁。早知道会变成现在这样的惨状，他当初又何必克服偏瘫恢复清醒？一七四〇年，此时的亨德尔已经完全沦落成一个沮丧的人。他那些过去的荣耀已经盖上了厚厚的一层灰尘。虽然他在这样的情况下继续整理早期的作品，偶尔也会创作一些小作品，却找不到原来那种喷涌而出的灵感了。虽然他现在的身体是强壮的，但却再也找不到那种支持生命的原动力了。从内心深处，这位身材魁梧的音乐家感受到一种浓浓的无力感。曾经他敢于与生命搏斗，然而现在他开始觉得自己已经一败涂地。他已经在音乐领域活跃了三十五年，曾经的那种永不停歇的创作激情，现在已经在中断，在消失。完了，他又完了。亨德尔，这位已经陷入绝望的人知道，或者是说他自认为，这一次是彻底完蛋了。他不禁感叹：如果他注定被埋葬在这个冰冷绝望的世界里，那么当初上帝何必拯救病痛中的自己？比起像现在这样，艰难地徘徊在冷漠孤寂的世界里，他宁可当初就死于中风。但有些时候，却能听到他自己一个人，看着被钉在十字架上的上帝，喃喃地说："我的上帝，上帝，你为什么抛弃我？"

一个失败的人会充满绝望，对自己的一切心灰意冷，对自己的力量产生怀疑，甚至会对上帝产生怀疑。当时，亨德尔每天晚上都会游荡在伦敦的街头。但是，每次他都要等到晚上才敢出门，因为白天债主们会带着欠条在门口等着抓他，而街上的行人看到他，也只会冷漠而鄙夷地看着他。他曾经想过，也许逃到爱尔兰情况会好一些，那些人可能没有听说过，他已经江郎才尽了——他们怎么会想到，他现在已经沦落至此——或许还可以逃到德国或意大利；也许在那里可以融化内心的冰雪，也许意大利那温润的南风可以唤醒他内心干涸已久的灵感的源泉。不，他无法忍受这种没有创作和作为的浑浑噩噩的生活，他无法接受这样的现实——乔治·弗里德里克·亨德尔失败了。有时候，他也会在教堂前驻足，可是他知道，上帝不会再给他任何庇护。有时候，他也会去小酒馆坐一坐，可是，每个领略过精神上的极乐和纯粹的创作灵感这种高尚的陶醉的人，喝到小酒馆里这种劣质的白酒，只会觉得恶心。有时候，他会呆站在泰晤士河的桥上，俯视着那漆黑的河水，甚至会萌发投河自尽的念头。他实在是无法忍受继续像现在这样,远离上帝和人群,令人窒息的消极的生活了。

最近一段时间,他每天晚上都会在街道上游荡。一七四一年八月二十一日,天气十分炎热。伦敦上空如同被一块正在融化的金属板覆盖着,十分阴沉,天气闷热。只有等到夜幕降临,亨德尔才会走出家门,到格林公园去呼吸点新鲜空气。他孤独地坐在昏暗的树荫中,不会被别人看见,也不会被别人折磨。现在,他厌倦了身边的一切,如同一个病入膏肓的人,不愿说话,不愿写作,不想弹琴,甚至不愿意思考,对于自己还有感觉,自己还有生命,感到厌恶不已。这样活着有什么意义,又是为谁而活呢?他如同醉汉一样,沿着帕尔街和圣詹姆斯街走回家,现在他满脑子想的都是一件事:睡觉,睡觉,别的什么都不想,只想休息,如果能一睡不醒也许更好。他回到位于布鲁克大街的房子的时候,所有的人都睡着了。他步履缓慢地爬上楼梯,现在他已经筋疲力尽,快被那些人逼疯了——他脚步沉重,踩得地板吱呀作响。终于,他回到了自己的房间,点亮了写字台旁边的蜡烛。这些动作完全不需要思考,已经是他多年养成的习惯,他准备坐下来工作;他不禁长叹一声,要是在从前,每次散步回来,他的脑海中都会有一段优美的旋律,一回到家,他就会迫不及待地跑到写字台前把它写下来,以免睡醒之后旋律一闪而逝。可是现在,他的写字台上什么都没有,连一张记谱纸也看不到。水流冻住了,神圣的磨坊水轮也就停止了转动。没有什么要开始的，也没有什么要结束的。桌子上空空如也。

不，不对，桌子上并不是空空如也，亨德尔眼前一亮——他看到了桌子上的一件四方形白色纸包。他把它拿起来。这是一个邮包，直觉告诉他这里面可能是一份稿件。他迅速拆开封漆。首先看到的是一封信——是为《扫罗》和《以色列人在埃及》作过词的詹宁斯写来的，信上写道，随信寄上一部新的脚本，希望他这位伟大的音乐家可以包涵他的拙作，借助他的音乐翅膀，让这个脚本飞向永恒的苍天。

亨德尔突然站起身来，似乎受到了什么讨厌的东西的触动。现在自己已经麻木不仁、行将就木，就连詹宁斯都要来嘲笑他吗？他将信扯成碎片，用力揉成团扔到地上，还狠狠地踩了几脚，骂道："这个讨厌的人，坏蛋！"——这个倒霉的詹宁斯实在是戳中了亨德尔的痛处，碰触到了他心中的伤口，这让他非常的痛苦、大发雷霆。之后，他生气地吹灭蜡烛，摸着黑回到卧室，衣服都没脱就躺下了。突然，他的眼里蓄满了泪水。愤怒和虚弱让他浑身瑟瑟发抖。天啊，这个世界实在太不公平了，他已经一无所有了，还要忍受嘲讽，他已经尝尽了苦难，还要忍受折磨。他的心已经死了，精力也要消耗殆尽，为什么别人还要来嘲弄他？他的灵魂早已麻木，他的神志也开始浑浑噩噩，为什么还有人要请他来进行创作？不，现在的他只想睡觉，像牲畜一样迷糊地睡去，将一切都抛到脑后，什么都不用做。现在的他只不过是一个被命运扰乱心思、彻底失败的人,现在就只能这样死气沉沉地躺在床上。

可是他睡不着。他心潮澎湃,刚才的一阵莫名的怒气引起的思绪让他久久无法平静,心中仿佛酝酿着暴风雨一般。他在床上不停地翻来覆去,不停地变换着睡姿,结果却睡意全无。他在心中想,是否应该去看看那个脚本?不,他都已经是一具行尸走肉了,区区一个脚本能起到什么作用?不,上帝已经让他坠入深渊,远离这神圣的生活洪流,不管是什么都无法让他再次振作。可是,他的心中涌动着一股力量,强烈的好奇心在不停地催促着他,他头昏脑涨,难以抵挡这种好奇心。于是,他突然从床上爬起来,回到房间的写字台前,颤抖着点亮蜡烛。他中风偏瘫的时候,就出现过人生的奇迹,重新站了起来。或许,上帝也会赐予他力量去治愈灵魂、重新振作。亨德尔举着烛台,仔细看着写着字的纸。《弥赛亚》——扉页上写着剧词的名字!原来,这又是一部清唱剧。要知道,他创作的几部最新的清唱剧都没能够与观众见面。但是他还是认真地阅读起来——当然,他的内心仍然充满了复杂的情绪。

可是,看到歌词的第一句,亨德尔就惊呆了,"鼓起你的勇气!"这首清唱剧的第一句就是这样。"鼓起你的勇气!"这句歌词就像咒语,不对,与其说是歌词,不如说是上帝的神谕,是天使从遥远的天空给他麻木不仁的心灵发出的召唤。"鼓起你的勇气!"这句歌词好像一下就有了声音,能将亨德尔那沉睡已久的灵魂唤醒。这样的歌词能够激励人们努力奋斗去追求心中的梦想。读完这一句,亨德尔仔细品味,似乎感到耳边响起了这一句歌词的音乐,现在似乎有各种各样的旋律在他耳边回响、咆哮。啊,实在是太幸运了,所有的乐器的口都打开了。他又重新感受到了、听到了音乐。

随着亨德尔一页一页地翻看,他的手开始情不自禁地颤抖。是的,他的灵魂被这份剧词唤醒了,每一个词都像是在深切地呼唤他,歌词中蕴含的强大的力量不断刺激着他。"主如是说!"——这句歌词就好像是在对他说话。难道曾经冷漠地将他推倒的主,现在又向他伸出援助之手了吗?"他能使你心灵纯净"——这句歌词也恰如其分地体现在了他的身上:现在的他心中再没有阴霾,只剩光明一片。这些歌词像一束久违的光芒照进他阴霾的内心,将所有黑暗都照得清晰而透明。是啊,可怜的詹宁斯,这个蹩脚的诗人还住在戈布萨尔吧,他可能是在这个世界上唯一的一个了解亨德尔现在的困境的人了,除了他之外,还有谁能做到让每句歌词都充满这种鼓舞人心的力量?"他们将祭品献到主的面前"——此时亨德尔的心中燃起了献祭的烈火,就好像是要直冲云霄去响应仁爱的主的召唤。"这就是你的主所发出的强有力的召唤"——这简直就是对他自己所说的话啊——这句歌词应该配上嘹亮的长号、惊涛骇浪般的合唱声,还有雷鸣般的管风琴,就像是仁慈的耶稣基督将所有在绝望中沉沦的人们唤醒时所发出的声音。"看,黑暗正在笼罩着大地。"这句话太贴切了,目前无边的黑暗还盘踞在整个天地,陷入绝望的人们还看不到关于未来的任何希望,但亨德尔却是幸运的,他能够优先感受到这种得到拯救的巨大快乐。仅仅是粗略看完一遍剧词,亨德尔的心中就已经回响起了其中那段最令人振奋的感恩合唱——"伟大的主啊,你就是我们的领路人,是你创造了奇迹"——是的,只有仁慈的主才配得上这样的称颂和赞美,主深知应该如何引导世人,正是主赐予他心灵的完整和平静!还有这样一段歌词:"因为主的天使已经走向他们"——没错,带着银色双翼的天使现在已经来到了他的身边,找到了他并且拯救了他。即使此刻没有人陪着他一起赞叹、一起欢呼、一起感恩,这句话只是他在心中默念的——"光荣归于主!"

亨德尔低着头,一页一页地看着歌词,仿佛此时在经历狂风暴雨。所有的疲劳都烟消云散。现在的亨德尔浑身上下充满了未曾有过的无穷的精力,他又再一次找回了曾经的那种难以言表的强烈的创作欲望。他的内心感到无比的温暖,每一句歌词都像是一缕阳光一样照在他身上。每一句话都深深地打动他的心,它们极富魅力,让他的心胸豁然开朗。"愿你快乐!"——这句话如同气势磅礴的合唱一样不停地冲击着他的内心,他忍不住昂首挺胸,张开双臂。"耶稣是真正的救世主"——没错,亨德尔就是想要证实这一点,这是一项从未有人尝试过的事业,如果他能用自身的例子去证明这一点,无疑这将会成为人类历史上的一座丰碑。唯有饱受苦难才能真正领悟快乐的含义，只有身处困境的人才能感悟到主最后的赦免有多么的可贵；他现在要向众人宣布：他已经走出死亡，重获生机。歌词中还有这样一句"他曾遭鄙夷"，它将那些深藏在亨德尔心底的痛苦全都唤醒，音乐声也随之变得压抑，令人窒息。他们似乎已经看透了他失败的结局，虽然他的躯体还活着，就想着将他埋葬，还竭尽所能地嘲笑他——"他们曾经嘲笑地看着他"，"当时，没有任何人给这个苦难者些许安慰"。是的，在他手足无措的时候，没有任何人给予他帮助和安慰，可是，神奇的力量帮助了他。"他信赖上帝"，没错，他信赖上帝，并看到上帝没有让他躺到坟墓里——"但是你不要将他的灵魂留在地狱之中。"是的，上帝没有抛弃他——任他绝望无助的灵魂继续停留在阴暗的地狱之中，自生自灭，反而将他唤醒并赋予他为人们带来快乐的使命。"昂起你的头颅"——这样的歌词仿佛从他的心底流淌出来，不过，这是来自上帝的神谕。当看到詹宁斯写在信的后面的台词时，他突然噤声——"这是上帝的旨意。"

他屏住呼吸。詹宁斯这样一句无心之语，此时居然如此精准，这一定是上帝给他的指示。"这是上帝的旨意"——这也是上帝说的话、上帝的声音、上帝的意志。他现在的任务就是将主的旨意传达给所有人，创造出震撼人心的滔天巨浪迎向主，这是他身为作曲家的使命，他要用他的作品去赞美全知全能的主。他要牢牢抓住这句歌词,然后将它不断扩展、延伸,让它变得明显、深刻,让它能够翱翔天际,充满整个宇宙,这句歌词要赢得所有的赞美,像上帝一样伟大。原本这句歌词是转瞬即逝的,可是音乐的魅力和无尽的激情却能让它永垂不朽。看吧,歌词里写着"哈利路亚!哈利路亚!哈利路亚!①"这里应该用各种各样不同的声音来重复这句歌词,是的,全世界所有的声音都应该汇聚在这样一句话上,无论是清亮的还是低沉的,无论是男性的坚毅还是女性的柔美,此时此刻都应该汇聚在这句话上。这一句"哈利路亚"应该配上节奏感无比强烈的合唱,让这些时而高亢时而低沉的合唱在这天地间汇聚。除此之外,还应该搭配上悠扬委婉的小提琴声,嘹亮而激情的长号声,还要加上如狂风暴雨一般宣泄的管风琴声,这所有的声音汇聚在一起高声地呼喊:哈利路亚!哈利路亚!哈利路亚!——仅仅是这样一个简单的感恩的词汇就能够谱写出一首赞美的歌曲,而它将会伴随着歌声直冲云霄,最后回到全知全能的主那里。

　　亨德尔的内心激动万分,泪水模糊了他的视线。可是,歌词还有几页没有读完,那是清唱剧的第三部分。可是刚读到"哈利路亚,哈利路亚",他就无法继续下去了。这几个用元音歌唱的赞美诗充斥着他的心胸,不停地回旋、跳动,就像迸发的火焰,让人刺痛。这声音拥挤不堪,这赞美声要冲出他的胸

---

① 希伯来语音译,在清唱剧的结尾比较常见。

膛，回到它原本所在的天堂。亨德尔迫不及待地抓起一支笔，立刻将徘徊在脑中的旋律以神奇的速度记录下来。他停不下来，就像一艘在狂风中乘风破浪的小船，所向披靡。周围全是冷寂而沉默的黑暗。沉重而潮湿的夜幕依旧笼罩着漆黑的城市。但是在亨德尔的内心世界却亮如白昼，各种各样无比奇妙的旋律回旋在他的书房里，只是听不见而已。

第二天上午，仆人小心地走进房间，看到的是正在写字台旁边奋笔疾书的亨德尔。助手克里斯托夫·史密斯小心地问是否需要帮忙抄乐谱，却没有得到回应，只听到一声含糊不清的声音。于是，所有人都不敢进来打扰他了，之后的三个星期，亨德尔一直都在房间里埋头创作。仆人把食物送进来，他只是用左手撕下一些面包塞到嘴里，右手还在奋笔疾书，因为他已经沉浸在音乐的世界里，根本无法停止。有时候他也会站起身来，在房间里不停地踱步，同时一边忘情高歌，一边打着拍子，眼睛里迸发出狂热的光彩。别人想跟他交流的时候，他也只是梦呓般回复几句。这些日子，仆人觉得十分为难。不管是面对债权人的催债，还是那些歌唱家们想要在节日的康塔塔大合唱中为自己谋取一个位置，抑或是王宫派来的邀请亨德尔赴宴的使者，仆人都只能一律回绝他们，因为每当他试图和专心创作的主人说话的时候，主人都会愤怒地把他呵斥一顿。在那段时间里，乔治·弗里德里克·亨德尔已经完全没有了时间的概念，也不分白天和黑夜。现在，他的世界只剩下了旋律和节拍。内心滚滚而来的激流让他深陷其中。随着强烈的创作灵感的喷发，他的作品也即将完成。现在的他仿佛是被自己的内心所囚禁，只有靠着节拍和旋律才能使他在这间自己建成的监狱中自如地行走。他时而高声地唱歌，时而在羽管键琴边忘情地弹奏，时而坐在书桌边不知疲倦地创作，一直写到手指都生疼；这样的创作欲望使他再一次到达了人生的巅峰，这应该是他有生以来第一次像现在这样全心全意地投入，呕心沥血地创作。

九月十四日，就在收到詹宁斯的来信后大概三个星期，一篇惊世之作完成了——放到现在，这令人难以相信，甚至超出想象——剧词变成了谱上曲的歌词，原先还稍显枯燥的词汇在此刻被赋予了鲜活的生命。从前的亨德尔创造奇迹，由中风瘫痪到健康痊愈，现在他又创造了另一个奇迹，由灵魂绝望到精神振奋。现在乐谱已经完成了，并且他也自己演奏过了一遍，剧词已经插上了旋律做成的翅膀——现在只剩最后一个词"阿门"尚未被谱上曲。目前，亨德尔准备充分地利用这两个简短而紧凑的音节——"阿门"来缔造出一篇气势磅礴的乐章。他准备为这两个不凡的音节搭配上跌宕起伏的曲调，再加上多种多样的合唱方式；他还要给这两个音节间配上长长的尾音，要将这两个音节不断拆分、组合，这样就能创造出一种无比热闹的氛围。他要将自己全部的热情与智慧都倾注在这两个音节之上，让它们充实而饱满，响彻整个世界。他和这最后一个词谁都没有放过对方。他首先想到的是要用雄伟壮丽的赋格曲去搭配这两个音节,把一个音节"阿"当作是开场的原声,它将顺着教堂高耸的穹顶不断徘徊上升,直冲云霄;这些音调将会越来越高,然后它会经历几次升降,最终这声音会伴着一阵狂风暴雨一般的管风琴声一起变得磅礴浩大,它将随心飘荡,直达天际,最后就连天使们也会跟着这和声一起高唱这首赞美诗,延绵不绝并且气势磅礴的"阿门!阿门!阿门!"就连肃穆宏大的教堂的屋宇似乎都会被这歌声震碎。

　　亨德尔费力地站了起来,手中的羽毛笔也落在了地上。此时,他不知道自己在哪里,他看不到,听不到,只是觉得疲惫不堪,筋疲力尽。他扶着墙壁,才能勉强前行。他毫无力气,好像身体已经死去,意识模糊。他如同失明了一样,扶着墙壁艰难地向前挪动,然后躺到床上,睡得如同一个死人。

　　一整个上午,仆人有三次旋转门把,推开房间的门,可是主人一直在睡梦中,一动也不动,如同石头做成的雕塑。他的眼睛和嘴巴紧闭着,面无表情。中午的时候,仆人第四次走进房间,试图唤醒亨德尔。他大声咳嗽,使劲敲门,可是亨德尔还是昏睡着,好像听不到任何声音和说话声。下午,克里斯托夫·史密斯也来帮助仆人,可是亨德尔还是一动不动。史密斯俯身看着睡熟的亨德尔,感觉他像一位在战场上驰骋纵横,建立了不朽功勋,却因为过度的疲劳而壮烈牺牲的英雄。他就这样躺在那里。不过,此时的克里斯托夫·史密斯和仆人并不知道他已经完成了一项多么宏伟的事业。现在他们只感觉到害怕,因为看到他长时间一动不动地躺在那里。他们开始担心,亨德尔是不是再一次被中风击倒了。晚上,这两个人一起使劲地摇晃亨德尔的身体,可是还是没有能让他醒来——到现在,他已经保持这个姿势陷入沉睡长达十七个小时了。克里斯托夫·史密斯只好再去找医生。不过,他并没有及时找到詹金斯医生,因为这位老绅士正在凉风习习的舒适的泰晤士河边钓鱼。当史密斯最终找到他的时候,他不满地嘀咕了几声,表达了对这段难得的悠闲时光被打断的不满。但是当他听说生病的是亨德尔的时候,才收起长线和钓具,又花了一些时间去取外科手术器械,以便有需要的时候进行放血。一切准备就绪之后,医生随史密斯坐上了一辆用小马拉着的双人马车驶向布鲁克大街。

仆人正站在那里,看到马车的时候,就急切地向他们挥手,还隔着马路就扯着嗓门大喊:"主人已经起床了,而且开始吃饭了,他的饭量顶得上六个搬运工那么多了。刚刚他一口气就吃了半只约克夏白猪肘子,还不停地嚷嚷着要我给他倒酒,四品托啤酒还不够呢。"

没错,此刻亨德尔就像主显节的豆王①一样坐在餐桌前,桌子上摆满了各种食物。之前他沉睡了一整天,似乎是弥补上这三周以来所欠下的睡眠,而现在他不顾一切地大吃大喝,似

---

① 1月6日这天,是天主显现的日子,在这一天,得到馅中有豆的糕点的人就是"豆王"。

乎是要将这三个星期以来消耗的精力全部都补回来。他几乎还没看到詹金斯大夫，就开始哈哈大笑，而且笑声越来越大，在整个房间中回荡、盘旋。这时史密斯回想起，整整三个星期了，他从未在亨德尔的脸上看到过一丝的笑容。三个星期以来，亨德尔一直都保持着一种紧张而愤怒的表情。此时，似乎他内心所有的愉悦和率真都在一瞬间迸发了出来，他的笑声就像是怒涛拍击巨石所激起的浪花——究其一生，亨德尔也从未有过这样坦率而直白的大笑，他知道自己是在已经完全恢复并且充满了希望的情况下见到詹金斯医生的。他举起酒杯，不停地摇晃着，向穿着黑色大氅的医生致意。此时的詹金斯医生非常惊奇："是哪一位请我来的？您这是怎么了？难道是喝了什么药酒，怎么如此兴致高涨？您到底是怎么了？"

　　亨德尔神采奕奕，眼神中带着笑意静静地看着詹金斯医生，接着他突然面色沉静下来，慢慢地站起身来，走到羽管键琴旁，双手凌空放在键盘上摆了个弹奏的姿势，然后转身诡谲地笑了笑，用一种半唱半念的语调说了一句剧词中的台词——"你们听着，现在我将告诉你们一个秘密。"——这一句也是《弥赛亚》中的歌词，整个演奏就是以这种幽默的方式开始了。当他将手伸向这温暖的空气中时，就好像无法控制自己了。亨德尔完全沉浸在演奏羽管键琴之中，似乎周围所有的人都不存在了，连他自己都不存在了。他沦陷在这独特的音乐的激流之中。刹那间，他回到自己的作品之中，不停地弹唱着最后的几首合唱曲；在此之前他似乎只是在梦中聆听过；现在，他第一次以清醒的状态听到了它们："啊，让你的痛苦消亡吧！"这时，他觉得此时自己的心中对未来充满了希望，他的歌声越来越高亢，仿佛他自己一个人就是唱着赞美歌的整个合唱队。他独自弹唱着，一直唱到最后的"阿门！阿门！阿门"。他的声音强烈而深沉，灌注了全部的力量，一瞬间整个房子都被他的歌声冲刷着。

詹金斯医生被彻底迷住了。当亨德尔演奏完毕站起来时，詹金斯想找一个话题，才手足无措地夸奖道："伙计，我这是第一次听这样的音乐。你肯定是着魔了。"

可是，此时亨德尔的脸色却略显阴沉。没错，就连他自己都对这部作品感到惊讶，似乎是上帝在他睡觉的时候赐予他的。他有些羞涩地转过身，用别人几乎听不到的声音喃喃地说："但是，我更相信是主帮我完成的这部作品。"

几个月后，两位西装革履的客人来到了一座位于阿贝大街的公寓，他们是前来拜访目前旅居都柏林的伟大音乐家亨德尔的。面对这位音乐大师，两位客人恭敬地提出了他们的请求。他们说，几个月来，因为能聆听大师的作品，这座爱尔兰的首府十分激动，这还是他们在这个地方第一次听到这样好的作品，而且听说亨德尔将会在都柏林首演他最新的清唱剧《弥赛亚》，对大师这种舍弃伦敦而选择都柏林发布新作的行为，他们感到万分的荣幸。显而易见，这样精妙绝伦的作品一定能够带来巨大的经济收益,所以,他们此行的主要目的是想询问亨德尔是否能够将首场演出的收益捐献给他们所供职的慈善机构,毕竟这位大师一直都是慷慨的人。

亨德尔友善地看着他们。这座城市曾经给予他厚爱,让他可以忘却压力,身心舒畅,所以他也爱这座城市,于是他欣然接受了这两位客人所提出的建议,但他说他需要知道这笔钱会捐给什么慈善机构。两位客人中的一位———位白发苍苍的老人和蔼地说:"给那些贫穷痛苦的可怜人。"另一位马上补充道:"剩下的一部分会用来救济慈善医院里的病患。"他们还表示,用来捐献的仅仅是首场演出的收益,剩下的演出所得的收入全部归亨德尔所有。

不过,亨德尔并没有正面回答他们的问题,而是低声说:"不,所有演出的收入,我分文不取。我不会靠这次演出谋取一分钱,我不想因此而亏欠别人什么。这部作品不仅仅属于我自己,它属于那些身陷囹圄和病痛缠身的人,曾经,我也是病入膏肓,恰恰是这部作品令我痊愈;我的灵魂也曾在地狱中煎熬,也是它令我解脱。"

亨德尔的话让两位来客感到有些疑惑,他们抬起头看着亨德尔,不知道他这么说是什么意思。不过片刻之后,他们就一再向亨德尔鞠躬致谢,然后准备回去后将这个令人振奋的好消息告知全都柏林的人们。

一七四二年四月七日,演出进行了最后一次彩排。仅有两个主教堂的合唱团的一小部分亲属被允许参观，而且出于节约的考虑，坐落在菲施安布尔大街上的这座音乐大厅之中仅仅亮着几盏昏黄的灯。整个大厅稍显有些空荡，仅有三三两两的几个人分散地坐在音乐大厅的长椅上，有幸聆听这位来自伦敦的音乐大师的作品。宽广的音乐大厅此时显得有些空旷、昏暗、阴冷。然而一件奇迹般的事情发生了：当惊涛骇浪般的多声部合唱刚一开始，这些本来分散在音乐大厅四处的人们自发地开始慢慢靠拢，很快他们就聚集到了一起，一同满怀敬意与赞叹地聆听这伟大的作品。在此之前，他们之中从未有人曾聆听过如此震撼人心的音乐，所有在场的人都萌生出同一个想法，如果是只有自己一个人在这座音乐厅中聆听这部作品，肯定无法承受这饱含千钧之力的音乐；这激荡的音乐声会让他沉沦，将他的灵魂冲散、拽跑。所以他们彼此之间靠得越来越近，聚集到一起，用同一颗心来聆听，就好像是聚集在教堂之中的虔诚的信徒般，从这辉煌壮丽的混声合唱声中获得信念。各种各样不同形式的合唱声不断地交替，面对这样充满力量，粗犷激烈的音乐，所有的人都被深深地震撼，感到了自己意志的薄弱，然而他们又心甘情愿地随着音乐沉沦，被这震撼人心的力量攫住、带走。一波一波不言而喻的愉悦感向他们袭来，传遍全身。当音乐厅第一次响起"哈利路亚"时，其中一位听众不由自主地站了起来，接着所有其他的人都一样不由自主地站了起来，他们已经深深地为这震撼的声音所着迷，再也无法平静地坐着。

于是他们站起身来，在"哈利路亚"的合唱声中靠近上帝，并虔诚地向全知全能的主表达自己的崇敬。彩排结束之后，人们走出音乐大厅，奔走相告：一部精美绝伦的震撼人心的伟大作品被创作出来了。全城的人都因此而激动不已，迫不及待地想要聆听这伟大的作品。

六天之后，四月十三日晚上，人群聚集在音乐厅门前。今天晚上，为了能够腾出尽可能多的空间让更多的人来聆听这部杰作，女士们全都放弃了传统的钟式裙①，同样，男士们也都没佩剑。这座音乐厅自建成以来首次迎接了如此庞大数量的观众——七百人同聚一堂，在演出开始之前，他们还会三三两两地聚集在一起热情地讨论《弥赛亚》这部获得空前成功的清唱剧，然而当音乐声响起，音乐厅中连呼吸声都听不到了，人们侧耳倾听，神情肃穆。随着多声部合唱响起，整个音乐厅里所有的人都被深深地震撼了。亨德尔此刻就站在管风琴旁边，要监督并亲自参加这部作品的演出。现在，他似乎感觉到这部作品已经脱离他而存在；他已经完全沉醉在这部作品之中，心中不自主地产生出一种难以描述的奇妙的陌生感，就好像是自己未曾听过、未曾写过，也未曾演奏过一般。在这音乐声汇聚成的惊涛骇浪之中，他的心再次被震撼。尤其是当听到"阿门"响起，他也情不自禁地张开嘴跟着合唱队一起高唱。他激动地

---

① 钟式裙，16至18世纪时用鲸骨圈或藤圈撑起来的女裙。

高声歌唱着这两个音节,就像未曾唱过一样忘情。演出结束,音乐厅里响起雷鸣般的掌声,然而此时,亨德尔早已离场,他不愿去接受观众们那些冗长的赞美和感谢,因为他觉得需要被感谢的是仁慈的主,是上帝赐予他的这部宏伟的作品。

闸门已经打开,激荡的音乐声一年又一年地响起。从此刻起,无论发生什么都无法再让亨德尔屈服,已经没有什么能够打倒这个死而复生的人。即使他在伦敦的歌剧院又一次倒闭,他又开始四处躲避债权人的追债,但不同的是,这次他真正地站起来了,能够抵挡生命中所有的狂风暴雨。已届花甲之年的他坦然自若地继续前行。不断有人给他造成各种各样的麻烦,他却知道怎样去骄傲地战胜一切。岁月在侵蚀着他的身体,他的双臂已经不再灵活,他的双腿也因为痛风而经常不受控制地痉挛,然而他依旧不知疲倦地继续进行创作。最后,他失明了;就在创作《耶弗他》①的时候,他遭遇了失明的痛苦。即使这样,他还是用失去光彩的双眼坚持进行未完成的创作,就像失聪的贝多芬。随着他的声望越来越高,这位老人却愈发地表现出对上帝的虔诚。

就像所有真正的艺术家一样,亨德尔从不吹嘘自己的作品,不过对于《弥赛亚》这部作品,他十分钟爱。然而这种喜悦更像是一种感激,是它让他走出绝望的地狱,重新振作,给予他

---

① 亨德尔的清唱剧,1752 年在伦敦首演。

救赎。每年他都会在伦敦演出这部清唱剧,并且每一次他都会把演出的全部收入——五百英镑捐献给需要的人,那些身陷囹圄和病痛缠身的可怜人们。并且,他用来向人世间告别的作品,也是这部让他走出冥府的作品。一七五九年四月六日,已经七十四岁的亨德尔病痛缠身,他再一次地站在了科文特皇家花园剧院的指挥台上。他这样一个双目失明的老人,坚定地站在一群忠实追随者中间,围在他身边的还有音乐家和歌唱家。他的眼睛已经完全看不到了,但是当惊涛骇浪般的音乐向他袭来,在观众们雷鸣般的掌声和呼喊声中,他的脸总会笼罩着一种神圣的神采。他挥动着双臂,随着节拍和合唱团一起忘情地高歌,这部乐曲倾注了他全部的心血,他就像是一位无比虔诚的牧师,认真地祈祷,拯救世人的灵魂。当他大声喊出"长号响起",随着一阵阵嘹亮的长号声,他的身体猛烈地一颤,他抬起头仰望天空,就像是为了迎接最后的审判。现在他确信自己已经完成了上帝赋予他的使命,他终于可以昂首挺胸地回到上帝的怀抱。

  朋友们满怀感动地送这位双目失明的老人回家。所有人都不禁感觉到:恐怕这将是最后的诀别了。亨德尔平静地躺在床上喃喃自语,他说想要死在耶稣的受难日。对他临终留言,医生们觉得非常困惑,这是因为他们并不了解,就是那一年的耶稣受难日,四月十三日,病痛曾将亨德尔击倒,也正是在这一天,《弥赛亚》进行了第一次的公演。他的灵魂曾经在这一天死去，他也曾在这一天复活。现在亨德尔祈祷，他愿在自己复活的那天死去，这样他将获得永恒的复活。

全知全能、能驾驭生死的上帝聆听了他的祈祷。四月十三日，垂垂老矣的亨德尔精疲力竭，他已经看不到任何东西，甚至听不到任何声音。原本壮硕的身躯已经无法动弹，只能平静地躺在床上，但那只是一具失去灵魂的躯壳，虽然亨德尔已经逝去，但是在他的身体里依旧盘旋着那惊涛骇浪般的音乐声，而且异常的纯净悦耳。他的灵魂随着这音乐声逐渐上升离开了沉重的躯壳，飘向天际。而那雄伟壮丽的声音将会永垂不朽。第二天，复活节的钟声尚未响起，乔治·弗里德里克·亨德尔离开了人世。

那一晚,灵感迸发

一七九二年,法国国民公会仍旧摇摆不定,他们不知该积极应战皇帝和国王们的联合行动①,还是弃械言和,为此,他们已经纠结了两三个月。路易十六也是举棋不定:一方面,他担心革命党人的成功会损害自己的利益,另一方面,他又担心革命失败会给自己带来负面影响。各党派的主张也难以统一。为了保护自己的权力,吉伦特派②主张正面迎战。为了在这段时间夺取政权,罗伯斯庇尔③和雅各宾派④主张以和为贵。但形势越来越严峻,报纸刊物对此进行了铺天盖地的报道,各方政治俱乐部也互不相让,民众被四处播散的激烈言论弄得惊慌不已,公众舆论愈发振奋昂扬。四月二十日,法国国王终于下达了向奥地利皇帝和普鲁士宣战的决定,这也和往常的决定一样,

---

① 普鲁士、俄国等封建君主组成联盟,干涉法国大革命。
② 雅各宾派的右翼,首领是布里索,成员大部分选自吉伦特省,代表工商业资产阶级利益。
③ 马克西米利安·德·罗伯斯庇尔,法国大革命的主要领袖之一。
④ 法国大革命时期的派别,1793年夺取政权。

让法国民众得到了某种解脱。

在这几周的时间里，巴黎笼罩着让人坐立不安的气息；边境城市更是人人自危、惶恐不安。武装队伍已经集合到所有的临时军事基地。武装志愿者和国民自卫军驻扎在所有城市，所有村庄里都在进行工事修筑，特别是阿尔萨斯地区，这里的人都清楚，自己的家园又要和往日一样成为法德首场激战的阵地。莱恩河对面的敌人是可以看到的、触碰得到的现实，和巴黎人口中含糊不清、让人大义凛然的修辞概念并不相同，因为他们可以从坚固的桥头堡旁、主教堂的塔楼上看到普鲁士军队。晚上，月光下碧波荡漾的莱茵河的另一边传来敌军炮车开动的声音和武器碰撞的叮当声，还有军号声。大家都心知肚明，只要军令下达，隆隆的炮火声和闪电一般的火光就会从普鲁士军中的大炮中喷射而出。法德千年之战再次一触即发——这一次，一边是为了争取新自由而战，另一边是为了维护旧制度而战。

所以，一七九二年四月二十五日注定是意义非凡的一天。当天，通过驿站紧急信差的传信，宣战的消息从巴黎抵达斯特拉斯堡①。人们纷纷从家里出来，蜂拥而至公共广场。中心广场上，所有驻军在进行战前的最后检阅，团队分批进行，迪特里希市长朝着士兵们致意，他身披三色绶带，手挥着缀着国徽的帽子。军号声和鼓声不绝于耳，人群一片沉默。迪特里希用

---

① 位于莱茵河畔法国一侧，是法国城市。

法语和德语两种语言对着广场上的所有人高声宣读宣战书。他的话刚结束，团里的军乐队立刻奏起革命战歌《这样就行》，这是一首临时性的战歌。这首歌本来是一首热情洋溢的幽默歌曲，即将上战场的军队却用孔武有力的踏步声给这首舞曲配上雄浑壮阔的节拍。随后，四散的人群怀着澎湃激动的心情走回各自的家中。人们在咖啡馆和俱乐部里发表着煽动人心的演说，派发着各式各样的号召书。他们的号召书开头通常都是这样："公民们，举起武器！扬起战旗！警钟已经鸣响！"所有的演说、报纸的内容、全部布告、所有人的嘴里，都反复说着这样振聋发聩、节奏力强的呼喊声："公民们！举起武器！让那些头戴王冠的君王颤抖吧！前进！为了自由而战！"每次这样的呼声都会得到民众的热烈响应。

  大批的人群站在街道上和空地上为宣战而喝彩，但同时，也有另一些人心生焦虑，即将爆发的战争给他们带来了恐惧。但是他们都没有直抒胸臆，只是悄悄地在斗室里讨论，或者把话留在嘴边。全天下的妈妈都是相同的，她们都在心里念叨：难不成外国兵会放过我的孩子？全天下的农民都是相同的，他们在担心自己的钱财、土地、茅房、家畜和庄稼。他们也在心里念叨：难不成庄稼不会受到损害？难不成敌人不会掳掠自己的家吗？难不成自己劳作的土地不会尸横遍野吗？但是斯特拉斯堡市长弗里德里希·迪特里希男爵——原本就是一位贵族——却和那时最先进的法国贵族一样，奋不顾身地投身于追求自由事业的抗争中,他用强劲有力的声音传达了自己的决心;他想把宣战的当天变成公众的节日。他身披三色绶带,在集会间来回奔走,用自己的行动去鼓舞民众。他为上战场的士兵犒赏酒和食物。他邀请各级指挥官、军官和最重要的文职官员到自己宽敞的家中参加欢送会,他的家就坐落在布罗格利广场旁。高昂的氛围使得欢送会从刚开始就带上庆功的意味。心怀必胜信念的将军们坐在主宾席上。觉得战争必会给自己的人生带来重大意义的年轻军官们在高谈阔论,互相鼓励。他们有些在挥动军刀,有些在相互拥抱,有些在举杯祝愿,有些在举着美酒做热血沸腾的演说。他们所有的言论中都一再强调着报纸上和宣言上的那些振奋人心的话:"公民们,举起武器!向前!为了祖国而战!让那些头戴王冠的君王颤抖吧!此刻,告捷的旗帜已经高扬,三色旗遍插世界的日子已经到来!此刻,每一个人都一定要为了法国国王、三色旗、为了自由全力以赴!"这样的时刻,全国上下达到了空前的团结,因为必胜的信心和对自由事业的热烈向往让他们紧密相连。

这样的演讲和祝酒会正在进行的时候,迪特里希市长突然转向要塞部队的年轻上尉鲁热[1],他们的座位是挨着的。迪特里希市长想起来了,半年前宪法公布的时候,这位温文尔雅、虽不英俊但却深得人心的军官写了一首优秀的自由颂歌,很快,

---

[1] 鲁热·德·利勒,法国军官,创作了《马赛曲》。

团里的音乐家普莱耶就替那首歌配上了曲。那首歌声调铿锵，顺口易唱。军乐队将它唱熟，并在公共广场上演奏。此刻正是宣战和出征的庄严时刻，用音乐来传达不正合适吗？所以，迪特里希市长随口问了问这位鲁热上尉（他私自给自己的名字加了一个贵族的标志"德"，改名为鲁热·德·利勒，事实上他没有这样的权力去更改）——就像要麻烦一位好友一般——他能否答应为明天即将奔赴战场的部队谱写一首慷慨激昂的战歌呢？

鲁热是一位谦虚的平凡人，他从不认为自己是一位优秀的作曲家——他的诗从未刊登过，他写的歌剧也并未上演过——但他清楚自己擅长于写即兴诗。为了满足市长——这位高官和好友的心愿，他答应了对方的请求。啊，他答应了。"太棒了，鲁热。"坐在鲁热对面的将军边向他敬酒边说，并让鲁热完成后马上把战歌送到战场上给他，莱茵军队正缺一首振奋人心的爱国主义进行曲。这时，旁边又有另一个人高谈阔论起来，然后又是祝酒，喧嚣，欢饮。于是，两个人短暂的交谈湮没在激情澎湃的宴会现场。午夜已过去了很久，宾客们陆续离开市长的住所。

午夜过去了，换言之，宣战给斯特拉斯堡带来振奋的一天——四月二十五日已成昨日，四月二十六日已经来临。千家万户都笼罩在夜幕下，夜深人静不过是这座城市的假象，因为全城仍旧处于热闹的活动中。军营里的士兵正在为出战做准备，某些胆小谨慎的人可能已从关闭的店铺的后门悄悄离开。街上传来一队队步兵的行进声,还有通信骑兵的马蹄声,接着是沉重的炮车滚动声,此外还有岗哨之间传达的口令声。敌人逼近,危险降临,全城都无法在这样的时刻沉沉睡去。

鲁热也一样,他现在正登上自己房内的回旋楼梯,踏进自己朴实的房间,他的房子位于中央大道一二六号。他感到异常振奋,当然,他没忘却自己的承诺,要抓紧时间给莱茵军写出一首战歌,完成一首进行曲。他在自己窄小的房间内焦虑地来回踱着步。如何开头?如何开头?他的脑海里不断闪过那些号召书、演说还有祝酒词,还有各种各样振奋人心的言论。"公民们,举起武器!向前,为了自由而战!……和蛮横旧制度做抗争……高举战旗!……"但同时,他的内心还激荡着一些曾经听到的话,想起那些母亲担心儿子而发出的声音,想起农民的忧虑——他们担心外国士兵会把法国的原野夷为平地。他无意中写下了两行这样的歌词,它们正是那些呼声的反响、回声和重复。

　　向前,祖国的儿女,

　　荣耀的时刻已经降临!

接着他停下手中的笔。他一愣,写得刚刚好。开头非常好。但是此刻要立刻找到相配的节奏,找到符合这两行歌词的音律,他立刻从橱柜里取出了自己的小提琴,尝试着拉了一下,太棒了。前几拍的音律和歌词的节奏完全吻合。他匆忙再次提起笔,他似乎感到身上涌动着一股莫名的力量，不断拉着他向前。所有的一切：此刻内心的各种感情；街道上宴会上听到的各式各样的言论；对暴君的愤恨；对故乡的焦虑；对胜利的坚信；对自由的向往——刹那间都集合到一块。鲁热只要把今天所听到的话语押上韵，配上音律和节奏就可以了，他根本无需虚构，无需创作，仅是这样，全国人民内心深处的呐喊就已经表达得淋漓尽致了。并且，他也不需要作曲，因为他的耳中已经听到穿过紧闭的百叶窗传来的大街的节奏，时间的节奏，在士兵的行进步伐中、军号高奏中、炮车滚动中所传达出来的意气风发的节奏。可能他自身并未发现这一点吧，他并没有刻意用自己的耳朵去聆听。但这一夜，他身体内深藏的对于时间的灵感却感受到这种节奏。所以，音律和那强劲的欢呼节奏渐渐融合——全国人民的脉搏。鲁热似乎在笔录某个人的口授一样，书写歌词和乐谱的速度越来越快——他的心中出现了一种未曾有过的激情。这种热情并非属于他自身，而是有一种神奇的魔力在刹那间聚合，迸发，把这位资质平庸的业余作家送到超越自身千百倍远的地方，像一枚火箭一样，他发出夺目耀眼的光芒——照亮群星，让这位鲁热·德·利勒上尉在一夜间成为流芳百世的人。他吸取了街头、报纸上的呼喊声，让其成为自己笔下的歌词，并且把它们升华为一段段永恒的歌词，就和这首永垂不朽的音乐旋律一般。

热爱祖国的心鼓舞着我们，

鼓励我们高举报仇的武器！

我们向往来之不易的自由，

追求自由的人共同奋战到最后一刻！

接着，他一口气写完了第五行歌词，再到最后一行。歌词和旋律的搭配近乎无可挑剔——这首伟大的歌曲终于在黎明前完成。鲁热熄灭灯火，躺到床上。他也不知为何刚才的自己会如此头脑清晰、思维喷发；也不知为何此刻的自己会感到如此疲乏不堪、浑身无力，他如同死人一样沉沉睡去。事实上，他心中燃起的诗人和创作者的天才灵感已经泯灭。但是，伟大的作品已经完成，它就放在桌子上，脱离他的身体而存在着。在他的身上，它就像奇迹一般降临。这首歌的词和谱几乎是同时完成的，创作迅猛，词曲结合得无可挑剔，在世界各民族的历史上简直无法找到能和它相提并论的歌曲了。

大教堂的钟声敲起，就像往常一样宣告新的一天开始。小规模的战斗已经开始打响。莱茵河岸的枪响声时不时伴着阵风传来。鲁热从沉睡中清醒，但睡意蒙眬。他咬紧牙关坐了起来。他依稀记得昨日发生在他身边的事情，但那不过是非常模糊的记忆。随后，桌上那张墨迹尚新的纸赫然出现在他的眼前。歌词？我何时写下的歌词？乐谱？我亲手所写？我何时为这首歌谱过曲？哦——对了！这不是好友迪特里希昨日托我写的那首莱茵军战歌吗！他边看着自己写的歌词，边唱着曲调，但是，他和其他创作者一样，对自己完成的作品信心不足。还好旁边住着一位团里的战友,他连忙把这首歌拿给他看,哼给他听。看来,这位战友是称赞的,只是提议他做些小小的改动。这夸奖增强了鲁热的自信心。他抱着一个创作者常有的着急心情和自己可以在短时间内完成承诺的光荣感来到市长迪特里希家中。市长边在花园里散步,边为自己新的演讲做准备。什么?鲁热已经写完战歌了?好吧,我们一起来唱一次。这时两个人从花园来到客厅。迪特里希弹起钢琴,鲁热唱起歌词。这清晨意外的歌声把市长夫人也吸引了过来。她允诺帮忙抄写几份这首新歌。为了可以在今晚家中举行的集会中把这首歌演唱给朋友听,受过专门音乐训练的她还允诺为这首歌曲谱写伴奏曲。迪特里希市长一直为自己动听的男高音而自豪,此刻他仔细研究起这首歌来。四月二十六日晚上,在市长的家中,这首战歌首次为那些精心挑选的上流人士唱响——这首歌是今天凌晨才完成的啊。

听众间响起了热烈的掌声,似乎这是对在场的作者不可或缺的捧场一样。当然,在斯特里斯堡大广场旁的德·布罗格利大饭店内的客人们也不会有任何的预感:一首伟大的歌曲已经降临到他们生活的世界中。通常来说,同时代的人都很难一眼看穿一个人的不寻常或一部作品的不寻常。甚至连市长夫人也不曾意识到这是一个特殊的时刻。这点可以从她给自己兄弟的信中看出来。她在信中仅是把这件事当成一件社交事件,只是蜻蜓点水般地提起,丝毫没有意识到这部作品的伟大之处。她在信中是这样说的:"你知道,我们在家中接待了很多人,总要想个新的消遣方法,所以我丈夫想到一个方法:让人即兴写歌谱曲,工程部队的鲁热·德·利勒上尉是一位平易近人的诗人兼作曲家,很快,他就写完了一首战歌,而我的丈夫又是一位出色的男高音,他马上就演唱了这首歌,这首歌很动听,很有特点,比格鲁克①的作品更加优秀,更动听、更激情。我也尽了绵薄之力,运用我写协奏曲的技能,为这首歌配上钢琴和其他乐器的演奏写了总谱,我忙得不可开交。我们这里已经演唱过这首歌了,社交界的评价很好。"

"社交界的评价很好。"——今天看来,这句话是极其不关心的,这不过是在传达一种良好的印象和一种无关紧要的夸奖。不过,这样的反应在当时完全是正常的,因为这是《马赛曲》第一次公开演出,不可能显现出它真正的力量。《马赛曲》并非为动听男高音而作的演唱歌曲,它也并不适合出现在小资产阶层的沙龙中,夹在浪漫曲和意大利咏叹调间用特别的腔调来演唱。它是一首节奏感强、高昂和富于斗争性的歌曲。"公民们,高举武器"——这适合面朝民众,面朝成群结队的人高唱,这首歌真正的协奏曲是武器的碰撞声、响亮的军号声、团队前进的步伐声。这首歌的创作对象并非那些镇定欣赏音乐的听众,而是那些一起行动、一起抗争的人群。这首歌并不适合

---

① 德意志人,歌剧作曲家,创作了百余部歌剧。

女高音独唱或男高音独唱,它只适合成千上万的大众一起高唱。它属于一首典型的进行曲、凯旋的欢歌、悼念之歌、祖国的赞歌、全民众之歌。因为这首歌正是来源于全国民众最初的激情,鲁热正是受到这种激情的影响从而创作出这首歌。只不过这首歌在当时并未引起广泛的传颂罢了。它的歌词尚未引发奇妙的共鸣,它的旋律尚未闯进全国人民的心中,军队尚不清楚这首歌是属于自己的战歌和凯歌,革命尚不知道这首伟大的战歌是属于自己的。

即使是鲁热·德·利勒也一样,这位一夜间创造奇迹的人也和其他人一样,没预想到自己在那天夜里在偶然降临的神明的引导下创作了多么伟大的作品。他——一位无畏而可爱的非专业作曲家发自内心地感到开心,因为受邀而来的客人们都在热情鼓掌,在文雅礼貌地恭贺他。他的虚荣心得到满足,想着自己可以在这个外省的小城市有一项小小的成就。他在咖啡馆里为战友们演唱这首歌,让人帮忙抄写复本,派发给莱茵军的将军们。同时,斯特拉斯堡的乐团依据市长的命令和军事当局的提议演练了这首《莱茵军战歌》。四天后,部队即将奔赴战场之际,斯特拉斯堡的国民自卫军的军乐团在大广场上演奏了这首新的进行曲。斯特拉斯堡的出版社的掌管人怀着爱国情怀高呼,自己准备印行这首《莱茵军战歌》,因为这首战歌是吕克内将军①的部下怀着崇高的敬意献给这位将军的。但是,莱茵军的将军们并不想在战场上奏起这首歌曲,所以看来,"向前,祖国的儿女!"——这歌声就和往常鲁热所做的全部努力相同,不过是在那间沙龙里绽放光芒,它仅属于地方上的一件事,并且很快就被人们遗忘了。

但是,一件优秀的作品是不会被长久埋没或禁锢的。虽然一件艺术作品会遗失在时间的长廊中,可能会受到禁止或被彻底湮没,但是,富有灵性的事物终究会战胜死气沉沉的事物。一两个月时间过去,人们再也没有听到这首《莱茵军战歌》。歌曲的印刷本和手抄本一直都是在一些无足轻重的人手中传阅。但是,如果一件作品可以激荡起人内心深处的激情,哪怕只是一个人的激情,那也足矣,因为一种真正的激情还会激荡出创造力。六月二十二日,法国另一边的马赛宪法之友俱乐部为即将出发的志愿者们举行聚餐会。五百名身穿国民自卫军新制服的年轻气盛的人围坐在长桌旁,这时,激荡在他们心中的是一种高昂的情绪,就像四月二十五日的斯特拉斯堡一样,但是这种情绪混杂在马赛人的南方气质下,变得更奔放、更高昂、更冲动,并且也没有宣战之初那种必胜的骄傲。因为这些革命的法国士兵和那些夸夸其谈的将军们不一样,他们刚从莱茵河撤退,并且受到沿途群众的热烈欢迎。这一刻,敌人已经踏进法

---

① 尼古拉·吕克内,德意志人,当时在法国服役,1763 年担任少将。

国的国土,自由受到胁迫,自由的事业正岌岌可危。

聚餐正进行的时候,忽然闯出一位名叫米雷的人,他本来在蒙彼利埃①大学医学院读书,他大力把玻璃杯朝桌上一放,站了起来。顿时,所有人都肃静下来,看着他。大家觉得他要做一番激烈的演讲。但是,这位年轻人并没有发表演说,而是挥舞着右手,唱起一首全新的歌曲。大家还是第一次听到这样的歌曲,并且没有人知道这首歌是怎样流传到他的手中的。"向前,祖国的儿女!"这一刻,这首歌就像电火花插进火药桶一样。心境和体会,就像正负两极连接到一起,爆发了这火花。这些明日就要出发的年轻人,他们要为了自由而战斗,随时准备为祖国捐躯,而米雷唱出的歌词正好表达了他们内心深处的希冀,传达了他们的心底之声。歌声的节奏让他们情不自禁产生了相同的振奋。他们为每段歌词喝彩,这首歌不得不反复高唱。他们把歌曲的旋律变成了自己的曲调,他们兴奋地站起来,举起玻璃杯,发出雷鸣般的歌声:"公民们,高举武器!公民们,投身奋战!"大街上的人们也被他们的歌声所吸引,好奇地聚拢了过来。最后他们也跟着一起高歌;第二天,不计其数的人都在高唱这首歌曲。他们派发新印的歌片;七月二日,那五百名义勇军战士出发了,这首歌也跟随他们传遍全国。每当在路途中他们感到疲乏、他们的脚步变得沉重不堪时,只要

---

① 法国埃罗省首府。

有人带头高唱这首伟大的歌曲，这动人的节奏就会给他们注入全新的力量。每当他们走过一座村庄，村民们都会被他们高唱的这首歌所感染，不自觉地跟着合唱起来。他们一点儿也不清楚，这首歌本来是为莱茵军写的，他们也不清楚这首歌是谁于何时创作的，他们把这首伟大的歌当成自己的团队之歌，当成是自身生和死的信仰。这首歌和军旗是相同的，是他们的专属物，他们要在意气风发的行军中把这首歌传唱到全世界。

《马赛曲》——鲁热所作的这首神圣之曲很快就改为这样的名称——这首歌首次取得夺目的光芒是在巴黎。七月三十日，来自马赛的团队高唱这首歌从郊区踏进巴黎。数以万计的人站在街头守候，准备热烈地欢迎他们。此刻，当马赛人——五百名男子多遍传唱着这首歌，踏着和歌曲相同的节奏走进巴黎之际，所有人都在凝神静听，马赛人唱的是一首怎样奇妙动人的神圣之歌？伴随着鼓点声，这首歌就像高扬的号角声，激荡着所有人的心灵："公民们，高举武器！"两三个小时后，副歌已经传遍大街小巷。那首《这样就行》早已被人遗忘；人们把那些陈旧的进行曲、旧歌曲遗忘得一干二净；因为革命找到了真正属于自己的声音，革命寻到了专属之歌。

于是，这首歌迅猛地扩散开去，就像雪崩一样势不可当。人们在宴会上、剧院里和俱乐部里都高唱着这首神圣之歌，后来甚至在教堂里也唱起了这首歌，唱完感恩赞美诗后便会唱起这首歌，不久它竟把感恩赞美诗取代了。一两个月后，《马赛曲》已然成为全民之歌、全军之歌。共和国第一任国防部长赛尔旺是一位独具慧眼的人,他意识到这首举世无双的民族战歌具有激奋人心、激励斗志的力量。所以他火速下达了一道命令:印刷十万份歌片,发散到军中所有的小队。就这样,这首连作曲的作者都不清楚的歌曲在两三夜间的发行量比莫里哀[1]、拉辛[2]、伏尔泰的全部作品都还要多。所有节日的最后都会高唱《马赛曲》,每次战斗开始之前都是由团里的乐队演奏这首自由战歌。在热马普和内尔温登,法国军队发起关键性的冲锋的时候,各团官兵就是一起高唱这首歌向前迈进。而那些只懂得用传统双份美酒激励士兵们的敌人将领们则发现了一个神奇的事实,当数以万计的士兵们齐唱这首歌,像奔腾的海水朝自己的部队席卷而来的时候,实在是没有任何力量可以阻挡这首"骇人"的战歌所带来的爆发力。当下,这首《马赛曲》在法国所有的战场上飞扬,就像张开翅膀翱翔的胜利女神尼刻一样,给数不清的人带来激情和死亡。

这时,鲁热——这样一位默默无闻的修筑工事的上尉却在许宁根的一个狭窄的驻地军事基地里,正经八百地画着防御工事的图纸。一七九二年四月二十六日那个夜晚已经消逝,或许他早已把那夜创作的那首《莱茵军战歌》抛诸脑后了,当他在

---

[1] 法国古典主义时期著名喜剧作家,代表作有《伪君子》等。
[2] 法国古典主义悲剧的杰出代表,代表作有《菲德拉》等。

报纸上看到那首像狂风一样征服整个巴黎的战歌——那首神圣之歌时，他简直不敢去回想，那首胜利之歌的每句歌词，每段节奏不过是在那天夜里降临于自身的奇迹而已。因为命运竟是这般地捉弄人；虽然歌曲如此驰名全国，它却没有把任何个人——即没有让这首歌曲的创作者为大众所知。全法国没有一个人在意这位名叫鲁热·德·利勒上尉的人；和其他歌曲一样，这首歌带来的荣耀只属于歌曲本身，没有任何荣耀降临到这位创作者的身上。印歌词的时候，谁也没有把创作者的名字加上。他自己也习惯了这种平凡的状态，并没有因此而沮丧。因为这首革命战歌的创作者并非革命者——这种神奇的现象也只有历史本身才会产生。虽然他用这首歌推动了革命的发展，此刻他却要绞尽脑汁重新阻碍这场革命的发展。当巴黎的反动群众高唱他的歌，对杜伊勒里宫和旧君主发起猛烈的攻势的时候，鲁热·德·利勒对革命非常反感，他不再愿意服务于共和国，甚至宁愿辞去自己的职务，也不愿为雅各宾派效劳。他的那首战歌有句歌词是"渴求珍贵的自由"，这对他而言，并非一句空话：他对那些法国国民公会里的新暴君和独裁者的恨意，一点也不少于对国界另一边的那些君主和皇帝们的怨恨。当他的朋友——对《马赛曲》的创作起着举足轻重作用的迪特里希市长、吕克内将军——《马赛曲》创作的目的就是为了呈献于他——还有那天夜里作为《马赛曲》首次公开演出的观众们，那些军官们和贵族们，相继被送上断头台之时，他公然对罗伯斯庇尔的福利委员会宣泄了自己的怒气。不久,有件更荒谬的事情发生了:这位革命的诗人也遭到逮捕,罪名是反革命、叛国罪。热月九日,罗伯斯庇尔被推倒,牢狱的大门被打开,法国革命才不至于蒙受莫大的耻辱:把该次革命的一首伟大的革命战歌的创作者移交给"国民的尖刀"。

如果当时鲁热真的被处以死刑,倒也死得轰轰烈烈,而不至于日后生活得如此困顿,如此含糊不清。虽然这位倒霉的鲁热在自己四十余年的职业生涯中度过了成千上万个日夜,但只有一天的日子是具有创造性的。后来,他被驱赶出军队,他的退休金被撤销了;他所创作的诗歌、戏剧、歌曲都未能刊登和表演。这位半瓶子醋曾误闯永存者的行列,宿命为此而对他怀恨在心。这位小人物后来做过各式各样的非法的小行当,穷困潦倒地过完了自己微不足道的一生。出于怜悯,卡诺和后来的拿破仑都曾对他施以援手,但都以失败告终。那次的机缘巧合下,鲁热当了三个小时的天才和神明,命运又再次把他抛回九牛一毫的渺小位置。这是多么残忍。残忍的宿命已经让他的性格如中了魔咒一般,变得不可挽回的粗暴,他对所有的掌权者都怨恨不已,怒气冲天。他给曾对他施以援手的拿破仑写了一封言辞激烈又十分傲慢的信,公然表示自己为在公民投票中投了拿破仑的反对票而觉得骄傲。他经营的生意把他卷入到丢脸的境地,甚至因为一张空头支票,他被投进省佩拉耳热的债务牢狱。他如过街老鼠一般,受到债主的追债、警察的追踪,最后不得不藏身于外省。他已远离人群,为世人所遗忘,就像在坟墓里一样,他在那个地方悄悄打听着那首伟大的战歌的归宿。他听说《马赛曲》跟随百战百胜的军队踏进欧洲的所有国家,接着他又听说拿破仑在加冕之际把这首富于革命性的战歌从全部的节目单上撤销,接着再到波旁王族的后人完全禁止演唱这首歌曲。一个时代过去了,一八三〇年七月,革命战争爆发,他创作的这首战歌重新出现在巴黎的大街小巷,资产阶级君主路易-菲利普待他如一位诗人一般,给了他一小笔养老金。人们并没有忘记他,虽然印象模糊。但这位被人遗忘、不知所终的老人却觉得这实在是在做梦。一八三六年,七十六岁高龄的他在舒瓦齐勒罗瓦去世,人们已经说不出他的名字了。又一个时代过去了,第一次世界大战期间,《马赛曲》已成为法国的国歌,法国的所有战场上都唱起了这首战歌,于是人们把这位渺小的上尉的遗体埋葬到巴黎的荣军院①里,和少尉拿破仑的遗体安葬到同一个地方。就这样,这位创作了伟大战曲的作者终于回到了让他备感失望的祖国,并在这里沉睡长眠,但他的身份不过是一位一夜间的天才而已。

---

① 法国最高荣誉的墓地,拿破仑的灵柩就安放在这里。

滑铁卢决定性的一分钟

命运总是朝着那些强者和虚怀若谷的人走去。长久以来,命运总是为这样的人而屈服:恺撒、亚历山大大帝、拿破仑,命运偏爱这些强者,因为他们和自己一样,都是那般高深莫测。

但有时候,当然这在所有的时代都非常少见,命运会怀着一种莫名其妙的心情,让自己栖身于庸碌之辈的手中。有时——这是世界上最让人震惊的时刻——命运在刹那间垂青于一位怯弱无能的人。豪杰们的世界之争也会像狂风般把那些庸碌之辈席卷进来。但当他们忽然身负重担,宁可说他们为此感到庆幸,毋宁说他们感到恐惧。他们通常都是畏畏缩缩地把抛过来的命运再次丢失。一个庸碌之辈可以抓住机会让自己扶摇直上是很艰难的。因为伟大的事业只会在渺小的人身上稍作停留。倘若机会错失,它绝对不会再次降临。

格 鲁 希

维也纳会议①正在进行中。忽然，一个这样的消息传到这个嬉笑玩乐、摆弄权术和互相吵闹的交际舞会中：拿破仑这头被困的雄狮从厄尔巴岛的牢狱中闯了出来。接着，有信使策马发来报告：拿破仑攻占了里昂；赶跑了国王；军队全都高举旗帜站到和他相同的阵线；他闯回了巴黎；他搬进了杜伊勒里王宫。——莱比锡大会战②和二十年民不聊生的战争全都付诸一旦。瞬间，像出现了一只利爪，把那些刚还在互相埋怨吵闹的大臣抓住一样，他们再次聚合到一起，匆忙调遣了一支英国军队、一支普鲁士军队、一支奥地利军队和一支俄国军队。他们要再次团结一致，给这位夺权者以致命一击。欧洲合法的皇帝和国王们感到前所未有的畏惧。威灵顿③从北边朝着法国挺进，他的后援军会从部队另一边前进，那是一支由布吕歇尔④带领的普鲁士军队。施瓦尔岑贝格⑤在莱茵河边严阵以待；俄国部队的后备军也正带上所有的辎重，慢慢地穿过德国。

---

① 1814年4月6日，拿破仑首次退位后在维也纳举行的会议。
② 1812年冬天，拿破仑在莫斯科战败。次年春天，第六次反法同盟组成，秋天，同盟军在莱比锡城下和拿破仑进行大会战。
③ 英国元帅，反拿破仑战争中的盟军统帅之一，曾经指挥滑铁卢战役。
④ 普鲁士元帅，在滑铁卢战役中及时增援了威灵顿，导致拿破仑惨败。
⑤ 奥地利元帅。

拿破仑瞬间就看透了这种危险的局面。他清楚，在这些猎犬集合到一起之前必须要有所行动。在自己的帝国毁灭之前，他必须要把这支由普鲁士人、英国人、奥地利人组成的欧洲盟军逐一击破。他必须要动作迅猛，否则国内会怨声载道。他一定要先夺取胜利的果实，而且要抢在共和分子卷土重来和王党分子合作之前。他一定要率先告捷，在奸诈狡猾的双面派富歇①和与其半斤八两的同盟塔列朗②打击他之前。他必须让自己士气高涨的军队，趁热打铁把敌军全部击退。每天都有牺牲，每小时都有危难。于是，他匆忙做了一个决定，把赌注压在欧洲血流成河的战场——比利时上。一八一五年六月十五日凌晨三点，拿破仑军队（他仅剩的一支军队）的先发部队跨越边界，踏进比利时。十六日，他们在林尼和普鲁士军队正面交锋，并赢得胜利。这是这头雄狮闯出牢狱后的首次攻击，这一击非常漂亮，但并不致命。普军并没有被消灭，他们撤退到布鲁塞尔。

拿破仑当即决定发起第二轮攻势，和威灵顿的部队进行正面交战。他不给自己休息的机会，也不让对方有喘息的时间，因为每推迟一天，就意味着敌军的力量便会增强一点。而告捷的信息则会像烈性白酒一般，让自己的祖国和血流成河、焦虑

---

① 曾经担任拿破仑的警务大臣，在滑铁卢战役后强烈主张拿破仑退位。
② 曾经担任拿破仑第一帝国的外交大臣，复辟王朝初期又担任了路易十八的外交大臣，为人狡诈。

的法国民众如醉如狂。十七日，拿破仑率领军队抵达嘎德-布拉高地，在这之前，他头脑清醒、意志坚定的敌手——威灵顿早已经在高地上修筑好工事，枕戈待旦。而拿破仑的部署也是前所未有的周密严谨。他的军令也是前所未有的简洁明了。他多次思量进攻的方法，并且也充分预料到自己即将深陷的各种危难，即布吕歇尔的军队并未被消灭。这支军队会在任何时候和威灵顿的军队会合。为了预防这种情况的发生，他派出一支分队去追踪普鲁士军队，以防他们和英军顺利会合。

他把这个重任交给了格鲁希[1]元帅。格鲁希是一位平庸的男子，忠厚老实，脚踏实地。他做骑兵队长的时候，算得上是尽心尽职。但他不过是一位骑兵队长罢了。他没有缪拉[2]那般的胆识与魄力，也没有圣西尔[3]和贝尔蒂埃[4]那般的老谋深算，更没有内伊[5]那般的英雄气魄。没有关于他的神奇传说，也没有人把他当成一位神奇英勇的战士。在拿破仑的英雄史诗中，他并没有赫赫有名的功绩让自己占据荣誉的一席之地。让他名扬天下的，仅是他的倒霉和厄运。他当兵二十载，参与到从西班牙到俄国、从尼德兰到意大利的种种战争。他是慢慢地、一步

---

[1] 法国大革命和拿破仑军中的士兵，1794年担任少将。拿破仑失败后，他一度被流放。
[2] 拿破仑的元帅，骑兵司令，曾经立下赫赫战功。
[3] 法国元帅，1817至1819年担任国防大臣。
[4] 法国元帅，曾经支持拿破仑，后转而支持路易十八。
[5] 法国元帅，在拿破仑和路易十八之间摇摆不定，1815年被处决。

一个脚印地升到元帅的位置。不能把他的功绩予以全盘否定，但他并没有优秀的奉献。他的上一任元帅相继倒在奥地利人的子弹、埃及的烈日、阿拉伯人的匕首、俄国的严寒之下——德塞①死于马伦哥，克莱贝尔②死于开罗，拉纳③死于瓦格拉姆——这样他才登上高位。他并非扶摇直上坐上元帅的高位，而是历经二十年战争的苦熬，瓜熟蒂落。

拿破仑估计也清楚，格鲁希并非叱咤风云的英雄，也不是足智多谋的谋士，他不过是一位忠实可靠、安分守己的人。但是拿破仑的元帅一半都已牺牲，而剩下的几位已经厌倦了跋山涉水的戎马生活，正闷闷不乐地待在自己的庄园内。所以，拿破仑对这位平庸的男子委以重任，实属无奈之举。

六月十七日，在林尼打了胜仗后的第二天，也是滑铁卢战争的前一天，上午十一点，拿破仑首次把独立指挥权交予格鲁希元帅。这一天，这一刹那，唯命是从的格鲁希跳出绝对服从的军人习气，自己踏进世界史册的队列。这不过是极其短暂的瞬间，但又是怎样的一刹那啊！拿破仑的军令简洁明了：他率领军队朝着英军出发之际，格鲁希必须率领三分之一的兵力去追击普鲁士军队。这似乎并非一项复杂的任务。但即使是一把剑，也是坚韧可弯，双边锋利的！因为拿破仑同时还下达了另

---

① 拿破仑手下的将军，在1800年被奥地利军击毙。
② 拿破仑手下的将军，1800年被暗杀。
③ 拿破仑手下的元帅，1809年在奥地利的战斗中身受重伤死亡。

一个命令：他一定要和主力部队时刻保持联系。

接下这个任务的时候，格鲁希元帅有点犹豫。他不善于独自带队。但当他看到皇帝的目光的时候，他心里的不安才稍微减少，毫不犹豫地接受了这个任务。当然，冥冥中，可能还有命运的翅膀在摆弄他呢。总之，让他安心的是，大本营就在不远处。只要马不停蹄地赶路，他的部队便可赶到皇帝部队的所在地。

大雨倾盆，格鲁希的队伍冒雨出发。士兵们踏着泥泞的土地，慢慢地朝着普军走去。或者可以这样说，他们是朝着布鲁歇尔部队的所在地出发。

卡右的晚上

北方的骤雨不停地下。拿破仑的队伍在黑暗中摸索前进，每个人身上都淋湿了。所有人的靴底上都积着至少两磅的烂泥。没有瓦盖遮头，没有房子，没有人家。连麦秆干草都是湿漉漉的，没法躺下休息。他只能让十个或十二个士兵背靠着背坐在地上，淋着瓢泼大雨休息。皇帝自己也无法睡去。他坐立不安，因为这样的天气没法勘察敌情。侦察兵的报告并不清晰。而且，他也不清楚威灵顿是否会正面迎战；格鲁希那里也没有传来丁点有关普军的消息。半夜一点，拿破仑不顾滂沱大雨，走到英军炮火射程之内的阵地前。英军驻地的朦胧灯光依稀可见。拿破仑边走边思考着进攻的方法。黎明,他才回到自己简陋的统帅部——位于卡右的小屋子里。这时,格鲁希送来了首批报告。报告中并没有明确普军撤退的方向,都是一些让人欣慰的诺言:还在努力追击普军。雨逐渐减小,皇帝在房内心急如焚,不断眺望着黄色的地平线,看看远方的一切能否清晰可见,以便自己可以拿定主意。

　　早晨五点,雨停了,皇帝心中的迷雾也随之消散了,他下达命令:九点前,全军必须做好进攻的准备。传令兵朝着各个方向传达命令。很快,集合的鼓声响起。这时,皇帝才睡下,在行军的床上休息了两个小时。

滑铁卢的上午

　　已是清晨九点。但部队并没有集合完整。三天的大雨让地下变得又滑又湿,行走艰难,阻碍了炮兵的前进。这时,太阳才慢慢露出脸,照射着土地。刮起了大风。今天的阳光并不像当年奥斯特里茨的阳光那般灿烂,预示着吉利。今天的太阳只散射出淡黄色的微光,显得阴郁无力。这是北方的阳光。部队终于整装待发。战争打响之前,拿破仑再次骑上自己的白色牝马,从头到尾检阅士兵。在凛冽的寒风中,旗手们高举战旗,骑兵们威武地挥舞战刀,步兵们拿起刺刀挑起军帽,对着皇帝致敬。所有的战鼓都疯狂地响起,所有的军号都发出嘹亮的声响。但最响亮的还是从各个师团传出来的响彻云霄的雷鸣般的欢呼声。这是七万士兵发出的洪亮又深沉的呼喊声:"皇帝万岁!"

二十年来,拿破仑经历过数不清的检阅,但这是最壮观、最热烈的一次。欢呼声刚停息,十一点钟——比原定的时间晚了两个小时,而这刚好是至关重要的两个小时!——炮手们接到命令:对山头上身穿红衣的英国士兵发起攻击。接着,内伊——这位英雄豪杰带领步兵发动攻击。决定拿破仑命运的关键时刻到了。对于这场战争,曾有过数不尽的描绘。但人们似乎对这些振奋人心的记载从不厌倦,一会儿阅览司各特[①]写的鸿篇巨著,一会儿阅览斯丹达尔[②]写的零星片段。这场战争,不管是从远处观摩,还是从近处观摩,不管是从统领所处的山头观摩,还是从盔甲骑兵的马鞍上观摩,都是雄壮异常、意义非凡的。这场战争是一部激动人心的富于戏剧性的艺术杰作:一会儿沮丧不堪,一会儿又希冀满满,两者不断交换着位置。最后,这种交换忽然变成滔天大祸。这次战争是一次典型的悲剧,因为拿破仑身系着整个欧洲的命运。拿破仑就像节日里动人的焰火一般,在赫然坠地熄灭之前,会像爆竹一样又一次直冲云霄。

---

① 英国小说家,著有《拿破仑传》。
② 旧译司汤达,法国小说家,著有《红与黑》。

上午十一点到下午一点，法军师团朝着高地发起攻击，占领了村庄和阵地，但又被击退，接着再次发动攻击。已有一万具尸体覆盖在泥泞空旷的山坡。但是除了消耗大量的军力，双方都一无所得。两方的军队都已精疲力竭，两方的统领都焦躁不已。他们都清楚，谁的增援先到，谁就会最终赢取胜利。威灵顿等待着布吕歇尔的到来；拿破仑等待的是格鲁希。拿破仑心急如焚，不断拿起望远镜，一次又一次派传令兵去找格鲁希；一旦他的元帅赶到，法兰西的上空定会重新升起奥斯特里茨的太阳。

格鲁希犯下弥天大错

然而，格鲁希尚未意识到自己手中紧握着拿破仑的命运。他只是按照吩咐在六月十七日晚上出发，按照原定的方向追击普军。雨已经不下了。那些昨日才初上战场的年轻连队士兵们正无牵无挂地、慢悠悠地走着，仿佛身处和平的国度，因为敌人始终没有现身，溃败而逃的普军也一直不见踪迹。

当格鲁希元帅在一户农家急忙进食早餐的时候，脚底的地面忽然微微颤动。所有人都凝神静听。远方再次传来沉闷、渐渐消失的声音：那是炮声，是远方开炮的声音，但距离并不远，只要走上三个小时就可以赶到。几个军官如印第安人一样，匍匐在地面，意图辨清炮声传来的方向。从远方传来的沉闷炮声仍旧不绝于耳。这是来自圣让山的炮声,是滑铁卢战役打响的炮声。格鲁希收集各方的建议。副司令热拉尔迫切地请求:"马上朝着炮声的方向出发!"第二个军官也毫无异议:抓紧时间朝着炮火的方向前进,一定要迅速!所有人都坚信不疑:皇帝已经发动攻击,一场伟大的战争已经打响。但格鲁希却犹豫不决。他习惯于百依百顺,懦弱地拘泥于纸上的条文——追击普军。热拉尔看到他这般踟蹰,不由得激动起来,他气冲冲喊道:"立刻朝着炮声的方向出发!"这位副司令当着二十名军官和平民的面说出这样的话,那语气简直就不像是在建议,而是在下达命令,这引起了格鲁希的不满。他用强硬和坚决的语气说,他会谨遵皇帝的命令,绝不擅离职守。军官们失去了最后的希望,而此时,炮声却不合时宜地沉默了,似在预示着不幸。

热拉尔只好做最后的努力,他诚恳地请求:至少让他带领部分军队和少量的骑兵抵达战场。他保证自己可以及时赶到。格鲁希思索了一会儿。他只思索了一分钟。

世界历史改写的刹那

但拿破仑的命运、世界的命运还有格鲁希的命运都取决于这一分钟。整个十九世纪都取决于瓦尔海姆一家农户里消逝的这一分钟。而这一分钟全凭这位平庸无能的人的一张嘴巴。这一分钟全掌握在被格鲁希神经兮兮地揉搓着写着皇帝命令的那张纸的双手中——这是那么的无奈!如果在这瞬间,格鲁希可以有气魄、有胆量,相信自己的判断,相信明显的信号,而不是拘泥于皇帝的命令,那么法国也就解围了。遗憾的是这位只会唯命是从的人始终拘泥于纸上的条文,并没有听从命运的安排。

格鲁希用力地挥了挥手。他说,不可以把小部队再分散,这是极其不负责任的行为,他的主要任务是追击普军。就这样,他否定了这项违抗皇命的行动。军官们郁郁寡欢,每个人都沉默不语。他的身边没有任何声音。而这至关重要的一分钟就这样在沉默中消逝了,它再也不会给你重新选择的机会,后来,不管用怎样的语言和行动都没办法再对这一分钟进行弥补——威灵顿在这一分钟赢得了战争。

格鲁希的部队接着向前出发。热拉尔和旺达姆[①]心中异常愤怒,紧紧握着拳头。时间一分一秒地过去,格鲁希也开始担心起来,他越来越没有信心,尤其奇怪的是,始终不见普军的踪迹。很明显,他们偏离了普军撤离至布鲁塞尔的线路。紧接着,情报人员汇报的种种奇怪的现象说明普军在撤离过程中已经分几路抵达了正在鏖战的战场。假如这时格鲁希马上带领队伍去援助皇帝,还是有获胜的把握的。但他只是怀着越来越担心的心情接着等候消息,等候皇帝下达返回的命令。但是没有任何消息传来。只听到低沉的炮声,而且炮声也越来越远。破

[①] 拿破仑的将军。

釜沉舟的滑铁卢战争正在激烈地进行着,铁骰子便是投下的炮弹。

滑铁卢的下午

现在已是下午一点。拿破仑一共发起了四次猛烈的进攻,虽然都被击退了,但威灵顿的主阵地也出现了防守空隙。拿破仑决定发起关键性的一击。他加紧对英军的炮轰,在炮火连天的最后一刻,他看了看战场。

此时,他发觉从东北方向奔过来一大群军队。来了一队新的队伍!所有望远镜都看着队伍前来的方向。难不成是格鲁希斗胆违背命令,奇迹般地降临了?但并非如此!一位俘虏的士兵告诉拿破仑,这属于布吕歇尔将军的队伍,属于普鲁士的士兵。这时,皇帝才首次感到,那支撤退的普鲁士军队已经摆脱了追击,前来和英军会合,而拿破仑三分之一的兵力却在空地上踟蹰,做着毫无意义的、毫无头绪的运动。他马上写了一封信,命令格鲁希马不停蹄赶过来和自己会合,并阻止普军和英军会合。

同时,他还给内伊元帅下达了命令:赶在普军和英军会合之前,不惜一切代价消灭威灵顿部队。胜算忽然变少了。这时,即使下再重大的赌注,都算不上铤而走险。下午,拿破仑的部队朝着威灵顿部队所在的高地发起了猛烈的攻击。战况越来越严酷,牺牲的士兵也越来越多。好几次,他们闯进被炮弹摧毁的村庄,又几次被打退回来,接着再次高扬旗帜朝着被打散的阵型一拥而上。但威灵顿仍旧稳如泰山。格鲁希依然没有任何消息。普军渐渐逼近,看到这个情况的拿破仑焦虑不安地自言自语道:"格鲁希在何处?他究竟身处何方?"拿破仑身旁的指挥官也变得如热锅上的蚂蚁。内伊元帅痛下决心,余下的部队全部朝着高地进攻,破釜沉舟(他的三匹坐骑已经被击倒)——他是如此的勇猛无畏,而格鲁希又是如此的犹豫不决。所有的骑兵都被内伊投入了战斗。于是,一万名视死如归的穿盔甲的骑兵和不穿盔甲的骑兵踏烂了英军的阵线,杀死了英军的炮手,突破了英军的几道防守。虽然他们不得不再次撤退,但英军的战斗力已经几近消失。山头紧密的防线开始松散。当炮火把受到重创的法国骑兵击退的时候,拿破仑最后的后备军——老近卫军正艰难地朝着山头发动攻击。欧洲的命运取决于能否抢占这座山头。

决 战

自上午开始,双方的四百门大炮不断地轰击着。骑兵队朝着开火的方阵前进,铁蹄声响彻云霄。从各个方向传来振聋发聩的战鼓声,整个平原都被撼动了!但在各自的阵地,双方的统领似乎都听不到这吵闹的人声。他们聆听的是更加微小的钟表的嘀嗒声。

双方的统领手中都各自拿着一只表,就像小鸟的心脏一样发出嘀嗒嘀嗒的声响。这轻微的钟表转动声高于所有震天动地的吼叫声。拿破仑和威灵顿拿着自己的计时器,数着逝去的每一小时,每一分钟,默默算着关键性的增援部队还需多长时间才可以抵达。威灵顿清楚布吕歇尔就在不远处。而拿破仑也希冀格鲁希就在不远处。此刻双方的后备部队都已经奔赴前线。哪个部队的增援部队抢先抵达,哪个部队就可以夺取最后胜利的果实。两位统领都用望远镜视察着森林边缘。此刻,像一阵轻烟,普军的先头部队出现在森林边缘。难不成这些仅是被格鲁希击败的散兵?还是被追击的普军主力队伍?这会儿,英军在做着最后的挣扎,而法国军队也早已疲惫不堪。就如两个气喘如牛的摔跤手,双臂已经无力,在进行决定性的较量前,喘着大气:关键性的最后一个回合已经来临。

终于,普军的侧翼传来枪声。难不成发生了遭遇战?只有轻火器的声音传来!拿破仑松了一口气:"格鲁希终于赶过来了!"他误认为自己的侧翼多了保护,于是集中仅存的力量,朝着威灵顿的主阵地发起再一次的进攻。这主阵地犹如布鲁塞尔的门闩,犹如欧洲的大门,一定要将其攻破才行。

但刚才的枪声不过是误会。因为汉诺威兵团身穿奇怪的军装,援军普军对着汉诺威兵团发起了攻击。很快,这场误会之战便停息了。此刻,普军的大批队伍正毫无阻碍、大张旗鼓地从森林里蜂拥而至——迎面走来的是布吕歇尔的普军,并非格鲁希带领的部队。灾祸就这样降临。很快，这个消息就传遍了拿破仑的部队。部队开始退却，却井然有序。但威灵顿抓住了这至关重要的时刻，骑着马来到坚守的阵地前面，朝着退却的敌军挥动手中的帽子。他的士兵们马上清楚这手势预示的含义，那是胜利的手势！全部余下的英军英勇奋起，朝着败退的法军奔过去。同时，普鲁士骑兵对着仓皇而逃的法军发起攻击，只听到惨叫连连："逃命去吧！"不消几分钟，这支赫赫有名的拿破仑军队就成了一股被人驱逐的弃甲丢盔、狼狈不堪的人流。这股溃败的人流对于追赶的普鲁士骑兵来说，就像是一股不值一提的流水。在惊悚的喊叫声中，普军易如反掌地拿下了拿破仑的御用马车和军队的贵重物品，并俘虏了所有的法国炮兵。但拿破仑却趁着夜幕的降临，侥幸地保存了自己的性命和自由。一直到午夜来临，浑身泥污、头昏脑涨的拿破仑才抵达一家乡村客店，疲惫地躺到扶手软椅上，此时，他已经不再是君主。他的帝国、他的皇朝、他的命运全部都遭了殃。一个无足轻重的小人物的畏缩摧毁了他这个有胆量、远见卓识的人物耗费二十年建立起来的所有英雄业绩。

回到平凡

　　当拿破仑的军队被英军攻击得溃不成军的时候，有一位无名小卒坐着加快的四轮马车朝着布鲁塞尔飞速奔去，接着再次从布鲁塞尔来到海边。那里有一艘船正等待着他。为了赶在政府信使之前抵达伦敦,他扬帆起航。因为拿破仑兵败的消息还没有宣扬,他马上进行了大量的证券投机买卖。这个人就是罗斯柴尔德[1]。他凭着自己的聪敏建立起一个新的帝国,一个新的王朝。第二天,英国获知自己胜利的信息;同时,巴黎的富歇——这个靠着叛变而发家致富的家伙也获知了拿破仑兵败的消息。第二天,布鲁塞尔和德国也敲响了胜利的钟声。

直到第二天清晨,还有一个人对滑铁卢所发生的事情毫不知情,尽管他离这个决定命运的地方不过四个小时的路程。他,便是导致所有灾祸发生的格鲁希。他还死死坚守着那道追击普军的命令。神奇的是,始终不见普军的踪迹。这让他焦躁不安。越来越响的炮击声从不远处传来,似乎它们在高声疾呼一般。大地都为之颤抖。每一炮都似击进他的心房。现在大家都清楚,这绝对不是小小的战争,而是一场重大的战役,一场关键性的战役已经开始。

骑着马的格鲁希在自己的军官中间来回走着。军官们都不想再和他交谈,因为他先前拒绝了所有人的提议。

他们在瓦弗附近遇到一支孤独无助的普军——布吕歇尔的后卫军队,他们全都认为挽救的机会降临,对着普军发动猛烈

---

[1] 南森·梅耶·罗斯柴尔德,是第一个得知拿破仑战败的人,并趁机通过证券投机买卖获得巨额财富。

的攻击。似有不幸的预感驱使，热拉尔将生死置之度外，冲锋在前。一颗子弹穿过他的身体。此刻，这位最乐于提建议的人一言不发了。黑夜来临，格鲁希的部队赢取了战争，抢占了村庄，但他们似乎感觉到，战胜这支微小的后卫部队已经没有任何意义。因为前方的战场已经没有了任何声响。这种沉寂——恐怖的和平，一种森然、死一般的沉寂让大家感到焦虑不安，所有人都感到，听到隆隆的炮声远比这死一般的沉寂好。这时，格鲁希才收到拿破仑传来的前往滑铁卢进行救援的便条。但一切都太迟了！滑铁卢战役是一场关键性的决斗，但是这项战役的胜利花落谁家呢？格鲁希的队伍再次煎熬地等了一整夜，完全是浪费时间！没有任何的消息从滑铁卢传来，似乎格鲁希的军队已经被这支伟大的队伍遗忘。他们漫无目的地站立在黑暗的夜幕中，四周冷冷清清。早晨，他们拆掉营地，接着行军。他们早已精疲力竭，并且早就料到自己所有的行军和运动一点意义也没有。上午十点，主力部队的一位军官终于策马前来。他们把他扶下来，朝他问了一堆问题，但他仅是一脸慌张，两鬓的头发已经湿透，因为精神高度紧张，浑身不停地发抖，当他勉强说出话来，却是他们听不懂的，或者应该说，是他们听不懂和不想听懂的话。他说，皇帝再也不存在了，皇帝的军队也不复存在了！法兰西兵败了……此刻，所有人都当他是醉汉，是疯子。但当他终于勉强地说出一切事实，这报告让他们衰颓不已。格鲁希脸色发白，浑身发抖，不得不借用军刀的力量来支撑自己的身体。他清楚为国捐躯的时刻已经来临。为了弥补自己犯下的过错,他决定承担力不从心的任务。这位俯首帖耳、犹豫不决的拿破仑部下,在那至关重要的一刻错失了决定性的抉择,而此刻千钧一发之际,却又成了一位真正的男子汉,甚至像是一位英雄。他马上集合所有的军官,做了一番简单的讲话——眼眶里愤怒和哀伤的泪水在打着转。在讲话中,他为自己的举棋不定辩白,同时又悔不当初。那些昨日对他提出异议的军官们现在都沉默不语地听着他说话。本来,此刻任何人都可以责备他,任何人都可以夸耀自己当时正确的提议。但谁也没有胆量这样做,也不想这样做。他们只是一言不发,一言不发。从天而降的哀伤让他们都变得哑口无言。

错失了那一分钟的格鲁希,在这一个小时内却表现得勇猛异常——遗憾的是一切都太迟了!当他重新点燃内心的信心,不再拘泥于条文的命令以后,他的所有美德——谨慎、干脆、严密、敢于担当,全部都回归了。虽然敌军的数量多于自己五倍,但他却带领自己的军队冲破重围。这近乎完美的指挥——不费一兵一卒,不遗失一门大炮。他要去营救法兰西,去援救拿破仑帝国仅存的军队。但当他抵达的时候,皇帝早已不知去向。没有人感谢他,他的前面也没有一位敌人。他来得太迟了!终究是太迟了!虽然表面来看,格鲁希日后接着提升,他被任命为总司令、法国贵族院议员,并在每个岗位上都表现得魄力十足、精明能干。但这些都无法弥补他错失的那一刹那。那一刹那原本能让他改变命运,但他却错失了这个机会。

那重要的一分钟就这样实行了恐怖的复仇。在尘世间,这样的一刹那少之又少。当它偶然降临到某个人的身上时,他却茫然失措,不知如何运用它。当命运来临的刹那,市民的所有品德——谨慎、服从、勤奋、小心,都于事无补,命运需要的终究还是天才,并将他塑造成永恒的人物。命运鄙夷瞻前顾后的人,并将其挡在门外。命运——这尘世间的另一位神,只乐意用殷切的双臂高举起勇敢者,并将其送入英雄们的殿堂。

玛丽恩巴德悲歌

一八二三年九月五日的清晨,一辆旅行马车从卡尔斯巴德①出发,慢慢朝埃格尔②驶去,此刻正行驶在乡间大道上。秋风萧瑟,一股股寒意扑面袭来,寒风吹过的田野,庄稼已经收割完了,可是苍茫的大地上,天空依然是碧蓝碧蓝的。有三个男人坐在这辆四轮单驾轻便马车里,他们分别是:萨克森——魏玛公国的枢密顾问冯·歌德(卡尔斯巴德的疗养者表格上是这样称呼的),他的两名随从——老仆人施塔德尔曼以及秘书约翰。十九世纪,歌德所有的著作基本上都是先由约翰抄写的。两名随从一句话也没说,因为自从这位上了年纪的老人在卡尔斯巴德受到少妇和姑娘们热烈的欢送以后,他就没说一句话,只是一动不动地坐在那儿,只有通过他专注的眼神才知道他一直在思考。当他们抵达第一个驿站准备休息时,两名随从看到

---

① 卡尔斯巴德(Karlsbad),也就是现在捷克知名的疗养胜地卡罗维发利。
② 埃格尔(Eger),地名,一个小镇,从卡尔斯巴德到魏玛必须从这里经过,现在在捷克境内。

他下车时用铅笔在一张纸上急急忙忙写着什么。在接下来去魏玛的整个旅程中，不管是在马车里还是在驿站休息，歌德都没有停歇过，一直在做着同样的事情。次日，他们一到茨沃陶的哈尔腾城堡，歌德便俯首疾笔。在接下来的旅程中，在埃格尔以及珀斯内克，他也是这样忙碌着。每到一个地方，他做的第一件事就是立即写下他在马车里推敲出来的诗句。在他的日记里，他对这件事只是一笔带过：（九月六日）"推敲诗句"，（九月七日）"周日，接着写诗句"，（九月十二日）"路上又把诗句斟酌修改一遍"。他们抵达魏玛的同时，他的诗《玛丽恩巴德悲歌》也写好了。这首诗在歌德的晚年有着举足轻重的地位，是他发自肺腑的诗，所以这也是他最喜欢的诗作。歌德告别过去，重新开始也是以这首诗为标志。

曾经，歌德在某次谈话的时候，声称《玛丽恩巴德悲歌》是"抒发内心状况的记录"，可能在他记录隐私的日记中，再也找不到像这首诗一样能清晰又坦诚地向我们展示出他的情感产生和发展。这首诗是通过悲痛的发问以及悲哀的控诉，写下了他内心最深的感情。青少年时期的歌德写出的诗句都是对自己情感的宣泄，没有一首诗像这首诗一样直接从某一具体事件和机缘开始，这首诗可以称为"送给我们的美妙歌曲"，是七十四岁的歌德暮年最深刻、最成熟的作品，就像秋天里的太阳散发出明亮的光辉。大家见过的他所有的诗作里，没有一首像《玛丽恩巴德悲歌》一样，是他一挥而就，而且环环相扣的。

就像他跟爱克曼①说的那样，这首诗是"激情达到顶峰的产物"，而且从形式上来说，它又和崇尚的自我约束相融合，所以他一生中最激情的时刻，就这样坦诚又私密地写了出来。这首诗算是他辉煌的人生中最灿烂的一页，直到一百多年后的现在，它仍然是枝繁叶茂，毫不逊色。九月五日这一天是一个值得纪念的日子，将来的德意志人将永远记得这一天。

那颗奇异的明星不仅让他获得了重生，而且照亮了他的生命，照亮了这首诗作，照亮了他本人以及此时此刻。一八二二年二月，歌德生了一场大病。他的身体难以抵抗持续的高烧，多次处于昏迷状态。连他自己也觉得自己病得很严重。可是医生只知道情况不太妙，可是却看不出来什么明显的症状，也没有什么好的治疗方法。让人惊讶的是，这场病突然而至，也突然离开。这年六月，当他去玛丽恩巴德休养时，他根本就像是变了一个人一样，似乎那场暴病只是促使他的内心变得年轻，代表他又回到了青春期。曾经的歌德是一个神情严肃、少言寡语、吹毛求疵、每天脑子里都差不多只有诗歌创作的人，十多年过去了，他的情感再一次主导了他。就像他自己所说，音乐"让他难以安静下来"，他每次听到钢琴表演，特别是听到类似

---

① 约翰·彼得·爱克曼（Johann Peter Eckermann，1792—1854），德国作家，1823年开始成为歌德的好友以及文学上的帮手，在歌德作品的最后出版工作中帮忙，他本人最知名的著作是《和晚年歌德的谈话》（简译《歌德谈话录》），记录了1823至1832年歌德和他的私人谈话。

于席曼诺夫斯卡那样美丽的女人表演的时候,他的泪水总是止不住地流下来。因为深植于他身体的本能欲望不时出现,他经常会和年轻人待在一起。和他一起在玛丽恩巴德休养的其他人感到奇怪,歌德已经七十四岁高龄了,还和女人们聚到深夜,同时发现他竟然又去了很多年没有参加过的舞会。就像他曾经骄傲地说:"当大家交换舞伴的时候,很多美丽的女孩都会过来邀请我跳舞。"也就是在这年的夏季,他改变了自己古板的性格,敞开心扉,心里满满的都是那历史悠久的魔法师——亘古不变的爱。从他的日记中我们可以发现,"春梦""曾经的维特"重新回到了他的心里。正如五十年以前他和莉莉·舍内曼①相遇一样,与女人亲密接触,给他带来更多的灵感,他由此创作出很多小诗、幽默戏剧以及有趣的小品,但是到底要选择和哪个女性交往,这仍然是个谜:一开始是一位美丽的波兰女子②,后来他又把所有热情都投入到仅仅十九岁的姑娘乌尔丽克·冯·莱佛佐身上。在过去的十五年里,他曾经对她的妈妈一往情深,而且就在去年,他还称呼她是"小女儿",可是现在喜爱忽然演变成了男女情爱,他就像是得了另一种病,如此狂热的情感令他内心无法平静,而很久以前他就没有这样的

---

① 莉莉·舍内曼(Lili Schönemann,1758—1817),法兰克福一个银行家的女儿,1775年歌德在该地和她认识,产生了炽烈的爱情,是年4月订婚,10月解除婚约,歌德曾为她写过最知名的诗篇《新的爱、新的生活》《给蓓琳德》和戏剧《丝苔拉》等。

② 指波兰女钢琴家席曼诺夫斯卡。

感受了。这个已经七十四岁高龄的老人好似一个青春年少的男孩：只要听见有笑声从林荫道上传来，他就会停下手里的工作，不做任何准备，就匆忙跑下楼迎接那个令他着迷的女孩。他竟然像一个大男孩一样地讨好她。所以，这略微和爱情沾边，结果却是令人悲伤的一场荒谬剧上演了。歌德在征求了医生的意见以后，就把自己的想法告诉了大公爵——他的伙伴里面年龄最大的人，请求他当着她的妈妈莱佛佐太太的面，代自己向乌尔丽克求婚。此时的大公爵回想起他们五十年前和女人们一起鬼混的那些疯狂的夜晚的同时，还可能在心里默不作声地嘲笑他——这位被德国和欧洲赞誉为十九世纪最聪明、最稳重、最有觉悟的哲学家。可是，他依然很庄重地把勋章绶带给佩戴上，去拜访那个十九岁姑娘的母亲，请她把自己的女儿嫁给这位七十四岁的老人。至于她是怎么回答的，具体情况没有人知道——不过可以看出她是运用了拖延的策略。因此歌德也就成了一个没什么信心的求婚者。就在他越来越渴望再次拥有那个温柔的人儿的青春时，那女孩给予他的却仅限于匆忙的亲吻和敷衍的言语。这个一直处于急切中的老人想利用最好的时机再争取一次：他妄想着从玛丽恩巴德尾随心爱的女人到卡尔斯巴德。可是就算他跟到卡尔斯巴德，他的愿望也没能实现。夏天就要结束了，他越来越痛苦。就在他不得不返回的时候，依然没有得到对方的应允或者任何暗示。这时，这位擅长预见的老人坐在滚滚前行的马车上，觉得自己人生中一件重要的事情就此完结了。但是，就在他心情无比低落的时刻，上帝——这个远古的抚慰者、处于痛苦中的人的忠实陪伴者——出现在他的面前。由于这位天才已经痛不欲生，得不到人们的安慰，他只能求助于上帝。

正如过去歌德经常从现实社会躲到诗歌的世界里一样，这次他又以同样的方式沉浸到诗歌里，和以往不同的是，这是他最后一次。他在四十年前曾经为塔索写过这样的诗：

> 如果一个人已经到了痛不欲生的时候，
>
> 上帝才能听懂我，允许我倾诉我的痛苦。

已经七十四岁的老人为了以一种非比寻常的方式感谢天主的恩赐，他把这两句诗当作《玛丽恩巴德悲歌》的题诗，放在诗的开头，代表他又怪异地进入到这种境地中。

这时，坐在行驶的马车里的老人沉默不语，苦恼于心中一系列问题没有准确的答案。清晨，乌尔丽克还和妹妹一起急匆匆地赶到他的面前，就在"喧嚣的离别声"中给他送别，那饱含活力的樱桃小嘴还亲吻过他，这是一个甜蜜的吻吗？还是更像一个女儿对父亲的亲情之吻？她有没有可能爱上他？今后她会忘记他吗？儿子和儿媳妇正迫不及待地想得到他那丰厚的遗产，会容忍他们的婚姻吗？世人会嘲讽他吗？再过一年，她会不会觉得他更老了呢？即便他可以再看到她，还能期待什么呢？

他的内心不断地被这些问题搅扰着，让他不安。突然间，他把一个问题——一个最根本的问题写成了一行行的诗句：

> 现在，花儿还无心绽放，
>
> 再次相逢，又有什么能够指望？
>
> 不管天堂还是地狱，都为你敞开着，
>
> 心绪如此翻滚不安，让我犹豫不决不敢向前！

是天主允许他"诉说我的苦恼"的，因此，疑虑和悲痛都化成了诗句。他把自己心灵的呼声——内心的强烈冲动都毫不犹豫、不加保留地融入这首诗里。

这时，如水晶一样澄净的诗节又被注入了痛苦的情绪，诗歌把他原本杂乱无章的想法巧妙地变透明。就像这位诗人心情烦躁、备感愁闷的时候，偶尔会朝远处眺望一样，坐在行驶着的马车里，他眺望着波西米亚如此幽静的清晨景色，如此和谐的风光和他心中的忐忑形成强烈的反差，方才欣赏到的景象马上又注入他的诗里：

> 世界没有任何改变？断崖绝壁
>
> 不是在曙光里黑黝黝地巍峨屹立在那里？
>
> 庄稼不是可以收割？
>
> 河边的灌木和农场
>
> 不是依然碧绿一片？
>
> 覆盖大地的宽阔的天宇
>
> 不是依然云烟漂浮，变化无穷？

不过，对于他来说，这样的世界显得太死板了。沉浸在热恋中的他，总是能轻易地把见到的所有都和那个可爱的女孩联系到一起，这时，心里的那个美丽身影又梦幻般地出现在他的眼前：

> 一个修长的倩影飘舞在碧野天空，
> 多么温柔纯洁，多么轻柔美丽，
> 好似撒拉弗天使①推开云彩，
> 展示出她的容颜；
> 你瞧——她是所有美女中的佼佼者
> 翩翩起舞，多么喜悦。

> 只是把彩云看成真身
> 你仅仅是欺骗自己一刹那；
> 返回内心深处去寻找吧！你将会有更多的发现，
> 在你心里，她将会有百变的身姿：
> 同一个人会幻化成很多样貌，
> 绰约多姿，越来越招人喜爱。

他依然没有想要断了念想，乌尔丽克那诱人的玉体再次浮现在他的眼前。于是他通过诗句写出她是怎样和他亲近，怎样"慢慢地让他在幸福里沦陷"，她又是怎样在最后一吻之后又"最终"吻上了他的双唇，但是这位年迈的著名诗人沉醉在快乐的回忆的同时，又通过最崇高的方式，创作出一节

---

① 据《圣经》，撒拉弗是最高的天使，身上有六个翅膀，本性是爱。

在当年任何一种语言包括德语在内的,都无人能超越的最纯真的诗歌:

> 我们单纯的心中藏着一股狂烈的冲动,
> 出于感恩,我自愿将自己交给
> 一个更高雅、更单纯、陌生的人,
> 向那无法难以称呼的人敞开心扉;
> 我们叫它:热恋!——当我和她在一起的时候,
> 我感到自己已经到了最快乐的极点。

但是,由于沉浸在如此快乐的世界里,这个内心孤独的天才备受当下离别的折磨。所以他的悲痛爆发出来,这种悲痛基本上把这首佳作的那种悲歌诗体的崇高情调给摧毁了,这根本上就是在宣泄内心情感,在他所有的创作里,他主动把自己的亲身经历转化成诗作只有这一次。这真是动人心弦的哀诉:

> 目前我已经走远!眼前的光阴
> 我不明白应该如何打算?
> 我收到她给予的善意的美
> 然而这些都只是我的累赘,我一定要把它丢掉。
> 不能控制的热情令我不得安宁,
> 手足无措,除了流不尽的眼泪。

紧跟着便是最后那让人悲伤的呼喊,这呼喊声越来越兴奋,基本上到了最亢奋的境界:

忠诚的伴侣，把我留在这里吧，

让我一个人留在这片沼泽地、岩石边、青苔上！

你们前行吧！宇宙已经给你们敞开大门，

辽阔的大地，崇高的天空重新恢复，

去察看、去探讨、去总结，

世界的奥秘将渐渐揭开。

如今，我一无所有，就算我自己也将消失，

前不久众神还把我当成宠儿；

他们磨炼我，潘多拉①是他们给我的恩赐，

在她身上除了数不清的珍宝，还有很多危机；

神明们挑唆我去亲吻她可爱的双唇，

后来又让我们分离——把我丢入深谷。

这位平时最善于掩饰自己情感的人从来没有写过像这类的诗作。少年时期，他就很会掩饰自己的感情，到了青年时期他也懂得克制，他自己的隐私只会蜻蜓点水似的出现在描写和影射自己的作品中。可是当他变成一个白头老翁时，他却首次把自己的感情毫无节制地倾注到自己的诗作里。五十年以来，在

---

① 潘多拉，希腊神话中由火神用黏土做的美女，众神给予她各种品性：爱神让她拥有魅力，赫耳墨斯给予她口才和谋略，宙斯却给了她一只小盒，里面有所有灾难，让她去引诱厄庇墨透斯。她在他面前把盒子打开了，所有灾难向人间飞去。歌德在这里将她比喻为乌尔丽克。

这个感情细腻、擅长写抒情诗的伟大诗人心里,这刻骨铭心的一页应该是他最激情四射的时刻,是他一生中值得怀念的转折点。

能写出这首诗,歌德本人也觉得很神奇,就像是命运特意赐给他的一样。他刚返回魏玛家中,将其他事情都放在一边,先把这篇佳作的草稿亲自誊抄一遍。整整三天,他深居简出,把《玛丽恩巴德悲歌》用工整的大字体誊写在精挑细选的纸上,而且他还悄悄地收藏了这篇诗作,以免被家中最亲近和最信赖的人发现。他担心会引起别人的议论,所以亲手把诗作整理好订成册,然后加上一个红羊皮封面,起初只用丝带捆绑住,后来他把封面改成精美的蓝色亚麻布,就和如今保存在歌德—席勒资料馆里的一样。几天来,他总是动不动就生气,郁郁寡欢,他的家里人只会嘲笑他打算结婚的想法,而儿子更会予以坚决的反对;他只有在自己的诗歌里依依不舍地待在自己心爱的人儿身边。直到那位波兰的美女席曼诺夫斯卡又来探望他的时候,他才又回忆起了在玛丽恩巴德那晴空万里的日子里所迸发的情感,滔滔不绝地向席曼诺夫斯卡诉说着。一八二三年十月二十七日,爱克曼才被他叫了过来,他用特别庄严的语气把这首诗的开头朗诵给爱克曼听,可以看出来他特别喜欢这首诗。仆人只得在书桌上准备两盏烛台,请爱克曼坐在两盏烛台前,欣赏这首悲情的诗歌。从那以后,他最信任的那些人也慢慢听说了这首诗歌,因为就像爱克曼说的那样,歌德保护它就像在保护"圣物"一样。紧接着的几个月更是充分印证了这一点,在他一生中,这首悲歌都有着特别的意义。这个回到青年时代的老人的身体状况在日益变好以后又迅速恶化,让人觉得他好像来到了鬼门关。他一刻也不得安宁,有时从床上挪动到扶手椅上,有时又要从扶手椅上挪回床上。儿媳妇外出旅行了,儿子对他充满怨恨,所以没有人照料他,更没有人为这位年迈的老人想主意。此时,策尔特尔①——歌德最亲密的朋友从柏林过来了——很明显是他们的朋友请策尔特尔来探望歌德的,他马上发现歌德内心有一簇火苗。他记录了自己的惊奇:"我认为他就像是一个正在热恋的年轻人,但是这狂热的情感令他痛苦不堪。"策尔特尔满怀"同情"地给他反复朗诵这首特别的诗歌,就是为了抚慰他内心的创伤。只要听到策尔特尔朗诵这首诗作,歌德就不会感到疲惫。他在痊愈之后,写了一封感谢策尔特尔的信:"真是太神奇了,你的嗓音很有感情,很温和,让我经常感受到我的爱有多深,即使我非常不情愿认同这一点。"他继续写着:"我特别喜爱这首诗,所以当我们在一起的时候,你就一遍遍地读给我听,还编成歌曲唱给我听,直到你都能背诵那首诗了。"

策尔特尔说得没错:"治好他的就是刺伤他的矛。"大家也

---

① 卡尔·弗里德里希·策尔特尔(Carl Friedrich Zelter,1758—1832),德国作曲家和音乐教育家,歌德的好友,他的音乐作品格调安静幽雅,歌德很欣赏。

许能这样认为：是这首诗挽救了歌德。他终于放弃了最终会绝望的期待，战胜了悲苦。自此，他打算和心爱的"小女儿"结为夫妻的梦想收场了。他清楚自己不会再去玛丽恩巴德，也不会再去卡尔斯巴德，更不会再去那个让人们觉得轻松快乐的游乐世界了。此后，他把自己的生命完全投入到工作中。在饱经磨难以后，他断绝了重新开始的想法，他的生活也因此出现了另一个伟大的词：完成。他对六十年以来的作品进行了仔细回忆，觉得这些作品不够完整，因为现在他不可能再开始新的创作，所以他决定最起码先整理一番。他和出版社签订合同出版《全集》，得到版权专利。曾经倾注到十九岁少女身上的情感被他重新献给了一生中最忠诚的伴侣——《浮士德》与《威廉·迈斯特》。他全身心投入到写作上，重新拾起在十八世纪就制订过的计划。《威廉·迈斯特的漫游年代》是在他八十岁之前完成的，八十一岁的时候，他又以惊人的毅力持续他一生中"最重要的事业"——创作了《浮士德》。曾经不幸的日子促成了《玛丽恩巴德悲歌》的产生，七年以后，他完成了《浮士德》。他像敬重《玛丽恩巴德悲歌》一样，将《浮士德》盖印封存了起来，没有向世界公开。

在这两种情感范围内——最终的"情欲"以及最终"戒欲"之间，在开始和结束之间，一八二三年九月五日从卡尔斯巴德离开、和爱情诀别的那一天——那令人难以忘怀的内心转变的一刻——是分界线：从伤心欲绝地悲诉转入永久的安宁世界里。那一天可以被我们叫作纪念日,由于此后在德语诗歌中,情欲冲动的时刻再也没有被这样精彩地描绘,像歌德一样把最狂热的情感融入淋漓尽致的长篇诗歌里。

探寻黄金国

一个过够了欧洲生活的人

一八三四年,从美国哈弗尔向纽约驶出了一艘船。船上有数百名亡命之徒,其中一个名叫约翰·奥古斯特·苏特尔。这个三十一岁的男子原来居住在瑞士巴塞尔附近的吕嫩贝尔格,他正在被欧洲几家法庭指控破产、盗窃和伪造证券,于是他匆匆离开了妻子和三个孩子,在巴黎用伪造的身份证件获得了一笔钱,开始寻找新的生活。一八三四年七月七日,船抵达纽约港,他在那里停留了两年,几乎做遍了各种职业,打包工、药剂师、牙医、药商、开小酒馆,不管干得怎么样,总算是安顿下来,又经营了一家客栈。没过多久他就把客栈变卖了,跟随当时的一股迁徙大潮来到了密苏里州,开始经营农业,不久就小有积蓄了,生活也算安定下来。可是,每天都有皮货商、猎人、冒险家、士兵在他门前穿梭,他们中的一部分来自西部,另一部分要去西部，于是，"西部"这个词开始对他产生莫名的吸引力，他只知道，要想去那里，首先映入眼帘的是一望无际的草原，野牛成群，荒无人烟，在路上走上整整一天甚至一个星期，也可能遇不到一个人，只有红皮肤的印第安人在那里打猎，再之后就会遇到难以攀缘的高山，最终才能到达"西部"的土地。没有人能确切地说出这片土地的详细情况，不过那里的富庶却是众所周知的。当时，加利福尼亚还笼罩着一层神奇的面纱，据说地上流淌的都是牛奶和蜂蜜，每个人都可以随意取用。不过那个地方太过遥远，远到没有尽头，而且沿途充满了危险。

但是约翰·奥古斯特·苏特尔身上流淌的是不安于室的血液，他并不满足于安居乐业。一八三七年的一天，他将自己的土地和家产变卖一空，组织起一支远征队，从印第奔腾斯堡[①]出发，带领着车辆、马匹和一群野牛，踏上了前往陌生的远方的路途。

进军加利福尼亚

一八三八年，苏特尔远征队所有的成员就只有两名军官、五名传教士和三名妇女。他们赶着牛车，驶向没有尽头的远方。他们穿过了一望无际的大草原，紧接着翻山越岭，越来越靠近

---

① 密苏里州西部的一个小镇，也译为独立镇。

太平洋。这样一走就是三个月时间,一八三八年十月底的时候,他们才到达温哥华。在这之前,有两名军官就已经离开了远征队,传教士们也放弃了继续探索之路,三名妇女早早地因为饥饿丧身途中。

现在,苏特尔孤身一人。在温哥华镇,有人挽留他住下,还为他谋得了一个职位,但这是徒劳的,他最终拒绝了。对他来说,加利福尼亚这个名字有着不可抵抗的吸引力。他在太平洋独自驾驶一艘简单的帆船航行,经过夏威夷群岛,阿拉斯加和其他地方的海岸,经过无数的危险和困难,最后停在一个叫圣弗兰西斯科①的地方。当时的圣弗兰西斯科远非现在那个因为大地震后迅速繁荣而出名的拥有数百万人快速发展的大都市,而只是一个荒凉贫瘠的渔村,还没有成为墨西哥那个偏僻的加利福尼亚州的主要城市,就连名字也只是随着弗兰西斯教派的布道团而叫起来的。当时的加利福尼亚处于无人管理的状态,一片荒芜,在美洲新大陆上最富庶的地区中,它就是一块等待世人开发的处女地。

目前这块西班牙领地上并没有任何权威,就导致混乱加剧,暴乱四起,人困马乏,也没有任何励精图治的力量。苏特尔租下一匹马,单枪匹马地向着萨克拉门托河谷进发。经过一天的观察,他发现,别说在这里建立一座农庄、一个大农场了,建

---

① 旧金山,也译作三藩市。

立一个王国都绰绰有余。第二天，他来到简陋的总督府蒙德来，向总督阿尔瓦拉多自荐，解释他试图开垦这片荒地的意图，希望能允许他从夏威夷群岛带来一批卡拿卡人[①]，并让这些勤劳的有色人种定期从那里搬迁过来，至于为他们建立移民区的责任，则由自己一力承担。他说，要建立一个小国家，取名新赫尔维齐。

"为什么要叫新赫尔维齐？"总督问他。"我是瑞士人，而且信仰共和主义。"苏特尔回答。

"好吧，随便你怎么干吧，我会把这片土地租给你十年。"

看吧，协议很快就达成了。在和文明相隔千里之外的地方，一个人的能力获得的报偿竟然和在家时有天壤之别。

新赫尔维齐

一八三九年，萨克拉门托河岸边出现了一支用牲口驮着货物的队伍，正朝上游艰难行进。骑着马走在队伍最前面的是苏特尔，他的身上挎着一把枪，他的身后紧跟着两三个欧洲人，后面才是一支由一百五十名卡拿卡人组成的队伍，他们穿着一模一样的短衫背心。再后面是三十辆满载着粮食、生活用品、种子和弹药的牛车，和五十匹马、七十五头骡以及成群的奶牛、

[①] 夏威夷群岛的土著民族。

绵羊组成的队伍，末尾是殿后的护卫——就是这样的一支队伍将要去建立一个名叫新赫尔维齐的国度。

走在前面的人一边走一边放火，他们不砍伐树木，而是采用更为简捷的将挡在前面的树木烧毁的方法。当火焰将一切路障消灭掉之后，燃烧后的树桩还冒着烟，这些人就开始了他们的工作：建设仓库，挖掘水井，将种子撒在不需要耕种的土地上，也为不断到来的家畜育种继续建立更多的围栏。很快，他们就吸引了很多人从附近传教站的偏僻殖民地加入开垦队伍中。

他们的收获很大。他们播撒的种子给他们带来了五倍的收成，所有的仓库都装满了粮食。很快，牲畜的数量就达到了几千头。虽然在这片土地上生存还困难重重，他们还得时刻讨伐那些因为这块殖民地兴旺繁荣而不断入侵的土著人，但是不得不说，新赫尔维齐的疆域在不断扩大，可以说幅员辽阔，而且河道水渠、磨坊工厂、海外商店等如同雨后春笋一样冒出来。在河面上，有无数的船只往来穿梭。苏特尔供应的不仅是温哥华和夏威夷群岛的需求，还包括停泊在加利福尼亚的所有帆船的需求。他种植水果，现如今，这些加利福尼亚水果早已享誉世界。看吧，果树在那里枝繁叶茂。于是，苏特尔从法国和莱茵河引进葡萄，短短几年，硕果累累的葡萄藤就爬得遍地都是。

而取得了这些成就的苏特尔，为自己建造了豪华农场，里面有很多房屋，还种满了长势良好的庄稼。他甚至花费巨资，用了一百八十天的时间,从万里之外的巴黎运来一架普莱耶尔牌钢琴,还用六十头牛穿越整个新大陆,从纽约拉来了蒸汽机。在英国和法国规模最大的钱庄里,他都能得到信贷,还拥有巨额存款。苏特尔年仅四十五岁,已经达到了事业的巅峰,这时,他想起了十四年前被自己抛弃的不知道在哪里的妻子和三个儿子,就给他们写信,邀请他们来到这里,来到属于自己的这片领地。在他看来,他可以牢牢把握住现在的一切,他会一直拥有新赫尔维齐,他将永远是世界上最富有的人。后来,美利坚合众国从墨西哥手中将这块弃之不顾的殖民地拿了回来,他的利益得到了更好的保障,财富更加安全。许多年之后,苏特尔真的成了世界上最富有的人。

不祥之兆——一把铁锹

一八四八年一月的一天,詹姆斯·威尔逊·马歇尔——他是约翰·奥古斯特·苏特尔的一个木匠,激动地冲进苏特尔家,说要跟他谈一谈。对此,苏特尔十分惊讶,因为就是在昨天,他才把马歇尔派到自己位于柯洛玛的农庄去建立新锯木厂,可是,现在马歇尔自作主张跑回来了。马歇尔显得十分激动,浑身哆嗦,他把苏特尔推到房间里,把房门牢牢锁住,然后从口袋里掏出了一把沙土,里面有一些黄色的颗粒。马歇尔说,昨天他挖地基的时候,突然挖出了这种奇怪的金属,他觉得这是黄金，却遭到了别人的嘲笑。苏特尔十分重视这件事，马上将这些颗粒拿去进行了分析，并得出了确实是黄金的结论。他马上决定，第二天就和马歇尔一起骑马去那个农庄。可是，当天夜里马歇尔就顶风冒雨地骑着马回到了农庄，他迫不及待地想要证实——他是第一个被那种骇人的狂热攫住的人，很快，这种狂热就席卷全球。

第二天上午，苏特尔上校就到达了柯洛玛。他们把排水沟堵住，对那里的沉积物进行检查。人们只要把泥沙装进滤筛里，轻轻摇晃几下，就能在黑色的筛网上留下亮晶晶的小粒黄金。苏特尔召集了几个自己身边的白人，让他们发誓在锯木厂建成之前会保守这个秘密。随后，他骑马回到农场，表情十分严肃，但他内心十分激动：在人类历史记录中，没有人能够不费吹灰之力得到金子——黄金完全暴露在地面上，更不用说在自己的土地上发现金矿。这个夜晚对于苏特尔来说就像过了十年这么久：他很快就要成为世界上最富有的人了。

淘金风起云涌

苏特尔最终成为世界上最富有的人了吗？并没有。相反，他反而成为世界上最贫穷、可怜、绝望的人。八天后，这个秘密被泄露了，是一个女人——这种事情往往发生在女人身上，将这件事告诉了一位路人，还送给了他几粒黄金。接下来发生的事情真是空前绝后的,苏特尔手下的人全都脱离了岗位,铁匠离开了铁工厂,牧羊人离开了羊群,种葡萄的离开了葡萄园,士兵们扔下枪支,所有的人都像魔怔了一样,急忙拿起筛网和煮锅,冲到锯木厂去,开始淘金。就在一夜之间,整片土地就没有人工作了。没有人再去挤牛奶了,奶牛在那里痛苦地哞哞直叫,有一些倒在地上死去了;牛群冲出栅栏,在农田上肆意地践踏;庄稼成熟之后也没有人来收割,在秸秆上腐烂;生产奶酪的工厂也被迫停工了,谷仓倒塌,工场的轮盘联动装置也不再运作。但是,关于发现黄金的电讯却不停地发布出去,翻越陆地和海洋。于是,不断有人从各个城市和海港抵达这里,水手离开轮船,政府人员也擅离职守,这些人排成长长的、望不到尽头的队伍,从四面八方奔向这里。他们有的步行,有的骑马,还有的坐车,掀起一股前所未有的淘金热。这些淘金者就像饥饿的蝗虫一样,不把法律放在眼里,只相信武力;他们不承认任何法律,只相信手枪的威力。曾几何时,这里曾经是一片繁荣昌盛的殖民地,而如今这里却遍布了一群放荡冷酷的乌合之众。在他们眼中,这里的东西并不属于任何一个人,而且也没有任何一个人敢对这些蛮横的强盗发表异议。这群强盗将苏特尔的奶牛杀掉,抢光了他的谷仓,在苏特尔的土地上建造自己的房子,踩烂苏特尔的耕地,偷盗他的机器,一夕之间,约翰·奥古斯特·苏特尔所有的东西都被抢光,彻底变成了一个穷光蛋,就像困死在自己的黄金中的迈达斯国王①一样。

这股追逐黄金的风暴空前高涨,全世界都得知了这个消息,单从纽约一个地方就驶来了一百艘船只,在包括一八四八年在内的四年时间里,从德国、英国、法国不断涌来不计其数的冒险家。有些人从合恩角②绕过来,可是对于那些性急的人来说,走这条路线太耗费时间了,于是他们从巴拿马地峡经过,虽然路程是缩短了,可是危险性也不言而喻。一家做事麻利的公司马上开始在地峡修建铁路,成千上万的工人为此遭受到寒热病的侵袭死去,而这样做只是为了给那些性急的人缩短三四个星期的路程,让他们早日得到黄金。无以计数的庞大队伍从美洲大陆穿过来,不同民族、不同语言的人从各个地方源源不断地涌过来。在约翰·奥古斯特·苏特尔的地产上,他们就像在自己的地里一样,开始搜索黄金的踪迹。在圣弗兰西斯科的土地上,一座城市以惊人的速度崛起,素昧平生的人互相售卖自己的土地和田产,还有政府出具的公文证明——而这一片土地的所有人是苏特尔。这样,苏特尔自己的王国——新赫尔维齐的名字终于消失在了诱人的字眼儿——黄金国加利福尼亚——面前。

约翰·奥古斯特·苏特尔重新失去了所有东西,他双目无

---

① 希腊神话中富利基阿的国王,据说可以点石成金。
② 合恩角(Kap Hoorn),位于南美洲大陆的最南端。

神地看着这种强取豪夺。刚开始,他还不想就此罢手,还想和伙伴们、仆人们一起争夺这份财富,可是所有人都离他而去了。无奈之下,他只好离开淘金区,回到一座远离世俗的山麓农庄,离这条被诅咒的河流和不圣洁的泥沙远一点。他隐居在自己的农庄。在这里,他和他的妻子以及三个已长大成人的孩子终于相会了,可不幸的是,因为旅途过于劳累,妻子刚抵达不久就去世了。三个儿子如今终于和他在一起了,他们一共有四双手。约翰·奥古斯特·苏特尔和儿子们一起再次开始发展农业。他重新恢复精神,带着三个儿子辛勤劳动着,把这块肥沃的土地充分利用起来。他的内心又开始酝酿一项伟大的计划。

诉　　讼

一八五〇年,美利坚合众国已经把加利福尼亚划到它的版图里面。合众国在此地推行了严格的吏治,这块盛产黄金的土地也开始变得秩序井然。无政府状态被遏制住了,法律也再次得到了权力。

于是,苏特尔忽然要求保护自己的权益。他提出他才是圣弗兰西斯科城所占的土地的主人,而且他的理由很充分。因为盗窃给他造成的财产损失,州政府有义务予以赔偿。对所有来自于他土地上的黄金,他也必须得到合理的一份。一场诉讼案就此拉开了序幕,而在人类历史上,此案所涵盖的范围之广是前所未有的。一万七千二百二十一名在他的种植区安顿下来的农民都被约翰·奥古斯特·苏特尔告上了法庭,要求他们离开私自强取过来的土地,加利福尼亚州政府也被要求给他二千五百万美元,作为赎买他个人出资兴建的那些道路、水渠、桥梁、堰堤、磨坊等等设施,联邦政府也被要求给他二千五百万美元,作为赔偿他被损坏的农田。除此以外,从探寻出来的所有黄金中,他也要求得到他应得的一份。为了打赢这场官司,他的二儿子埃米尔被他送到华盛顿去学习法律,而且他几个新农庄的所有得利都如数用在了这场耗费了无数钱财的官司上。整整四年,他才将所有上诉的法律程序走完。

一八五五年三月十五日,终于到了审判的时候了。加利福尼亚州的最高长官——清廉的法官汤普森做出了裁定,约翰·奥古斯特·苏特尔享有这片土地的权益。

直到这一天,约翰·奥古斯特·苏特尔才算真正实现了自己的心愿。他也因此成为这个世界上最富庶的人。

结　　局

事实证明他的确变成了这个世界上最富庶的人了吗?不——事情的发展完全脱离了正常轨道,后来他成了一个最落魄的乞丐,世界上最不幸的人。命运再一次和他唱起了对台戏,带给他决定性的打击,而这场打击,让他一辈子都爬不起来了。裁决消息一公开,圣弗兰西斯科和整个加利福尼亚就掀起了一场巨大的风暴。成千上万的人成群结队进行暴动。法院大厦冲进来各种各样的人,有所有觉得自己的财产将要不保的人,有街上的无赖,还有一直把抢劫当作乐趣的流氓,他们烧掉了判决书,然后到处去搜索那位法官的踪迹,想要用私刑把他处死。他们组成一支浩浩荡荡的队伍,准备把约翰·奥古斯特·苏特尔的财产洗劫一空。在匪徒们的围攻下,苏特尔的大儿子开枪自杀了。二儿子也被人杀害了,小儿子尽管暂时逃了出来,可是在逃命途中溺水而亡了。新赫尔维齐的土地上火光冲天,苏特尔的农庄全部毁于一旦,葡萄藤一片狼藉,家具器物、金银财宝,还有宝贵的收藏都被劫掠走了,在极端的愤怒之下,所有财物都消失殆尽。苏特尔自己好不容易才保住了性命。

这次打击以后,约翰·奥古斯特·苏特尔再也无法翻身了。他的事业毁于一旦,妻儿也已离他而去,他的神志开始模糊。他的脑子里混沌一片,只萦绕着一个念头,那就是去打官司,去寻求法律的帮助。

二十五年来,华盛顿的法院大厦周围一直都有一个穿着破烂、萎靡不振的老人在游荡。法院里所有人都对这个穿着一件脏外套和一双破皮鞋的"将军"再熟悉不过了。他一直坚持得到他的几十亿美元。而且一些律师、冒险家和狡猾的人为了把他最后一点养老金拿走,还不停鼓动他再去打一场官司。事实上,苏特尔自己对钱并没有欲望。他对金钱厌恶至极,就是因为黄金，他才沦落到了如今一无所有的地步，也是因为黄金，他的三个孩子被杀掉，他的一生也毁在黄金的手上。他只有一个想法，那就是得到自己的权利。他如同一个偏狂症患者，义愤填膺地为了守护自己的权利而斗争。他到参议院、到国会去申诉，对于各种各样给他帮忙的人，他都百分百信任，可是这些人却像找乐子一样给他穿上荒谬的将军制服，牵着他这个木偶一样的可怜人，在不同官署之间奔波，在不同的国会议员之间奔波，一直持续了二十年之久。从一八六〇年到一八八〇年，整整二十年间，他都过着悲惨的、像乞丐一样的生活。他整天在国会大厦周围徘徊，受到所有官吏的讥笑，还受到所有街头少年的取笑。而他拥有地球上那片最富饶的土地，他的土地上已经建成了这个富饶之国的第二大城市，而且时时刻刻都在蓬勃发展。可是人们却一直让这个讨厌的家伙等待着。一八八〇年七月十七日下午，因为心脏病猝发，他终于死在了国会大厦的阶梯上，进而所有事情都结束了——这个死了的乞丐被人们抬走了。这个乞丐死了，可是在他的口袋里，人们却发现了一份申辩书，它上面写着，根据世间的所有法律，他和他的继承人都应该得到一笔世界历史上最丰厚的财产。

可是一直到今天，从来没有人提出过要得到苏特尔的这笔遗产的要求，一个后裔都没有。圣弗兰西斯科依然昂首挺立着，那一大片土地一直都归别人所有，在这里还从来没有涉及过什么权利问题。这个被人遗忘了的约翰·奥古斯特·

苏特尔只得到一点点权利，还是一个叫布莱斯·桑德拉①的作家给他的，这是他一生所得到的仅有的权利：后人会无比惊讶地回忆他。

---

① 布莱斯·桑德拉（Blaise Cendrars, 1887—1961），法国作家，出生在瑞士，也被称为瑞士的法语作家。早年进行诗歌创作，20世纪20年代中期开始创作散文和杂文，最有名的散文作品是《黄金》，有美国西部小说的特色，对移民开始开发加利福尼亚的成绩进行了描绘，其中生动记录过苏特尔。

英雄的刹那

他被他们在夜里从沉睡中拖起,
军刀发出的声音在地牢里回荡,
吆三喝六的命令,隐隐约约,
来回游荡着令人窒息好似幽魂的黑影。
他们推搡着他前进,悠长的走廊,
又黑又长,又长又黑。
紧关牢房的铁门闩尖利的鸣叫声。
小铁门吱呀地闪开;
刹那间,他感到牢外冰冷的空气。
一辆特别的马车——一座能移动的坟墓早就在那儿等待,
他被匆忙地推进坟墓。

九个同志和他一起,
同样沉重的镣铐压在身上,
一个个面无血色,沉默不语;

没人讲话,
因为他们都知道,
这辆车会把他们带到哪里,
他们都知道,
身子下面不停前行的车轮,
将葬送每个人的生命。

吱呀吱呀的马车不再前行,
开启的车门发出尖锐的响声,
他们睁开疲惫蒙眬的眼睛穿过打开的栏杆,
注视着黑暗世界的角落。
四方形的广场周围都是房舍,
肮脏、低矮的房顶笼罩着一层寒霜,
广场上覆盖着积雪,处处都是黑影。
阴沉沉的雾气,
充斥着整个刑场,
金灿灿的教堂四周,
是黎明洒下的似乎流着鲜血而又清冷的红光。

他们静静地站成一排。
一个少尉上前宣读判决书:
因谋逆判为死刑,

死刑!

这句话就像一块大石,

投进平静的冰湖,

轰鸣一声,

好似有东西摔成两半,

后来就是静静的回声,

淹没在沉寂的坟墓上,

是寒冷、安静的黎明。

他感到看到的一切,

就像在梦中一般,

他清楚地知道自己即将离开人世。

一个士兵来到他身旁,无声无息,

把一件在寒风中飘荡的白囚衣披在他的身上。

他用热烈的目光、无声的呼唤与同伴们告别。

神情严峻的牧师递给他十字架,在旁示意,

他吻上耶稣受难像;

三组士兵,三人一组,

分别把他们捆绑在刑柱上,共十人。

有个哥萨克人疾步上前,

打算蒙住他那注视步枪的眼睛。

此时他马上用目光,
急切地瞭望着灰沉沉的天空中绽露的小小一角——
他清楚:这将是看向尘世的最后一眼。
他看见晨曦中的教堂红光四射,
似乎为了得到在天堂的最后晚餐。
圣洁的晚霞,
装扮了教堂表面。
他瞧着教堂,莫名一股幸福感,
好像看到了死后便是神的生活……

此时他的眼睛已经被他们蒙住,眼前一片漆黑。

不过他的心中,
热血不断沸腾。
浮现在热血中,
很多生活场面,
就像变幻无穷的多棱镜在眼前。
他感到,
临死前的这一秒钟,
心中回忆了所有过往。
人生中的一件件,
展现在眼前:

乏味、孤单、枯燥的幼年时光，
父母、姐弟、妻子，
三段友情，两杯欢愉，
一场富贵梦，一堆侮辱，
溜走的青春，
就像画轴沿着血液急速展开。
当他们把他捆到刑柱前的那一秒，
他心里深藏着那个完整的自己。
但是此时，
沉重的往事刚在他的心中回绕。

此刻，
他好像感到有人走向他，
那脚步是无声的、恐怖的，
越来越近的脚步，
只能感到来人把手按在了他的胸口，
心跳越来越弱……越来越弱……以至于不再
跳动——
一分钟之后——心脏也将静止。
哥萨克大兵们，
在他们对面摆成射击队列……
背枪的皮带甩向旁边……子弹上膛……

鼓点声声击碎了空气,
但是这一秒却有千年之长。

忽然,一声喊叫:
住手!
有个军官走了过来,
亮出手里的一张白纸,
清晰嘹亮的声音从他嘴中发出,
打破了等待的寂静:
沙皇圣意,
人本慈悲,
撤回原判,
改为发配。

听着这些话,
有点可疑,他没有明白其中特殊的含义,
不过身上的血液,
又保持住了鲜红色,
又可以继续流动,开始哼唱小曲。
死神,
踌躇地爬出了已经僵住的肢体关节,
遮住的眼睛仍然还是一片漆黑,

不过可以感到正在迎来永恒的光明。

执刑官,
静静地为他松绑,
双手伸向他还在刺痛的太阳穴,
扯下一段白色绷带,
沉默冰冷好似仅仅扯下了一块无关紧要的白桦树皮。
乍见阳光好似尘封多年重见天日,神情恍惚,
只感觉灼灼的日光要刺伤双眼,无法聚焦,
恍惚缥缈中再一次见到,
这个将要诀别的人世间。

此时他又看到,
教堂上金灿灿的屋顶,
在冉冉升起的阳光下,
发出神秘优雅的红色光芒。

火红似玫瑰般的朝霞,
似乎带着虔敬的祷告环绕在教堂的顶部,
闪闪发光的耶稣塑像,
曾钉在十字架上的一只手,
高高地指向布满色彩的云端,

犹如一把圣洁的剑。
好像在充满璀璨的曙光的教堂上方,
那被称为天主的殿堂正在慢慢浮现。

光汇集成的洪流,
将聚集成层的朝霞,
推向有悠扬乐声的天际高处。

雾气团团上升,
似乎带走了,
这沉淀在人世间的所有黑暗,
宛若神的黎明光芒被带入这尘世间。
一团团的雾气就好像是数不清的声音汇合起来从深渊冲向云霄,
那是无数人的共同悲叹。
而这似乎是他人生中第一次听见,
红尘的所有磨难,
那穿过山河大地,直指苍茫天空的哭号,
悲泣着的是自己不可描述的苦痛。

他听见了无法保护自身的弱小者的声音:
妇女们哀叹婚姻不幸的声音、

经常受人欺侮者内心的悲鸣声、
那被人欺凌始终无法反抗者的愠怒声、
孤寂者悲泣自己从未露过笑脸的声音,
他听见的是儿童们的呜咽声、哀号声、
那些柔弱的女人被偷偷诱奸时发出的悲怆的哭叫声。
所有被抛弃、被侮辱、无动于衷的声音、
那些苦难者的声音,
那些葬身于街头巷尾小人物们的声音,
他听见了他们的声音,
用最激昂的腔调,
直上深远的苍穹。
可是他又那么认为,
所有飞向天主的只是埋葬在心中的苦痛,
而落魄的生活,
依旧将剩余的苦难遗留在尘世间。
那些哀号的声音不断地诉说着世间的苦痛,
在它们的不断袭击下,
寥廓的天空变得越来越敞亮;
他知晓,
所有人的声音都会传入天主的耳朵,
天主的殿堂已经传出了慈悲的声音!

天主对于可怜的人不会加以判决,
在他的天庭里只存在着无限的怜悯。
充满战争、瘟疫、死亡、饥饿的人间,
于是竟有些死里逃生的人认为,
遭受苦难是一件幸运的事情,而人生布满幸运则是一种苦难。
散发着光明的天使,
正降临到人间,
他将给受难者带去充满圣洁的爱的光辉,
把他不断颤抖着的心灵深深地照亮。

突然间他跪下了,
就好像跌倒一般。
在这个时候他才深深地感觉到整个大地充斥着苦难。
他颤抖着身体,
口吐白沫,
面颊抽搐,
可沾湿了死囚衣的泪水,
似乎散发着一种,
幸福的味道。
因为他感受到,
在触碰过死神嘴唇的那种苦涩以后,

一种生的甜蜜开始弥漫在他的心间。

他的灵魂开始渴望自己受折磨,

他清晰地意识到,

在这一秒里的自己,

就像千年之前十字架上钉住的耶稣,

感受过死神的吻别后,

却又不由自主地为了受苦去爱生。

他被士兵们从刑柱上拉下来。

苍白的脸色好似他已经死去。

他们野蛮地,

把他推回囚犯们的群体里。

可他却陷入自己的深思,

奇异的目光,

不断抽动着的双唇,

被卡拉马佐夫挂上一抹苦笑。

横跨大洋的首次通话

新 的 节 奏

数千年乃至数万年间,自人这种特别的生物出现在地球上,除了奔腾的马、移动的车轮、划桨橹的船或是风扬的帆船之外,还没有另一种更快速的连续运动的东西出现在地球上。我们狭隘的认知范畴里所知的世界历史的所有技术,都尚未有一种技术可以让运动的节律达到更快的速度。华伦斯坦[1]的军队前进的速度不见得比恺撒统帅的罗马军团快,拿破仑军队前进的步伐也没有比成吉思汗的骑兵迅速。纳尔逊[2]的三桅战舰横渡大

---

[1] 神圣罗马帝国统帅,在以德意志为主战场的长达30年的战争(1618—1648年)中,担任德意志天主教诸侯盟军统帅。
[2] 18世纪英国海军上将,战功赫赫,1805年阵亡。

海的速度仅比维京人①的海盗船和腓尼基人②的商船快一点点。拜伦爵士③在他《恰尔德·哈罗尔德游记》中每天走过的路程比奥维德流放到黑海东岸草原时所走的路程也多不了多少。十八世纪的哥德旅游时的速度和舒适度并不见得要比世纪之初的使徒保罗快得多和舒服得多。两国之间的空间和时间上的差距，在拿破仑时代和罗马帝国时代是相同的，并没有缩小；人的意志仍旧赢不了物质世界的抗拒。

十九世纪，地球上的速度和节律才取得了长足的进步。这个世纪的前十年和前二十年，各民族、各个国家之间的来往的速度已经远超过往的几个世纪。自世界有了火车和轮船，以前需要耗费几天时间的路途现在一天之内就可以走完了。以前需要耗费几个小时的旅途，现在只要几刻钟和几分钟就可以完成了。但是，虽然当时的人们怀着骄傲的心情乘坐火车和轮船，感受着这种新速度，但不管怎样说，这种发明尚在可以领会的范畴之内。因为这些运输工具只是把目前为止所了解的速度加快到五倍、十倍、二十倍。人们也可以看到这类运输工具的外观和内容，这类运输工具创造出来的奇迹也是可以解释的。但是，当首批电气设备被发明出来的时候，人们完全预料不到电

---

① 9至10世纪住在斯堪的纳维亚的挪威人、丹麦人和瑞典人的总称。
② 公元前2000年初，腓尼基人在地中海东岸建立了许多奴隶制城邦，他们以经商、航海闻名。
③ 即英国诗人拜伦。

气设备所产生的效果。电，这位赫克勒斯，当它尚在襁褓中就已经颠覆了目前为止的所有定律，摧毁了所有卓有成效的标准。我们属于后来者，将永远体会不到当时那代人最初所感受到的电报所带来的欣喜。正是由于这微小的近乎感受不到的电火花——它昨日还只可以在莱顿瓶中发出噼噼啪啪的声响，出现手指节骨那般一英寸长的电火花，现在一瞬间获得神奇的力量，电可以跨越陆地、高山和所有的大洲。这让当时的那一代人震惊不已，欣喜若狂。一个尚在脑袋中的想法，一个墨迹未干的字，就可以在一秒之内传到几千里远的地方。无法看到的电流在微小的伏特电棒①两极之间震荡，绕着地球走过一圈。这种物理实验室里的仪器，就像玩具一样，昨日才刚可以通过玻璃片的摩擦吸住碎纸片，现在却获得了惊人的力量和速度，甚至比人的体力还要大几百万倍和几亿倍，它可以传达信息，推动有轨电车、照亮街道和房屋，还可以像精灵一样在夜空中闪过。创世以来，由于电的发现，空间和时间的关系才有了最关键性的转变。

一八三七年可以算得上是具有世界历史意义的一年。这一年，电报首次让相隔千里的人同时获知世界上所发生的事情，遗憾的是，我们的教科书极少提到这一年。我们的教科书看重

---

① 伏特电棒的发明者是意大利电学家伏特（Count Alessandro Volta, 1745—1827），电压计量单位伏特就用其命名之。

的是两国之间的战役和统领们的胜利,而忽略真正属于人类的胜利——因为它们属于人类共同的成功。的确,就广泛的心理影响来说,近代史上电报的发明所带来的划时代的变化是没有任何一个日期可以与之相比的。自从巴黎的人可以在一分钟内同时获悉在阿姆斯特丹、莫斯科、那不勒斯、里斯本发生的事情,世界的面貌就发生了巨大的改变。只是还差一小步,才可以把世界上其他大洲也纳入到这种巨大的关联中,从而创造出一种全人类共有的认识。

固然,对于人类这种最终的联合,自然界还是抗拒的;这种联合还面临着这样的阻碍:二十年来,那些中间相隔大海的国家仍旧没有电讯的联系。因为电线杆上的电报电线是通过绝缘的瓷瓶让电流自由自在地往返输送,但是海水却会让电流失散。在发明一种可以让铜丝和铁丝在水中完全绝缘的材料之前,是不可能在水中铺设跨过大海的电缆的。

多亏了时代的前进,一种效果显著的材料被发明出来了。在陆地上使用电报几年后,人们就发现了古塔胶①,这种材料可以让电线在水中得到绝缘。于是人们便开始想把欧洲大陆对岸最主要的国家——英国和欧洲大陆的电报网连接到一起。一位叫布雷特的工程师架设了首条海底电缆——但是因为一个蠢

---

① 古塔胶(Guttapercha),又叫马来亚树胶,像橡胶可又没有伸缩性,热处理过后可制成不同电线的绝缘体。

蛋干了一件傻事,这件马上就要告捷的事被迫终止了:一位布伦①的渔民把架设好的电缆当成了一条特大的海鳗,并把它拖出海面。后来,在同一地点,布莱里奥驾驶一架飞机第一次穿越海峡。不过,一八五一年十一月十三日,第二次架设英吉利海峡的海底电缆的实验成功:英国和欧洲紧紧相连了,从而欧洲成为名副其实的欧洲,它和人一样,用大脑、心脏一起经历着时代发生的所有巨变。

毋庸置疑,短短的几年内,人类就可以取得这样巨大的成果,这一定会唤醒那代人无穷的胆识——因为十年的时间在人类历史上不过如白驹过隙。人类进行的所有实验都取得了胜利,并像做梦一样迅速。不过几年时间,英格兰和相邻的爱尔兰就可以通过电报联系,丹麦以及瑞典还有科西嘉岛和欧洲大陆也都可以通过电报联系,同时,人类已经在寻求把埃及与印度和欧洲用电报网联系起来的方法。但世界上另一个洲,而且刚好是最主要的一个洲——美洲看起来仍旧被排斥在世界的电网之外。因为不管是大西洋还是太平洋都是这般广阔,想在海面上架设中间站是根本无法实现的事情,而一根电缆也根本无法同时横跨这两个大洋。在电的幼儿时期,还有许多未知的因素。海洋的深度还不能被探测出来。人类对海洋的地质结构也仅有个大体的认识。人类也不曾做过实验,不知道电缆能否承受住

---

① 布伦(Boulogne),法国北部城市,是靠近英吉利海峡的捕鱼中心。

深海的巨大压力。即使可以在深海里顺利地架设一条无穷无尽的电缆，但是从何处弄来一艘这样庞大的轮船，可以装载一条两千海里长的由铁和铜制成的电缆呢？又从何处弄到一辆具有强大功率的发电机，可以让电流持续地输送到这样遥远的距离呢？要知道这样的距离，乘坐轮船横渡也要花上两三个星期呢。所有的条件都无法实现。而且人类也不清楚大洋深处的磁场是否会导致电流失散呢；那时也没有完全可以信赖的绝缘材料，没有精确的测量仪器——人类只清楚自己刚从百年的昏睡中醒来，刚刚了解扩展自己眼界的有关电的最初定律。所以当有人提出这项在大洋底架设电缆的建议的时候，学者们纷纷表示反对，摆摆手说："这是无法实现的！不可能实现的事情！"连莫尔斯——截至目前，电报得以广泛应用都多亏了他的伟大发明——也认为这是一项玄而又玄的冒险。但他预测，如果可以成功架设横越大西洋的电缆，这将是本世纪最卓越的壮举。

所以说，一项奇迹或一项不凡事业取得成功的前提，必须要对这项奇迹本身怀有坚定的信念。当学者们举棋不定的时候，一个并不是学者的人靠着自己纯朴的勇气推动了这项计划。和大部分事件相同，这次也是机缘巧合之下，才让这项伟大的壮举得以顺利开展。一八五四年，为了提前几天获知船只的航行信息，一位名字叫吉斯博恩纳[①]的英国工程师要架设一条海底

[①] 吉斯博恩纳（Gisborne），英国工程师，生平不详。

电缆,从纽约到美洲最东边的纽芬兰①,但因为钱财不足,他只能停止了手中的工程,前往纽约寻求金融家们的帮助。由于巧合的机会——世界上很多荣耀的成就都是由于巧遇而产生——他在纽约遇到了一位名字叫赛勒斯·韦斯特·菲尔德的年轻人,他是传教士的儿子,虽然正处于豆蔻年华,但已经通过经营企业活动获得万贯家财,成了一位富裕的、长年隐居在家的富翁。当然,对正值壮年的他而言,长时间百无聊赖的生活未免太单调了一点。吉斯博恩纳想得到这位空闲的菲尔德的援助,以便可以成功架设一条从纽约到纽芬兰的海底电缆。但赛勒斯·韦斯特·菲尔德并不是一位技师也不是专家——可能人们会这样说:多亏他什么都不是。他对电缆一无所知,也不曾见过真正的电缆。但是,这位传教士的儿子——一位敢于冒险的美国人的心中充满着坚定的信念。当吉斯博恩纳这位专业的工程师还把目光放在直接的目标——连接纽约和纽芬兰的时候,这位叫菲尔德的年轻人却把眼光投向更远处。为何不可以把纽约和纽芬兰连接起来后,马上通过海底电缆把爱尔兰也连接起来呢?于是,赛勒斯·韦斯特·菲尔德马上抱着战胜一切困难的决心开始启动这项工程。从那时开始,为了完成这项事业,他宁可贡献出自己毕生的精力和财富——那几年里,他横跨大西洋在两大洲之间奔走了三十一次。决定性的火苗就这样

---

① 纽芬兰,指现在加拿大东部的纽芬兰省。

被燃起,他的这个想法在现实中获得爆炸性的支持。创造新的电的力量和生活中最强盛的动力——人的意志相结合。一个人找到了自己人生的重大使命,而使命也寻到了它想要的人。

准　备

赛勒斯·韦斯特·菲尔德全心全意投入到这项事业中。他和所有的专家取得了联系,请求相关的政府部门允许他进行开发;为了筹备所需的资金,他在欧美两洲开展了融资活动。这位默默无闻的人发出的冲击力是这样的强大,他内心的信念是这样的坚定,他对电会缔造奇迹是这般的坚信不疑,不到几天,三十五万英镑的启动资金就在英国筹集到了。事实上,只要把利物浦、曼彻斯特和伦敦富裕的商人集合到一起,便可成功建立这家电报建设和维修公司。但在认购股份的名单上赫然出现了萨克雷和拜伦夫人①的名字——当然,他们并非为了生意上的获利,仅是出于热心,为建设电力事业而奉献一己之力的热忱。在斯蒂芬森、布鲁内尔的那个时代,英国始终对所有机器和技术抱有乐观的心态。为了这项冒险的计划得以顺利进行,

---

① 拜伦夫人,指英国著名诗人拜伦的妻子安妮·伊莎贝拉·米尔班克(Anne Isabella Milbanke,1792—1860),她本人是数学家,1815年1月和拜伦结婚,1816年1月突然回到娘家,要求分居,拜伦一气之下到意大利定居。1856年,米尔班克成为温特沃思男爵夫人,当时拜伦已辞世32年。

只要一声呼唤，就有人贷款援助，并把它当成自己的终身养老金——用这样的做法来证明英国人当时的那种乐观主义精神是再贴切不过了。

话说回来，初始阶段，只有这笔架设电缆的预算是最有把握的。至于该如何解决架设过程中遭遇的难题，没有任何经验可以借鉴。十九世纪，还没有任何一项工程的规模可以和这次的相比，也不曾有人去设想和实施过。在多佛和加来之间铺设的那条水下电线怎能和这条横跨大西洋的电缆相比呢？只要从一艘普通的轮船卷下三十或四十英尺长的电线便可以在多佛海峡铺设电线。而想把沉重的电缆沉入大西洋，简直和从绞盘上卸下铁链无异。想在海峡铺设电线，人类只要等到微风细送的日子便可，而对于海峡的深度，人类也早了然于心。海峡的两岸也都在视线范围之内，可以避免意外情况发生。只要一天的时间，便可以在那里顺利完成电线的铺设。如果想横跨大西洋铺设电缆，至少要连续航行三个星期，在这期间，比在英吉利海峡之下的电线长一百倍和重一百倍的电缆卷筒就不可以一直存放于露天的甲板上，还要暂时忽略海上那多变恶劣的天气。此外，在那时，也没有这样一艘庞大的船可以装载这么多由铁、铜、古塔胶制成的电缆。因为一艘船远无法装载这么多这么沉重的电缆，所以至少要准备两艘船，而且还要其他小船伴随，以防偏离航线或发生突发情况。虽然英国政府供应了其最大的战舰之一——在塞瓦斯托波尔战役中①当过旗舰的"阿伽门农"②号；美国政府供应了一艘五千吨级的"尼亚加拉"号——在当时，这已是最大的吨位了——但为了容纳那条要横渡大西洋的无尽头的电缆的各一半，这两艘船必须要经过特殊的改造。毋庸置疑，最大的难题还是在于电缆。要制造这样一条横跨两大洲的电缆，在技术层面上是相当困难的。一方面，这条电缆必须和钢索一样结实，不易摧毁；另一方面，为了便于铺设，这条电缆又必须非常柔软。电缆必须经受得住任何重压，但卷起来又必须和丝线一般柔滑。电缆芯一定要结实，但不可以僵硬；为了让微弱的电流可以抵达两千多海里的距离之外，内芯一定要既牢固又精密。在这条巨大的电缆上，即使有一点裂缝，一点不平整，都会妨碍电流在这十四天航程的线路上的输送。

但仍旧有人大胆地去做！此刻，几家工厂正在不分昼夜地制造着这样的电缆。菲尔德神奇的意志力推动着所有轮子都朝

---

① 19世纪中叶，俄国妄想掌控黑海海峡，以便在政治上掌控土耳其，侵占巴尔干和近东地区，所以和英法等国发生矛盾。1853至1856年，俄国和英、法、土耳其、撒丁联军之间爆发战争，因为其主战场在克里米亚，所以叫作克里米亚战争。1855年9月8日，俄国黑海舰队基地塞瓦斯托波尔要塞被英、法等国联军侵占。在这次战争中，俄国战败，1856年3月签署《巴黎和约》，克里米亚战争宣告结束。

② 阿伽门农（Agamemnon），希腊神话中迈锡尼（南希腊岛国）国王，特洛伊战争中，他是希腊联军的领袖。荷马史诗、古希腊诗人品达、悲剧作家埃斯库罗斯都曾塑造过阿伽门农的艺术形象。

前滚去。铁和铜的矿冶厂都服务于这条电缆。所有橡胶树林都必须流淌着乳胶汁,为了替这条长长的电缆制造古塔胶保护层。要说明这项工程的伟大,最贴切的说法莫过于:绕在电缆上的三十六万七千英里长的单股铜铁线可以绕着地球转十三圈,如果把它们连成直线,可以把地球和月球连接到一起。自从人们可以从《圣经》上获知通天塔的存在,人类怎敢去想比通天塔还要雄壮的工程存在?

第一次起航

一年过去了,制作电线的机器运转了一整年,从工厂运过来的数不尽的细线不停地绕进两艘大船的内舱里,缠绕了上万圈之后,终于在两艘大船内载满了所有电缆各一半的线盘。架设电缆的笨重的新机器也已经设计出来并安装完毕。这些机器都配有刹车和倒转装置,可以连续工作三个星期,持续地把电缆放进大西洋深处。最出色的电气专家和技术专家,也包括莫尔斯都集合到船上,以便随时监测电流是否在放置的过程中出现中断的情况。为了用语言和画笔描述这一次自哥伦布和麦哲伦以来最振奋人心的远航,新闻记者和画家也集合到船上。起航的所有准备工作都已经做好。虽然对此抱有怀疑态度的人占绝大多数,但全英国的民众都在热烈地议论着这项壮举。一八五七年八月五日,为了亲眼见证这历史性的时刻,为了亲眼看见电缆是如何用小船驳到海岸上和固定在欧洲坚实的土地上的，数百条舢板和小船在爱尔兰瓦伦西亚的海港把将要出发去架设电缆的船队团团围住。一次隆重的告别仪式自然形成。政府派来代表，并表示祝贺。一位神父发表了动人的演说，他祈求上帝保佑这一次的冒险之旅，他是这样说的："啊，永久的天父，是你让天气晴朗，是你支配着浪潮，风浪全听你的调遣，请你怜悯你凡间的仆人们……请你帮忙排除万难，让这项工程得以顺利开展。"接着，岸边和海面有数不清的手和帽子朝着船队挥动致意。陆地渐行渐远。人类最伟大的梦想之一正试图踏出成功的第一步。

失　　败

原本预计"阿伽门农"号和"尼亚加拉"号这两艘巨轮——它们各自运载一半的电缆——共同前往大西洋的某个地方，先把两半的电缆在那里对接上，接着两艘大船朝相反的方向驶去，其中一艘船继续西行前往纽芬兰，另一艘朝东行前往爱尔兰。因为他们无法肯定电缆在海底能否正常运作，所以第一次实验就用完所有贵重的电缆显得太冒失，于是当事人决定改变原定的计划，先从大陆出发架设第一条电缆。

"尼亚加拉"号负责起这个任务，从欧洲大陆出发铺设电缆至大西洋中部。这艘美国的战舰慢慢地小心翼翼地朝着目的地驶去，同时还从它的船舱内不停地抛下电缆，就像吐丝的蜘蛛一样。一架铺设的机器在甲板上发出有节奏的声响——就像海员熟悉的锚链从绞盘上沉下水底的声音一样。几个小时后，船上的人已经熟悉这种机器的运作声，就像它们和自己心脏跳动的声音那般平常。

船航行的距离越来越长，船体内部不停吐出电缆沉下海底。这次的冒险之旅显得那样普通，一点都不惊险。一群电力专家坐在一间特别的船舱里，他们凝神静听，不断地和爱尔兰的陆地交换着信号。神奇的是：海岸线已经在看不见的远方，但从海底电缆传过来的信号仍旧很清楚，就像信号是从欧洲一座城市输送到另一座城市一样。船驶离浅水区，也远离了爱尔兰部分的海底高地，而船内的电缆始终在不断地沉入海底，同时接收和输送着讯号。

电缆已经铺完了三百三十五海里，比多佛到加来的水下电线还要长十倍多；信心不足的前五天五夜终于过去了。八月十一日晚——第六个晚上，塞勒斯·韦斯特·菲尔德已经躺下来休息；他已连续多个小时进行亢奋的高强度工作，是时候休息一下了。这时，铺设电缆的电器忽然戛然而止——有什么问题？当列车猛然停下，列车上熟睡的人便全部清醒了；当磨坊忽然停止运行，磨坊主人也会猛然惊醒，就像这些情况一样，船上的人全都惊醒过来，他们连忙跑到甲板上。他们看得一清二楚：放电缆机的出口处已经没有任何电缆。电缆忽然偏离轨道滑进深海里，想要知道电缆扯断的地点显然不大可能，想要把沉重的电缆从海底捞上来更加行不通。不幸的事情就这样发生了。因为一个小小的技术差错，好几年的工作毁于一旦。

这些出发时意气风发的人却要带着失败回到英国。英国也早已传遍信号忽然终止的坏消息。

再次失败

菲尔德是唯一一个不放弃的人。他是英雄也是一名商人，他正在飞快地打着算盘。亏损了什么？——长达三百多海里的电缆，大约十万英镑的成本；而让他更加沮丧的是，这一整年的时间是无法弥补的。因为只有夏天才会有适合出航的天气，而今年的夏天所剩无几；但是他把这次航行的收获记在了另一张纸上。通过这次实验，他们获取了许多宝贵的经验。实验证明，电缆是可以使用的，下一次航行也可以用到此次的电缆。但是放缆机一定要进行改造，这次发生的事故的原因就在于放缆机。

等候和筹备的一年过去了。一八五八年六月十日，依然是这两艘船装载着旧的电缆重新出发。因为首次实验证明电缆可以在海底输送信号，所以这一次还是沿用旧的方案：在大西洋中间朝着两岸架设电缆，刚开始的几天平平淡淡地过去了。因为第七天他们才在预定的地点铺设电线——真正的工作才刚开始,而在这之前,所有人都像乘着船旅游一样——或者说看起来是这样的。放缆机不需要运行,水手们也可以喘息一段时间,观赏这美丽的风景,大海风平浪静,晴光潋滟。但这大海似乎也过于平静了。

第三天,"阿伽门农"号的船长略感担心。气压计的水银柱正在急速下降。这意味着一场狂风暴雨即将来临,实际上,第四天暴风雨就来临了。这样的狂风暴雨,连大西洋上最精干的水手都难得一遇。而这样难得一见的飓风骤雨却被这艘铺设电缆的英国船只——"阿伽门农"号碰上了,真是不幸至极。原本这艘船是装备精良的英国海军旗舰,曾接受过来自海洋和战争的最严酷的考验,这次恶劣的天气,它本可以应付自如。但为了铺设电缆,承载住沉重的电缆重量,这艘船经过了彻底的改造,而它和普通的货轮也有一定的差别。货船通常都把货物均匀地放置于各个船舱,但这时的"阿伽门农"号,所有的电缆都集中在船中央,船头只吃小部分重量,这导致了更为严重的后果:船每晃动一次,摆动就会加剧一倍。惊涛骇浪拿这件可怜的牺牲品做着最凶险的游戏:船一会儿向右倾,一会儿向左倾,一会儿向前抬,一会儿朝后仰,倾斜的角度几乎和水面呈45度角。狂涛骇浪扑到甲板上,撕碎了所有的东西。有一次,船身经过巨浪的猛烈冲击,船从龙骨到桅杆都发生了剧烈的摆动,甲板上的挡煤板也吹倒了。所有的煤块都哗啦啦地往下掉,就像黑色的冰雹一样,如石头一般坚硬的煤块砸落到那些原本就已经疲惫不堪、流着鲜血的水手们身上。有几个水手因此受了伤，还有几个被厨房里的锅炉烫伤。有一名水手经历了这样的灾难后变得癫狂。有人已经想着最后一个方法：把部分招致不幸的电缆扔到深海里。还好船长不答应，他害怕因此而负责，并且他的做法也是正确的。十天过去了，"阿伽门农"号备受狂风的摧残，终于熬了过来，尽管比预定的时间晚了许多，但还是顺利抵达原定的海面，和其他船只碰头，并在那里着手铺设电缆。

但这时人们才惊觉，经过剧烈的晃动，那些放置于船内的珍贵的电缆已经遭到严重的破坏。有些电缆胡乱地缠绕在一起，有些地方的古塔胶保护层已经被磨破。虽然这样，船上的人还是带着希冀尝试了几次，想把这些电缆铺设进深海里，但只是白白损失了约两百海里的电缆，这些电缆像废物似的，就这样湮没在深海里。换言之，第二次实验仍旧以失败告终，"阿伽门农"号再次垂头丧气地回来了。

第三次出发

伦敦的股东们已经获知了这个悲哀的信息，他们脸色煞白，焦急地等待着自己的经理和引诱者——赛勒斯·韦斯特·菲尔德。两次的航行已经耗费掉了一半的股本，但是毫无进展，一点成果也没有；不言而喻，很多人这时都会说：罢了！董事长建议尽量挽回损失。他同意把余下的电缆从船上卸下来,即使亏本也要把这些电缆卖掉,换言之,他要结束这次铺设横跨大洋海底电缆的荒谬计划。副董事长也表示默认,并递交了书面辞职信,表示自己不愿再参与到该企业的事务中。但赛勒斯·韦斯特·菲尔德并没有放弃心中的信念。他告诉董事会的股东们,这次的亏损并不大,而且事实证明电缆在海底是可以成功输送电流的。船上剩下的电缆还可以进行一次全新的实验,并且已经组好船队,船员也雇好,只是前一次航行不幸地遇上了恶劣的天气,现在期盼的是下次实验的时候遇上晴朗的天气,大家缺乏的只是勇气。现在摆在大家面前的是,再一次的实验,又或是永久的失败。

股东们瞪大眼睛,你看着我,我看着你,不知如何是好:难不成他们还要在这位蠢蛋身上耗费巨额的投资?但是,强大的意志力总在无形中鞭挞着举棋不定的人勇敢朝前跑,所以在赛勒斯·韦斯特·菲尔德的坚持下,这项事业终于再次扬帆起航。一八五八年七月十七日,倒霉的第二次航行后的第五个星期,船队第三次驶离英国的海港。

宏大的事情总是在不经意间取得成功——事实证明这种陈腔滥调是可信的。他们的这次航行在悄然进行,没有任何人关注;没有祝贺的舢板、小汽艇围着船队;海滩上也没有围观的人群;也没有郑重其事的欢送会;没有人发来贺词;也没有祈祷的神父。他们安静地、畏怯地出发了,像要去做海盗一样。

但是大海却对他们表示了欢迎，静静地等待着他们的到来。七月二十八日，离开昆斯敦十一天后，恰好是预定的那一天，"阿伽门农"号和"尼亚加拉"号在大西洋中间的预定地点启动了这项宏大的工程。

一个壮观的场景——两艘船的船尾互对着。此刻，两艘船正把电缆的两边连接起来。没有任何的典礼，甚至连船上的人也习以为常——因为经过几次失败的实验，他们已经尤其厌烦，那一根厚重粗大的电线从两船中间慢慢地沉进深海，一直沉进没有被探测过的大西洋的海底。接着，两船的人互相挥了挥手，并打出旗语道别，英国船朝着欧洲方向驶去，美国船朝着美洲方向驶去。当两艘船在大西洋上的距离越变越远，直到变成两个移动的黑点的时候，电缆却始终把它们紧密连接在一起。前所未有，两艘船可以跨越空间、跨越风浪，通过一股无形的电流连接在一起。每隔几个小时，其中一艘船就会通过电流讯号对另一艘船报告自己所铺设的电缆长度，而每次都会得到这样的回应：天气很好，他们铺设的长度也一样。第一天如是，第二天、第三天、第四天仍旧一样。八月五日，"尼亚加拉"号发来报告说，该船已经铺设了至少一千零三十海里的电缆，并且已经抵达纽芬兰的特里尼蒂海湾①，而且美洲的海岸也清晰可见。同时"阿伽门农"号也传来了令人欣喜的信息：该船也

---

① 特里尼蒂海湾（Trinity Bay），在现在加拿大纽芬兰东南部，长101公里。

顺利地完成一千多海里电缆的铺设，爱尔兰的海岸就在眼前。此刻，人类已经首次可以把声音在两个大陆间互传——从美洲传到欧洲。但是，这个壮举已经顺利完成的消息，这时只有这两艘船——还有几百位在船舱里工作的人知道，世人对此一无所知——他们早已把这次历险抛诸脑后。不管在纽芬兰还是爱尔兰，都没有任何人在等候他们。但当新的海底电缆和陆地上的电缆相连的刹那，世人一定会知道他们已经完成了该次壮举。

欢呼雀跃

胜利的喜悦就像晴天霹雳的闪电，点燃起猛烈的火焰。八月初，旧大陆和新大陆差不多是在同一时间获取了这个胜利的消息；它产生的震动根本无法用语言来描述。在英国，连措辞十分慎重的《泰晤士报》也发表评论说："自哥伦布发现新大陆以来，这是首次人类通过这样的壮举来扩展了自己的活动范围。"整座伦敦城都沉浸在欢乐的海洋中。但和狂热的美国相比，英国的这种自豪未免太过于含蓄内敛。消息刚传到美国，举国上下便一片欢腾。商店也暂停营业，所有人都挤到大街小巷，热烈地打听、询问、议论。塞勒斯·韦斯特·菲尔德这位默默无闻的人瞬间成了街知巷闻的英雄，人们把他和富兰克林①与哥伦布等量齐观。纽约全城都欣喜若狂，随后上百座城市都跟着振奋、庆祝。人们热切盼望看到这位英雄，是他"通过自己果断的抉择力让古老的欧洲和崭新的美洲缔结良缘"。但是这时的热情尚未抵达最高峰，人们获知的仅是一个简单的信息：电缆已经完成铺设。真的可以通过这根电缆来通话吗？于是让人振奋的场景出现了：全城，甚至举国上下的人都在等候那句从大洋彼岸传过来的第一句话，只需一句话。他们清楚，英国女王将首先发来贺电，他们殷切盼望着这份贺电，渐渐变得焦虑不安。但日子就这样点滴逝去，因为纽约通往纽芬兰的电缆恰好在这时出现了问题，一八五八年八月十六日晚上，维多利亚女王②的贺电才抵达纽约。

这条期盼已久的信息来得太晚了，报纸都无法完成正规的报道：消息只好直接发往各电报局和编辑部。一瞬间，人声鼎沸。报童们从汹涌的人群中挤过，撕烂了衣服，磨破了皮肤。餐厅、剧场都在宣读女王的贺电。还有数以万计的人不明白为何贺电会比那艘速度最快的船还要更早抵达，他们纷纷跑到布鲁克林港口，去欢迎那艘在和平年代赢取胜利的"尼亚加拉"号。第二日，八月十七日，报纸用加粗的标题庆贺这次的成功："电缆输送成功""人人额手称庆""全城震动""大快人心的

---

① 富兰克林（Benjamin Franklin，1706—1790），美国政治家、科学家、作家。
② 维多利亚（Alexandrina Victoria，1819—1901），英国女王，1837年在其叔叔威廉四世以后上台执政，在位60多年。

时刻"。这是前所未有的成功,自人类存在各种思想以来,还尚未出现过这种状况:一个念头可以同时快速飞越大洋。美国总统①也向英国女王发了回电,为了庆贺这项喜事,全城鸣了一百响礼炮。此刻没有任何人质疑这件事了;晚上,纽约和其他所有的城市都灯火通明。这样的时刻,即便是市政大厅的屋顶失火了,也无法熄灭他们内心欢乐的火苗,因为第二天又将有新的庆典。"尼亚加拉"号抵达纽约,赛勒斯·韦斯特·菲尔德——这位伟大的英雄现身了!在欢乐的呼声中,船员们把余下的电缆拖着走过纽约城。全体船员都得到热情的招待。此刻,从太平洋到墨西哥湾的每一座城市,夜夜笙歌,庆贺着这件伟大的壮举,就好像再次庆贺美洲被发现一样。

但这远远不足以表达人们内心的激动之情。这支特别的庆贺队伍应该更加雄伟,要让它成为新大陆前所未有的隆重的庆贺队伍。两个星期过去了,终于做好了准备,八月三十一日,全城举行了隆重的庆典活动,这次只为一个人——赛勒斯·韦斯特·菲尔德。自从帝王和统帅存在以来,人们还是首次以这样热烈的方式对胜利者表示祝贺。那天,秋高气爽,一支庞大的队伍从城市的一端走到另一端,足足花了六个小时。最前列的是军队,他们高举着飘扬的彩旗,接着是军乐团、男声合唱

---

① 当时的美国总统是詹姆斯·布坎南(James Buchanan,1791—1868),民主党人,1857 至 1861 年任美国第 15 届总统。

团、歌咏队、消防队、学校师生、退伍军人——一支前不见头后不见尾的队伍。只要是可以参加游行的都参与进去了，只要是可以唱歌的都在高唱，只要是可以喝彩的都在喝彩。赛勒斯·韦斯特·菲尔德像一位统领一样，坐在第一辆马车上，"尼亚加拉"号的指挥官坐在第二辆马车上，美国总统坐在第三辆马车上；接着是市长们、官员们、教授们。接着是持续的演讲、酒会、火炬游行。教堂的大钟敲响，礼炮在轰鸣。一浪接着一浪的喝彩声把这位新的哥伦布、两大洲的连接者、空间的胜利者——赛勒斯·韦斯特·菲尔德弄得如醉如痴，此时此刻，他是美国至高无上、备受推崇的人物。

不堪重负的十字架

那天，同时有几百万人在欢呼庆贺。但就在这样热闹的时刻，有一个最让人关注的声音却不合时宜地沉默了，那就是海底传输过来的电报。说不定赛勒斯·韦斯特·菲尔德在这片热闹的欢呼声中早已获知这个恐怖的事实：大西洋的电缆刚好在这天停止了运作；而前几天输送过来的讯号现在也含糊不清，几乎无法听清，就像一个将死的人在做最后的喘息，现在电报终于彻底停止了工作。他是唯一一位获知这个消息的人，想必他的心中惊恐不已。但是，除了那几位在纽芬兰监视接收信号的人之外，全美国还没有其他人获知或预料到电缆会逐渐失效，即使是那几位知情人，面对着这日日夜夜的癫狂庆贺，也会迟疑是否应该把这个令人痛苦的消息公之于众。很快，人们终于发现从电缆传来的信息越来越少。原本美国期望每隔一个小时便会从大西洋另一端输送信息过来，但事实并非如此，时不时传过来的不过是一些隐隐约约、没法辨别的信息。很快，谣言四起，说有人急功近利，为了获取更清楚的讯号，使用了超量的电荷，把这条电缆彻底毁坏了。但人们还是更期望可以快速地解决这个难题，尽快地排除故障。但不久后必须承认：信号越来越杂乱，越来越难以理解。就在庆典过后的第二天，九月一日，再也没有清晰的声音从大洋彼岸传过来。

如果说人们只是从诚挚的热情中苏醒过来了，对他们殷切期望的这个人仅是从背后回报以冷眼，那也好办得多。但他们并没有这么大度。受过热捧的电报已经失灵的谣传尚未经过证实，热烈的浪潮就像反扑一样，全部都咄咄逼人地朝那位无辜的人——赛勒斯·韦斯特·菲尔德扑去，说他欺瞒了整座城市、整个国家、整个世界；纽约城里的人说，他早就获知电报失效的信息，隐瞒着大众不过是想众人围着他欢呼，并利用这段时间高价抛售手中的股票。甚至还有更加狠毒的言论传开了，其中最引人关注的是这样一种说法：大西洋另一端从来都没有传来任何电报，所有的电讯都是伪造的，这就是个圈套，那份英国女王传过来的电报也是事先准备好的，根本并非来自于那条大西洋海底的电缆。此外，还有这样的谣传：这段时间内，从大洋彼岸传过来的讯号都是含糊不清的，电报局长把模模糊糊的讯号拼凑而成了虚假电报。一场巨大的纷争被掀起了。那些昨日喝彩声最响亮的人，个个都变得义愤填膺、怒气冲天。全城的纽约人、全美国的人都感到愧疚不已，为自己昨日过于热情激动而羞愧。毋庸置疑，赛勒斯·韦斯特·菲尔德被推到舆论的风口浪尖，成了民众愤怒的牺牲品。这位昨日还被当成英雄、富兰克林的弟兄和哥伦布的后代的人，此刻却像一位罪人一样，不得不远离自己曾经的好友和崇拜者。真是成也萧何，败也萧何。只是没有想到失败来得这样惨烈，财富损失，声名狼藉；而这根本毫无用处的电缆就这样深埋于大洋深处，就像传说中的那条环绕地球的巨蟒一样。

六年无声无息

就这样，这条被人忘却的电缆在大洋底下静静待了六年。六年以来，两大洲的关系再次回到过去，死气沉沉，而在世界历史上两大洲曾经紧紧相连，虽然只是短短的一个小时。美洲和欧洲曾经同时交流过几百句话，此刻这两大洲再次重回几千年来那样的状态，因无法克服的遥远距离而相隔开了。十九世纪最为壮举的事业昨日差点就成为现实，但此刻重新变成了传说和幻想。显而易见，任何人也不想再次重启这件胜利了一半的事业；所有的勇气和热情都在这恐怖的失败之下消失殆尽。在美国，人们密切关注南北战争的相关信息；在英国，各种委员时不时还会参加会议，但仅是为了确认铺设海底电缆能否行得通，仅是这一个问题，就需要两年的讨论时间。并且从学术上的肯定到着手启动还有相当漫长的一段道路，任何人也不想踏上这样的道路。所以，六年以来，所有的工作都处于停滞状态，就像那条被人忘却的海底电缆一样，无人关注。

但是，在悠久的历史长河里，六年的时间不过如白驹过隙，但在电这门新兴的学科里，六年就像一千年一般，每年每月都会出现全新的认识，发电机的功率越变越大，发明也越来越小巧，电的应用越来越普及，电的设备也越来越精细。各大洲的内陆都布满了电报网，并且跨越地中海把非洲和欧洲连接起来；但是架设跨越大西洋的电缆的工程却渐渐被人忘却。人们也越来越漠视那位热衷于该项工程的人——菲尔德。但是，总有一天，这项工程会再次重启，只是缺少一个给这项旧工程注入新力量的人而已。

忽然，这样的人现身了，瞧，他还是他，依然是那位意志坚定、信心十足的赛勒斯·韦斯特·菲尔德。忽视他人无情的漠视和落井下石的嘲笑，他再次站了起来，他再次出现在伦敦，他要第三十次横跨大西洋；他花费了六十万英镑取得了旧的经营权。而现在有一艘巨轮可供他使用，那就是他朝思暮想的有名的"伟大的东方人"号。这艘船是一位叫伊桑巴德·布鲁内尔①的人建造出来的，一共有四个烟囱，吃水二万二千吨，可以承载所有海底电缆的重量。十分凑巧：一八六五年，这艘船恰好闲置，因为这艘船本身就是以惊人的胆量建造的成果，它的负载量远超于当时的所需，所以菲尔德只花了两天时间就买到了这艘船，并为航行做了充分的准备。

瞬间，这件无比艰难的事情变得轻松多了。一八六五年七月二十三日，这艘承载着新电线的大型海轮驶离泰晤士河，虽然第一次实验还是以失败告终——在抵达目的地前两天，电线断裂了，工程不得不再次终止，这样，六十万英镑再次填进那贪婪的大西洋里。但要完成这样的工程，那时的技术是完全可以支撑的，所以并没有让人沮丧放弃。一八六六年七月十三日，"伟大的东方人"号再次启程，终于获得了成功。这次，通过电缆从美洲输送到欧洲的声音十分清楚。几天后，那条沉寂的旧电缆又被找到了。此刻，欧洲这个古老的世界和美洲这个新世界终于通过这两条电缆的相连，成为一个共同的世界。昨日看来无法实现的事情，今日已经成为触手可及的事实。这时开始，地球就像用同一个心脏在跳动；生活在地球上这一边的人

---

① 伊桑巴德·金德姆·布鲁内尔（Isambard Kingdom Brunel, 1806—1859），世界知名铁路、桥梁、船舶工程师，1858年，由他建成了当时世界上首屈一指的海轮"伟大的东方人"（Great Eastern）号，著名工程师马克·伊桑巴德·布鲁内尔是他的父亲。

类，可以同时感知到地球的另一边。通过自己创造性的力量，人类过上了神仙一般的生活。因为空间和时间都被人类征服了，希望人类可以永远齐心合力，而并非被灾难性的痴想而蛊惑：想亲手毁灭这种难得的统一；想用征服自然的相同手段来摧毁人类自己。

往苍天逃去

前　言

《光在黑暗中发亮》是列夫·托尔斯泰于一八九〇年开始创作的首部自传体剧本，后来作为一部遗作的部分内容持续被刊载出来。这部还有待完成的作品（在第一场已经做了说明）非常含蓄地对自己的痛苦进行了描绘，并详细说明了自己为什么会离开家，同时也恳求妻子能宽恕自己。也就是说，这是一部心灵受到严重创伤以后寻找精神慰藉的作品。

毫无疑问，在剧本中，托尔斯泰所打造的尼古拉·米哈伊洛维奇·萨林采夫这个人物形象就是真实再现了自己的独立人格，当然我们也可以这样理解，这是一个在所有角色中最接近真实的人物形象。不管是在现实生活中，还是在剧本中，不管是一八九〇年还是一九〇〇年，列夫·托尔斯泰都没有勇气和旧生活说再见，也不知道要采取什么方式，这也是他要塑造这个人物形象的原因,也正因为如此,剧本才需要继续补充,他只写到恳求上帝帮助的两难心情——他根本不知道要如何摆脱那种精神状态。

可是这部悲剧没有结尾,而他之后也没有进行完善,可是他却用自己的生活书写了最后一篇。一九一〇年十月底,犹疑了二十五年的他在经历了几次离奇冲突以后,终于决定离家出走,在这之后不久,他就满足地离开了人世,生命的最后时刻他过得很平静。

我觉得,托尔斯泰未完成的剧本的最后一幕用自己的结局来完成是非常合适的。因此,我在完成这最后一幕时,会尽可能忠诚于历史和文献,我也很清楚地知道,自己不奢望能取代托尔斯泰的独白,我无意将自己的作品和他的著作糅合在一块,我只是想尽我所能。我竭尽全力,不是一定要让这个作品有一个结尾,而只是想要解释这部没有完成的作品,以及有待化解的矛盾,我想赋予这部有待完成的悲剧一个更加悲怆的结局。而这也正刚好顺应了作品的意义和我的良心脉络。假如想把这部分作品用表演的形式呈现出来,我不得不说一点,《光在黑暗中发亮》要比这里的故事早十六年,在列夫·托尔斯泰的装扮中,这一点也得到了体现。他生命的暮年那几张有名的画像和遗像,尤其是他在沙马尔京诺修道院他妹妹那里的情形,他衣着简朴,让人油然而生一股敬意。如果只是从演出的角度来看,我只希望这一部分可以出现在《光在黑暗中发亮》的第四章中，可是这中间要拉开很长一段距离（最后的结尾部分主人公叫托尔斯泰，可是千万不要再以为那是由萨林采夫这个角色投射过来的）。并不是我个人想要把这个部分单独拿出来表演。

结局中的人物

列夫·尼古拉耶维奇·托尔斯泰（已经八十三岁高龄）

索菲娅·安德列耶夫娜·托尔斯泰（伯爵夫人），托尔斯泰的妻子

亚历山德拉·李沃夫娜（萨莎），托尔斯泰的小女儿

秘书

杜山·彼德罗维奇·马柯维茨基[①]，托尔斯泰的家庭医生兼朋友

伊凡·伊凡诺维奇·奥索林，阿斯塔波沃火车站的站长

基里尔·格里戈罗维奇，阿斯塔波沃的警长

大学生甲

大学生乙

三名旅客

---

① 杜山·彼德罗维奇·马柯维茨基，斯洛伐克人，是托尔斯泰在1904年以后的六年间的密友，他是一名医生，在托尔斯泰辞世以后，继续在亚斯纳亚·波利亚纳待了长达10年的时间，给当地的农民看病，而且还创作有《亚斯纳亚日记》，可以参阅托尔斯泰的大女儿苏霍京娜-托尔斯塔娅的《回忆录》，莫斯科文艺出版社，1981年俄文版，第399页。

前两场集中发生于一九一〇年十月底,地点在亚斯纳亚·波利亚纳①的托尔斯泰工作室,第三场也就是最后一场发生于一九一〇年十月三十一日,阿斯塔波沃火车站的候车室里。

第一场

(一九一〇年十月末,亚斯纳亚·波利亚纳。)

(托尔斯泰的工作室很朴素,看不到任何装饰物,和照片上的情形一模一样。)

(在秘书的带领下,进来两个大学生。两个人都非常得体地穿着贴身的黑上衣,俄罗斯风味十足。年轻的面容看上去有点严谨,举止得体,可是却隐隐露出自大的表情。)

秘　　书　请你们稍等,列夫·托尔斯泰会马上让你们进去的。可是我想有必要先好心提醒你们一下,鉴于他年岁已高,可是他一旦进入到问题的探讨中,又常常忘了自己已经是一个高龄老人。

大学生甲　事实上,我们只是想请教他一个问题,当然这

---

①　亚斯纳亚·波利亚纳,是列夫·托尔斯泰在俄国图拉省克拉皮文县(属于今天的俄罗斯图拉省晓金区)的庄园,这是他母亲出嫁时带过来的,最后留给了他。列夫·托尔斯泰出生在这里,而且他一生的大部分时间都是在这里度过的。

个问题无论是对他，还是对我们都至为关键。我们也答应您，只会占用他一小会儿的时间，可是前提是我们可以不受拘束地沟通。

秘　　书　这个当然没问题，而且越不受拘束越好。可是我还要先说明一点，在交谈中间不要使用老爷这个称呼，因为他非常讨厌这个贵族式称呼。

大学生乙　（笑了出来）这一点您大可以放心。

秘　　书　听，他已经从楼梯走上来了。

（托尔斯泰步伐轻快地来到屋子里边，如同一阵清风拂来，尽管他年事已高，可是行动依然灵活，依然容易冲动。当他说话时，手里经常会转动一支笔，有时会把纸张揉碎，而且迫不及待地想要加入谈话中。现在，托尔斯泰快速朝这两个学生走过来，朝他们伸出手，严肃地看着这两个大学生，之后随意坐到他们对面的一把油布扶手椅上。）

托尔斯泰　委员会举荐的两个……（找到一封信看了看）很抱歉，我把你们的名字忘记了……

大学生甲　您根本不用关心我们叫什么。我们只是成千上万人的代表。

托尔斯泰　（眼睛直直地看着他）那你想要问什么？

大学生甲　有一个问题。

托尔斯泰　（转向大学生乙）你呢？

大学生乙　我的问题也是一样的。更准确地来说，是我们所有人的问题都是一样的。列夫·尼古拉耶维奇·托尔斯泰,所有俄国革命青年都想请教您一个问题,为什么您不和我们保持一致?

托尔斯泰 (很淡定地)在我的书中和一些公开发表的信件中,我已经将这个问题解释得很清楚了,我不知道那些书,你们有没有看过呢?

大学生甲 (情绪亢奋地)您的书我们有没有看过?列夫·托尔斯泰,您向我们抛出这个问题,未免太让人讶异了。说我们看过——明显不足以表达。从很小的时候,我们就开始看您的书。当我们长大成人以后,我们肉体中的灵魂也是被您唤醒的。还是从您的书中,我们才知道人间财富的分配是否公平。也正是因为您的书,我们的心才勇敢地逃离了国家、教会和只对人间的不公平进行保护的统治者。也是因为您,我们才决定为了捣毁这种错误的制度而奋斗……

托尔斯泰 (故意不让他继续说下去)可是不要动用武力……

大学生甲 (对他的话置若罔闻,旁若无人地继续说)当我们刚学会说话时,我们就非常信任您,这种信任自始至终没有动摇过。每当我们扪心自问,谁可以把社会上的这种不公平消除掉,我们会斩钉截铁地回答自己,那一定是列夫·托尔斯泰。我们曾经把您当老师、主人。我坚信,只要您大声疾呼,我就是遵照您的旨意去死都无所谓。假如几年前我来到这里,我肯定会像见到圣人一样向您深深鞠躬。对于我们所有人来说，您一直是我们心中的圣人。可是如今我们却觉得很遗憾，您已经远离了我们，快要变成了我们的敌人。

托尔斯泰 （语气平静了一些）那么，我要如何做才能和你们站在一起呢？

大学生甲 我没有丝毫想要训诫您的意思，可是您自己清楚，您是怎么远离我们这俄罗斯的青年一代的。

大学生乙 哎，还是直截了当地说吧。这个事业具有非同凡响的意义，因此我们不可能那么礼貌周到。我们想说的是，也许您应该正视现实了，您应该让自己的立场更加坚定，政府正在欺压人民。现在您应该坚定地站在您的写字台旁边，旗帜鲜明地表明您的态度，您是支持革命的。您知道他们是如何打压我们的运动的吗？我们的人被抓到监狱里，任由其腐烂，这样的人远远超过庄园里的落叶。这些您都是目睹的。可是大家都在议论，或许您会时不时执笔高呼人的生命有多么神圣。可是您应该明白，如今残忍的现实已经不是用文字可以改变得了的了。现在您要加入到推翻旧制度的革命队伍中去。也许您比我们更清楚这一点，只要您振臂一呼，马上就可以聚集起一支军队。而我们之所以加入到革命中，也是因为您的呼吁。可是如今，当革命快要开花结果时，您却退居到了幕后，您这样做无疑是在给暴力让路。

托尔斯泰 自始至终，我都没有认可过任何暴力行为！三十多年以来,我所做的一切都是为了和旧势力做斗争,和黑暗的旧制度做斗争。我比你们都要冒进,三十年前,在你们还没有出生时,我就在力主对社会状况进行改善,还提出成立一种全新的社会制度。

大学生乙 (没让他继续说下去)可是最后结果如何呢?三十年来,他们采纳了您什么意见?我们又从中得到了什么?有几个杜霍包尔教徒为了完成您的理想,以身试法,最后结果呢,他们的胸膛被射进了六颗子弹。您的这种没有力度的请求,对改善社会状况没有任何益处。眼前的现实,难道您还没有看清楚吗?您想让人们容忍,进而感动那些统治者们,让他们把福荫赏赐予人们,这和旧社会的帮凶有什么区别。尽管您的语气是亢奋的,可是您没有认清现实,这一切都是枉然的。如果我们一直那么温和地对待他们,那些残暴的统治者是不会后退半步的,也不会为了您的耶稣基督而从他们的口袋里掏出一个卢布给您。人民都在等待和您一起战斗,可是我们等得太久了,我们不想再等了,到了该战斗的时刻了。

托尔斯泰 (情绪亢奋地)可是,你们在宣言中所说的"带来仇恨"也被叫作"神圣的行动"。因为对于仇恨,我是一无所知的,也不想知道,我持强烈的反对意见,尽管对方是仇视我们的敌人。因为那些无恶不作的人在自己的心灵中所遭受的痛苦要远远大于受罪的人,对于作恶的人,我只有同情,没有仇恨。

大学生甲 （非常生气）可是对于那些给我们带来不公平的人，我必须要仇视。因为他们就如同吸血的猛兽，我对他们所有人都痛恨无比，您不需要这样告诉我们，更不要让我们去同情那些恶人。

托尔斯泰 就算他们是恶人，他们也和我们一样是人民啊。

大学生甲 即便是我的亲兄弟姊妹，如果他让别人蒙难了，我也会毫不留情地打倒他。对于那些残忍的家伙，我们再不能给予任何同情了。只有彻底消灭了沙皇和男爵，俄罗斯才可能得到安宁。假如我们不采用暴力手段，一种和人性和道德相一致的制度就永远没办法建立起来。

托尔斯泰 采用暴力的方式是不可能成立一种和道德相符合的制度的，而且暴力只会衍生暴力，一旦武器被我们拿在手中，专制就会出现。现在你们的做法根本就不是在摧毁这种制度，反倒是在保证它的延续。

大学生甲 可是要想推翻这种制度，唯一的方法就是摧毁这种强权，没有其他方法。

托尔斯泰 你的这个观点我百分百赞同，可是我们不能采用连我们自己都不支持的方式。相信我，以暴制暴不可能让我们实现目标，只有通过忍让的手段。《福音书》上不是告诉我们吗……

大学生乙 （没让他继续说下去）请您不要再说什么《福音书》了。这完全就是东正教教士专门调制好的药酒，用来对人们的神经进行麻醉。两千年以来,它带给人的好处几乎是零,要不然世界早就走上祥和了。压迫者和被压迫者、老爷和仆人之间的仇恨通过《圣经》已经没办法得到弥合了。他们之间发生了太多悲惨的故事,就在今天,成千上万的有信仰的人,不,应该是更多人,正在西伯利亚和牢房里被残忍地鞭笞着。到了明天,这个数量还会增加,也许会有几十万人要经历这样的痛苦。我现在只想问您一个问题,难道要用几百万人的生命和痛不欲生的折磨去换取对一小部分罪人的包容吗?

托尔斯泰 (尽力压制自己的情绪)相比之下,这种苦难要好过流血,不管怎么样,这种苦难还是助了反对非正义一臂之力的。

大学生乙 (很是生气)近千年以来俄罗斯人民所蒙受的不幸,您竟然说是有好处的?既然您持这样的观点,您为什么不亲自去监狱里看看,去问问那些受到拷问的人,问问城市、乡村里正在忍饥挨饿的人,他们是不是也这样认为呢?

托尔斯泰 (已经很生气)可是不管怎么说,相比暴力,这一切都要好太多。难道你们以为通过武器就可以消除这世界上的所有邪恶吗?不!你们自己以后也会受到这种邪恶的作用,我重申一遍,心怀一颗伟大的信仰去忍受苦难,相比为一种信念去杀害,前者要有价值得多。

大学生甲 (也已经很生气了)既然在您眼里,蒙受不幸是如此美好,如此有意义,那么,您为什么不亲自去体验一下这种苦难呢？您为什么呼吁其他人去忍受这种折磨，而自己却悠闲地待在庄园里呢？我亲眼看到您的农民破衣烂衫地走在路上，在茅屋中冻得瑟瑟发抖，就快要死了，而您却在这里使用全套银质餐具享用美食！为什么您呼吁您的杜霍包尔教徒去忍受非人的折磨，自己不去亲自体验呢？为什么您不从这伯爵府邸走到大街上去，到严寒之中亲自去感受这种所谓有意义的贫穷？为什么您总是在口头上夸夸其谈，却不身体力行呢？为什么您自己不给我们树立一个好榜样呢？

（托尔斯泰忽然哑口无言了。秘书迅速来到大学生甲面前，想要严厉地指责他，可是托尔斯泰缓缓地推开了他，心情慢慢平复下来。）

托尔斯泰　（对秘书说）你不要管！这个年轻人在拷问我的良心，提了一个非常好的问题，（自言自语）非常好，这个问题也迫切需要解决。我必须坦诚地给出这个问题的答案。（他朝大学生甲走过去，有点迟疑，不过很快就振作了起来，声音有些哑，语言很是婉转）你问了我这样一个问题，为什么我不身体力行自己的观点呢？我现在可以很羞愧地跟你说：如果我摆脱了最神圣义务的约束，我肯定会……肯定会……可是因为我太怯懦了，抑或说我太不真诚了……因为我是一个不值一提的、卑贱的、被重罪缠身的人……因为今天，我依然没有得到上帝给我的勇气——去完成那件迫切需要解决的事情。年轻的陌生人，我的良心被你的话深深震动了。我知道，我没有尽到一点解决那些迫不及待的事情的义务，就像你刚才所说的，如同一个朝圣者一样走在大街上——这些是我一早就应该履行的义务，可是我根本不知道应该怎么办，除了在内心深处觉得羞愧和臣服于那些连自己都讨厌的事情脚下以外。（两个年轻人往后退了一步，脸上露出惊讶的表情，一时之间不知道怎么办才好了。一会儿以后，托尔斯泰的语气更加缓和了）也许……也许正是因为我太懦弱了，而且虚伪，从来没有把自己的观点落实到行动中，所以今天才会受到这样的折磨，也许拷问我的良心要比鞭打我的肉体更让我难过得多……可是你的观点没错，这种自我折磨一点意义都没有，因为这些只是发生在我个人身上，而且我太看重自己，将这种痛苦标榜成一种荣耀。

大学生甲　（看上去很愧疚）还希望您能够体谅，列夫·尼古拉耶维奇·托尔斯泰，如果我的语言不够委婉，伤害到您……

托尔斯泰　不，正好相反，我要感谢你！忠言逆耳啊。（短暂的沉默过后，托尔斯泰再次淡定地询问道）你们还想问我什么问题？

大学生甲　没有了，我们只有这一个问题想要问您。我觉得您不站在我们这一边，将是所有俄国人和全人类的不幸。因为这次摧毁强权的行动，已经不是任何人力可以阻挡的了，这场革命的到来势不可当。我直觉这次革命的激烈程度将会史无前例。可以确定的一点是，这次革命的领导者都是铁骨铮铮的男子汉,是忘却一切的坚强的男子汉,他们不知道什么叫包容。如果您站在我们这一边,您肯定会受到千千万万人的拥护,进而可以减少很多本可以避免的流血事件。

托尔斯泰 不,即便只是因为我的失误,让一个人失去了生命,我也不能背负这次行动道义上的责任。

(住宅的底层响起一阵钟声。)

秘　　书（来到托尔斯泰的面前,想要让这场论辩结束）午餐时间到了。

托尔斯泰（很是闷闷不乐）是啊,每天除了吃饭,就是闲聊,再要不然就是睡觉,整天百无聊赖,空虚寂寞,可是别人都在完成上帝交给我们的使命,都在工作。（再次看向那两个年轻人）

大学生乙 这样说来,我们能带给我们的朋友的只有您的不赞同?难道您不能鼓励一下我们吗?

托尔斯泰（严肃地看着他,同时脑子在飞速运转着）请带去我对你们的朋友的问候:我爱你们,也尊敬你们,俄罗斯年轻的朋友们,因为你们是如此深刻地知道自己的同胞正在遭受的苦难,为了理想的实现,你们也甘愿付出自己的生命。（语气马上变得生硬、坚定,丝毫不留情面）可是,我非常不支持你们的一些观点。此外,除非你们认为四海之内皆兄弟,我才能坚定地站在你们那一边。

(两个大学生不再出声。之后大学生乙毅然决然地来到托

往苍天逃去 / 213

尔斯泰面前，同样语气生硬地说道。）

大学生乙 非常感谢您和我们的这次会面，也非常感谢您的坦诚。也许以后我们不会再见面了，所以请容许我这个微不足道的年轻人向您说一声再见，跟您坦诚地说几句话。列夫·托尔斯泰先生，假如您觉得只要有爱，所有关系都可以发生改变的话，那您就大错特错了，也许这种观点对于那些富人或闲适自由的人来说是适用的，可是那些天生就要被严寒和饥饿所折磨的人，终其一生都要生活在别人的鞭笞之下的人，他们已经厌烦了，不想再等什么耶稣基督的福祉来拯救自己了。他们更愿意让自己行动起来。列夫·尼古拉耶维奇·托尔斯泰，在您临死前，我想跟您说的是：整个世界都会陷入灾难中，不仅那些老爷们不得好死，他们的后代也不会好过，以免这些后代继续危害这个世界。我衷心地祝福您，希望您不要亲眼看到自己的错误变成现实，希望上帝保佑您死于安乐！

（托尔斯泰非常震惊。面前这个年轻气盛的年轻人性格太刚强了，他觉得很惊讶。然后他稳定了一下自己的情绪，缓缓走向大学生乙。）

托尔斯泰 我非常感谢您最后对我的赠言。您的祝福和我三十多年以来的夙愿惊人的一致——希望上帝可以指导我们所有人都死于安乐。（两个年轻人深深地鞠了一躬，然后转身走了。托尔斯泰看着他们离开，然后在屋子里踱个不停，兴奋地对秘书说）这些年轻人太伟大了！他们是这么有魄力、骄傲和坚强！这群年轻人非常优秀，他们有自己的信仰，有傲骨！六十年前，我在塞瓦斯托波尔遇到的年轻人就是这样的。当死亡来临时，他们表现得那么坚定、顽强，他们随时准备为了革命舍弃自己的性命。可是他们的死真的一点意义都没有。他们的牺牲只是为了响应一些毫无价值的号召，为了填补一个空壳，为了一场虚伪的革命，就这样把自己的生命贡献出去了，这些都是他们心甘情愿的。他们的所作所为太让人惊讶了。他们竟然把仇视、残杀都当作神圣的，而且全身心地投入进去。可是，对于我来说，这些人会带给我很大的启发。是他们让我幡然醒悟，真的，他们坚持得没错。我必须摆脱这种怯懦的状态，必须时刻把自己的理想落实到行动中去——这已经不能再等了。而且我就快要死了，可是我依然那么犹豫不决。的确，年轻人身上一直都有我们可以学习的地方，而且只能他们身上有。

（房门被打开了，伯爵夫人慌慌张张地走了进来，她明显有些心不在焉，动作迟钝，眼神也无法集中，面容憔悴，让人觉得她有满腹心事。她有意忽略了秘书，只对自己的丈夫说话。她的女儿萨莎也在她身后进了这间屋子，让人觉得她没有一刻不在注意自己的母亲。）

伯爵夫人　该吃午饭了，《每日电讯报》的编辑已经在楼下等了半个小时了，他的目的是你那篇反对死刑的文章。可是你却让人家一直在楼下等，那两个年轻人的素质也太差了！刚才楼下有人问他们是不是想和伯爵面谈，可是他们其中的一个竟然说，不是的，不是我们想和伯爵谈，是列夫·托尔斯泰找我们来谈一些事情，可是为了这两个不知轻重的年轻人，你却浪费了那么长时间。他们最想要的无非是让这个世界陷入一片混沌中。（她紧张兮兮地审视着房间的所有地方）房间里也是一团乱，到处都堆着书，上面还积满了灰尘。如果来了一些尊贵的人，这样的确没办法见人。（她来到扶手椅那里，一把把它抓住）椅子上的油布也破烂不堪了，我正准备扔掉它呢。多亏会修椅子的师傅明天就可以过来了，刚好可以修修这把椅子。（对于她所说的话，没有人回应，她只能紧张地看着这间屋子里的人）那好吧，你现在就赶紧下去吧，不要让人家一直等。

托尔斯泰 （脸上没有血色，神情紧张）我马上就过去，先简单整理……萨莎留下来帮帮我……你先去跟那个编辑说一声对不起，我马上就能下去了。

（伯爵夫人走之前，又环视了一遍整个房间。她前脚刚踏出去，托尔斯泰就马上过去把房门反锁了。）

萨　莎 （很惊讶父亲会这样做）您准备做什么呢？

托尔斯泰 （神情一片慌乱，一只手紧紧地按着自己的胸口，喃喃自语）明天才会有人过来修扶手椅……希望上帝保佑……多亏还有点时间……希望上帝保佑……

萨　莎 您到底发生什么事情啦？

托尔斯泰 （很是迫切）赶紧递把刀给我，剪子也行……（秘书从写字台上拿起一把剪刀，狐疑地递给了他。托尔斯泰用剪子把扶手椅上的那个裂缝又剪了一刀,同时紧盯着那扇被反锁的门,面色始终无法平静。之后他在那个马鬃的裂缝里慌张地搜来搜去,最后掏出来一封信)还在这里,这当然是真的!……真是太可笑了……简直让人无法相信,就如同一部烂俗的法国通俗小说一样……真是莫大的耻辱,我尽管已经是八十三岁高龄,可是神志非常清楚,在自己的家中,我竟然还要把我认为最重要的东西藏起来……这都是因为有人不停地翻我的东西,想要知道我所有的秘密,我的所有东西都被她翻遍了!我虚伪地、卑鄙地生活在这个家里,和生活在地狱中没什么两样。(稍微平静了一些,把那封信打开,一边看一边对萨莎说)十三年前我写下了这封信,当时我想要离开你和你的母亲,可是在和你的母亲说再见时,我突然泄气了。(他小声地读着信,读给自己听,他的双手一直抖个不停)"……过去十六年间,我一直生活在和你们的抗争中,又要时时处处包容你们,可是现在,我想要开始一种新的生活。我准备去做我想做的事情,我要离家出走……假如我当面跟你们说,你们肯定会非常难过,那样我又会不舍得离开了,因此我只能选择这样的方式跟你们说再见。假如因为我的离开,而让你们陷入痛苦中,那么请一定要原谅我,特别是你索妮娅①,你要忘记我,不要找我,也不要恨我,不要指责我。"(他深吸了一口气)唉,这封信还是

---

① 索妮娅:托尔斯泰对自己妻子的昵称。

十三年前写的,当时我想说的话和如今是一样的,可是自那以后的每一天,我每天都在痛苦中煎熬。十三年里,我一直没有走出去,卑微地生活着,更没有身体力行自己的观点。我一直在等待什么,事实上,我自己也不清楚我到底在等什么。也许对于所有事情,我都看得很通透,可是却一直没有付出行动。我的性格太懦弱了。就如同一个犯错的小学生一样,只能把自己的脏课本藏在一个隐秘的地方,就如同我把这封信藏在这里一样。我曾经立过一份遗嘱要将著作版权所得到的财产都捐出去,可是后来我给她的遗嘱却是另外一份。我之所以这样做,就是想让家里和谐,可是我的内心却始终难以平静。

(一会儿以后。)

秘　　书　先生,假如有一天有什么意外……我是想说……如果……如果上帝想要您的命,您最后的心愿——把所有因著作版权所得到的财产都捐献出去——在您去世以后真的可以实现吗?

托尔斯泰　(很惊讶)当然了……你是想说……(神情慌张)哦,不,对于这个,我并没有十足的信心……萨莎,你觉得呢?

(萨莎转过身来,可是没有给出任何答复。)

托尔斯泰　我的上帝,有关这件事情,我从来没有考虑过。不,不是因为我没有考虑过,只是我不愿坦承这个事实而已——看,我又在说假话了。我一味地躲避,就如同每次需要下决心时我都选择躲避一样。（眼睛直直地看着秘书）事实上我知道，我的妻子和几个儿子不可能遵照我的遗愿，就如同对于我的道德责任，他们从来没有认可过一样。他们只会用我的著作去换钱，可是我自己呢，我在人们心目中的印象就是一个伪君子，只会说谎话。（似乎下了很大的决心）可是，我不会让这样的事情发生的，绝对不会！真相要露出真面目了！今天来找我的那两个大学生，他们告诉我，这个世界一直在等我。等我变得坦诚，等我付出行动，做出一个决定，这就是一种明显的提示啊！一个行将就木的人，不能再自我欺骗、躲避现实了，要为自己做一个决定。是的，那两个年轻人的话震撼到我了！一个人必须真实地面对自己的内心，不落实到行动中，就是在躲避内心的害怕。我已经八十三岁了，不能再等了，应该好好审视一下自己的内心了。（看了眼秘书和自己的女儿）萨莎，明天我就会写下遗嘱，写清楚所有事情，而且不会让人质疑。在我的遗嘱里，我要捐献出所有的财产，捐给全人类。当时也正是出于这个宗旨，为了让自己的内心远离痛苦，我才完成了那些著作，没有人可以把它们拿去换钱。你们明天都到我这儿来，再带一位证人来，我随时都会死去，不能再犹豫不决了。

萨　　莎　　您需要再考虑一下吗？父亲，我并不是说不支持您的决定，而是担心您会难以选择，如果母亲看到我们四个人站在这里，肯定会觉得奇怪，也许会在最后一刻让您改变想法。

托尔斯泰 （小声说道）你的这个担心是对的。待在这里，我不能进行任何一件光明磊落的事情，这里的一切都是虚伪的。（对秘书）那么你安排一下，明天上午十一点我们在格鲁蒙特树林里的黑麦地那里会合，我们就在那里的一棵大树下会面。我会假装成平时骑马时候的样子。你们做好准备工作，祈祷在那里我的心不会那么难受。

（响起了第二遍午餐钟声，声音也更加迫切了。）

秘　　书 可是现在您要装作一副没事人的样子，不要让伯爵夫人有所怀疑，要不然，一切都会化作泡影。

托尔斯泰 （无助地叹了口气）在这里，我必须让自己戴上一副面具，隐藏起内心的真实想法，这真是太恐怖了。一个人想要在上帝面前，在全世界面前做真实的自我，做一个坦诚的人，却还要欺骗自己的妻子！这样的生活我以后坚决不能再过了。

萨　　莎 （吃惊地叫道）母亲来了！

（秘书马上慌乱地去开门，而托尔斯泰为了不让自己内心的慌张泄露出去，假装走向写字台，不面对伯爵夫人。）

托尔斯泰 （神情哀伤）这里没有真话，而我也始终无法逃离这种魔爪——唉，一个人也只能在快要死时才能说出自己内心最真实的想法。

伯爵夫人 （匆匆忙忙走进来）你们还在做什么呢？你就是这样，做什么都不着急！

托尔斯泰 （转过来看着她，表情已经归于平静了，用一种只有屋内另两人可以听懂的语气说道）对啊，你说得没错，我总是不着急，浪费了太多时间，可是现在用不多的时间去做应该做的事情不是最重要的吗？

第二场

（第二天深夜，托尔斯泰的工作室。）

秘　　书 您今天早点休息吧，列夫·尼古拉耶维奇，骑了这么久的马，再加上兴奋过度，您肯定很累了吧。

托尔斯泰 不，我觉得一点都不累。只有犹豫不定和左右徘徊才会让人觉得累。可是每完成一件事情，人的心里都会特别轻松，即便最后的结局并不好，也好过原地不动。（在房间里反复踱步）我想要再扪心自问一下，今天做的决定到底对不对。我的精神稍觉得好受了一点，当我决定把自己的作品重新归还给大家，可同时我又不齿于这种小偷小摸的勾当，我觉得应该当着大家的面，光明磊落地、心怀信仰地完成这份遗嘱。也许我选的方式不对，这本不是一件蝇营狗苟的事。可值得庆贺的是，这件事终于完成了。我的生命又往前迈了一大步，当然也可以这样理解，我朝死亡也迈了一步。现在我只剩下最后一个愿望了，同时也是最难以解决的问题：在行将就木前，我应该像一头野兽一样一头扎进属于自己的森林中。在这个家里，我丝毫找不到自己活着的价值。我如今已经八十三岁了，可是一直到现在，我依然没有……最起码不知道要如何才能挣脱世俗，也许直到死我都无法完成自己的这个心愿。

秘　　书　没有人可以提前预知自己的死亡！假如一个人对自己的死期了然于胸，那反而不是什么难题了。

托尔斯泰　不，如果一个人知道自己什么时候死，那却是无益的。有这样一个传说，你听说过吗？这是一个农民告诉我的。他跟我说耶稣基督是如何让一个人对自己的死期模糊的。之前的人都可以提前知道自己什么时候死。可是有一次，耶稣基督到人间来巡视，看到所有的农民都过着一种百无聊赖的生活，根本没在劳动。他很疑惑，向一个农民打听，那个农民回答道，因为他无法再看到收成，而且他也不清楚自己做这一切还有什么价值。就在这时，耶稣意识到假如人类可以预知自己的死亡，反倒会变得悲观，因此他就不再让人类知道自己的死期。此后，这些农民都开始在田间劳作，直到死。当然，这样也许没错，因为劳动才会让一个人体会到上帝对他的爱。因此，今天我依然要（指向自己的日记本）开始我每天的劳动。

（伯爵夫人急匆匆地走了进来，身穿睡衣，用力剜了一眼秘书。）

伯爵夫人　哦，他还在这里啊……我以为没有其他人了。我想跟你说说话……

秘　　书　（深深鞠了一躬）那我先离开了。

托尔斯泰　再见，我的朋友，愿你诸事顺利。

伯爵夫人　（秘书刚走了出去）他总是跟在你身边，就像影子一样……可是他似乎对我没有好感，对我恨之入骨，这个人真是太可恨了，企图分开我们两个人。

托尔斯泰　你这样说他不太公平吧，索妮娅。

伯爵夫人　我才不管什么公平不公平呢，是他强行介入了我们的生活，想要把你拽到他那边。而且自从他来到这个家以后，我在你心中就完全没有分量了。而如今，不管是房子，还是你，都属于这个世界，没有任何东西是属于我们的，属于你的亲人的。

托尔斯泰　希望我可以做到！这是上帝的旨意，一个人不能只想到自己，他是属于全世界的。

伯爵夫人　看，我一早就料到了，这些一定都是他教唆你的。我太清楚了，他就是一个小偷，他就是想让你和我们大家都作对。我不会放任他在这里胡来的。这个挑拨离间的人，我讨厌他。

托尔斯泰　可是索妮娅，你也了解，我的工作离不开他的协助。

伯爵夫人　你可以再请其他人帮忙啊！（一脸嫌恶）我无法容忍他一直在你身边，我无法容忍我们之间隔着这样一个人。

托尔斯泰　索妮娅，亲爱的，你先冷静一下，过来我们好好谈一谈——就如同我们刚结婚那会儿一样——索妮娅，你好好想想，我们还能安享几天这样的太平日子呢！（伯爵夫人紧张地环视了一下周围，然后坐了下来）索妮娅，你十分明白，一个得力的助手对于我来说是不可或缺的，我一点都不坚定自己的信仰，所以我需要他。索妮娅，我并不像自己希望的那样坚强。尽管每天追随我的青年不少，可是你也应该明白，世俗的心犯这样的错误是难免的：为了让自己的信心更加坚定，他必须从他身边的人身上找到这样的发光点。同样地，也许圣人可以凭借一己之力完成这样的目标，不会随随便便就丧失信心，可是索妮娅你应该明白，我只是一个再普通不过的人，是一个行将就木的老人。因此我的身边一定要有这样一个和我信仰一致的人，这样在我暮年时光里，我才能感受到信仰带给我的力量。当然，我们在一起四十八年了，我也很尊敬你，假如我们的信仰一致，我会觉得更加幸福的。可是，你似乎从来没有这方面的想法。我内心无比看重的东西，你却觉得不值一提，这让我觉得你甚至是对这种信仰带有仇视的情绪。（伯爵夫人大吃一惊）索妮娅，也请你不要想多了，我没有丝毫要斥责你的意思。你给了我你的所有，给了这个世界你的所有，你精心地照料着我，奉献着你的母爱，我怎么能欲求不满地还要求你在信仰方面也和我保持一致呢。我怎么能因为自己的个人精神而对你横加指责呢，这应该是和上帝沟通的隐秘。可是你也看到了，一个备受信仰折磨的人，历尽千辛万苦找到了我，他不仅是我的信徒，更是我的助手，我的朋友。他给我提供了很多帮助，更极大地激励了我的内心，你为什么不能允许他待在我身边呢？

伯爵夫人　正是因为他，我们之间才不像以前那么亲密了。我无法容忍这个事实，我快要崩溃了。因为我觉得你们不管做什么都是针对我。就在今天下午，我还发现他偷偷摸摸地藏了一张纸。那时你们都背着我，他、你，还有萨莎，所有人都背对着我，你们肯定私底下谋划了什么事情。我很清楚，这肯定是冲我来的。

托尔斯泰　我只是希望自己临死以前可以做一些不太好的事情，可以被上帝宽恕。

伯爵夫人　（有点激动）也就是说，你们确实背着我做了针对我的事情了。好啊！你要明白，我是会戳穿你的所有谎言的。

托尔斯泰　（突然站起来）你竟然说我在别人面前撒谎？如今大家都说我是个伪君子，而这一切都是拜你所赐。（尽力控制住自己的愤怒）我还祈求上帝可以宽恕那个我呢！也许我就是个胆小的人，不敢表达自己内心最真实的想法。可是我非常肯定，我没有撒谎，更没有骗谁。

伯爵夫人　那你就一五一十地告诉我，你们到底做了什么，那张纸上写了什么……我求求你，不要再让我胡思乱想了……

托尔斯泰　（走到她身边，轻柔地说）索菲娅·安德列耶夫娜，这一切的源头都是你不再爱我了，所以你才会任由自己胡思乱想。假如你对我还有一丝爱意的话，你就会相信我。也许你没办法理解我，可是你可以完全相信我。我请你好好回想一下，我们在一起生活的这四十八年。可是从这些无情流逝的岁月中，从那些已经消散了的往事中，你还能想起来你对我的爱吗？假如有，就请你让这一点爱情之光燃烧吧。然后像从前一样相信我、关心我。索妮娅，我现在真的无法理解，为什么你现在会这样对我？

伯爵夫人（难过、激动）我也不清楚是从什么时候开始，我变成了如今这样。对啊，你说得没错，现在的我又难看又不温柔，可是，看到你不停地摧残自己，让自己生活在痛苦中，换了谁可以容忍呢？你总是充满了怨恨，说实话，这的确是一种罪恶。可是罪恶到底是什么呢？它是清高，是执拗，是桀骜不驯，而且迫切想要见到上帝，去找寻那所谓的真理，一点意义都没有的真理。可是之前，你不是如今这副模样。当初一切都是幸福的，快乐的，大家一起过着坦诚的生活，对于你的工作，你也觉得乐趣十足。孩子们成长在和谐的氛围中，而你也觉得很快乐。可是就在三十年前，一切都变了，你有了恐怖的妄想，有了不知所云的信仰，这才是所有不幸的源头所在。一直到现在，我依然不清楚你的信仰到底是什么，你亲自擦炉子、挑水、补靴子，难道大家就会因为你这样而拥护你吗？显然不是，可是我一直很疑惑，为什么我们这种安宁、平静、简朴的生活，转眼之间就成了罪恶呢？不，我一直不清楚，我也不明白，而且无法理解。

托尔斯泰 （很温柔）听我说，索妮娅，我想要表达的也正是这个，可是刚好遇上我们互相怨怼的时候，我们所需要的是爱的力量，是彼此信任。不管是对人，还是对上帝都是这样。难道你真的觉得我不分是非黑白吗？不是的，就是因为我明白自己应该做什么，我才整日陷在痛苦中无法自拔。不管是对于人类，还是对于上帝，我所做的事情都要非常有价值。因此，我真诚地期待你也能这样，索妮娅。如果你可以理解我的所作所为，也有你自己的信仰，你就会选择相信我，而如今所有的问题就都不是问题了。

伯爵夫人 （很紧张）那么你告诉我，今天到底发生什么事了？

托尔斯泰 （神色镇定）在我奄奄一息的时候，我自然会告诉你一切，我不会遮掩什么，也不会偷偷做什么。我只是希望等谢廖什卡和安德烈回来以后，当着大家的面说出我这几天的决定。这段时间很短，索妮娅，请你在这几天以内一定要相信我，不要一直尾随在我的后面，也不要偷偷调查什么，这是我最后对你的请求了。索菲娅·安德列耶夫娜，答应我好吗？

伯爵夫人 好……我答应……好……我答应。

托尔斯泰 很感谢。看，我们两人之间如果建立起了信任，真诚以待，那么问题就都好解决了！我们这样平心静气地讲话多好啊，你又再次让我的心变得暖融融的。想象一下，你刚进来时，脸上那副对所有人都怀疑的表情。我觉得很陌生，当我看到你脸上的紧张和仇视时，你根本就像变了一个人一样，和之前的你太不一样了。可是现在，我又看到了从前的你，索菲娅·安德列耶夫娜，你的眼角舒展开了。可是，现在你也该休息了，夜已经很深了，亲爱的！我再次感谢你！

（他吻了一下伯爵夫人的额头，伯爵夫人走了出去，在离开房门时因为心情过于激动又回头看了托尔斯泰一眼。）

伯爵夫人 那么，以后你不会再对我有所隐瞒了吧？

托尔斯泰 （面色平静）是的，不会了，索妮娅，可是，你也要记住你答应我的话。

（伯爵夫人失落地离开了，还忐忑地看了一眼写字台。）

托尔斯泰 （在屋子里走来走去，然后坐到写字台前，在日记本上又写下几行字，然后又站起来走来走去。神色肃穆地看着日记本上的内容，把刚才写的几行字读了出来）"我尽可能在索菲娅·安德列耶夫娜面前做出若无其事的样子，可是我发现，我也许多少让她紧张的心有所缓解……可是今天我头一次发现，她也会接受善意和爱……如果她不……那么……"（他把日记本放下，上气不接下气地来到旁边的房间，把灯点亮，费了九牛二虎之力才拽掉自己笨重的鞋子，脱掉外套，关了灯，只穿着一条肥大裤子和劳动衫到自己的卧室里去了）

（房间里很安静，黑漆漆的，沉寂了很长一段时间，似乎连呼吸都停止了。突然,工作室的门被轻轻地打开了,看得出来十分谨慎。有个人赤脚踏在地板上,轻手轻脚地行走在这片黑暗中,手里还拿着一盏有遮光罩的提灯,地下投射下一大片光束。原来是伯爵夫人。她不安地打量着四周,又在卧室门口侧耳倾听了一会儿,才放心大胆地来到写字台旁边。她将提灯放在写字台上,写字台上形成了一片光圈,成为这个房间里仅有的光亮。只见伯爵夫人哆哆嗦嗦地拿起日记本扫视了一遍,然后把各个抽屉都打开,试图在那些纸堆里发现什么,她越来越不安,手也一直抖个不停,可是她最终什么都没有发现。于是她重新拿起灯,轻手轻脚地离开了。她面无血色,由于紧张走路都不太利索。她刚离开,托尔斯泰就把自己卧室的门打开了,手里的蜡烛不停地晃动着,很显然他现在正在气头上,之前妻子的行为他都听到了。他本来想要去追她,可是突然又折了回来,将蜡烛搁到写字台上,敲响了隔壁房间的门。)

托尔斯泰 (小声叫道)杜山……杜山……

杜山的声音 (隔壁房间)是您吗?列夫·尼古拉耶维奇?

托尔斯泰 是的,小声点,杜山!赶紧出来……

(杜山走出房间,身上只穿了一半衣服。)

托尔斯泰 你去叫醒我的女儿亚历山德拉·李沃夫娜,让她马上过来找我。之后再迅速跑到马厩那里,让格里高利准备好马。注意,不要被人发现了,小心一点。对了,你也要谨慎一点,不要穿鞋,也不要让门发出声音,以免被其他人发现。

我们必须即刻行动，不能再等了。

（杜山得到指令赶紧离开了。托尔斯泰神色坚定地坐好，穿好靴子，然后找出几张纸卷在一起。他的动作毫不迟疑，可是明显还是很匆忙。当他坐到写字台前时，肩膀还在不停地抖动着。）

萨　　莎　（小心翼翼地走进房间）怎么了，父亲，发生什么事情了？

托尔斯泰　我得离开了，我终于……终于……忽然不再犹豫了。一小时以前，她还信誓旦旦地说要相信我，可是就在刚刚，她竟然又像个贼一样溜了进来，检查了所有的纸……可是这样也好，可以说相当好……这不是她的想法，而是上帝的旨意。我曾经无数次恳求，给我勇气让我离开，现在好了，她让我下了这个决心，给了我勇气，现在我要离开她，我的心里已经没有这个女人的位置了。

萨　　莎　可是您想好去哪儿了吗？

托尔斯泰　我还不知道，而且到哪里我都无所谓，只要能赶紧离开这个地方，我不想再过这种假惺惺的生活……世界上多的是路，一个快要死的人到哪里都行，比如一张床或一堆稻草。

萨　　莎　那我和您一起……

托尔斯泰　不行，你还必须留在这里，安慰一下她——她肯定会气得失去理智的……是的，她肯定会无比痛苦，这个不幸的人哪！……可是正是因为我，她才那么痛苦……可是我已别无选择了，我没有办法了……要不然，我会憋屈死的。你先待在这里，等到安德烈和谢廖什卡回来以后，你们就一起来找我。我会先去沙马尔京诺的修道院，在那里停留一下，然后去找我的妹妹，和她说一声再见，现在也到了说再见的时候了。

杜　　山　（匆匆忙忙地）马车已经准备好了。

托尔斯泰　杜山，你也去准备一下吧，收好那几张纸……

萨　　莎　可是父亲，外边太冷了，您还是把皮大衣穿上吧。我很快帮您把厚衣服包好……

托尔斯泰　不，不，我不需要准备什么，我的上帝，我们一分钟都不能再耽误了……我一分钟都不想在这儿待了……为了这一刻，我足足等了二十六年……杜山，快点……要不然，就会有人出来阻挠了。把那几张纸，还有日记本、铅笔收好……

萨　　莎　我把买火车票的钱给您拿来吧……

托尔斯泰　不，我不需要钱，我也不想再碰那些钱了！我和铁路上的人都相识，他们会大方地赠予我一张火车票的，以后，上帝会眷顾我的。杜山，我们走。（对萨莎）这封信你帮我交给她，这是我最后一次跟她说再见了，希望她能宽恕我只给她留了这么一封信！你还要写信跟我说，这个阶段她是如何度过的。

萨　　莎　可是父亲，我要怎么给您写信呢？如果我在信封上写上您的名字，您马上就会露馅的，而且还会追过去，我必须杜撰一个名字。

托尔斯泰 唉，又要说假话了，不停地说假话。灵魂会因为秘密太多而受到更多的阻挠……可是你说得没错……我们走吧，杜山……萨莎，就照你的意思办……只要有好处……那么我应该叫什么好呢？

萨　　莎 （想了一会儿）我会在电报下面写上弗罗洛娃这个名字，您就署名托·尼古拉耶夫吧。

托尔斯泰 （急切地想要离开，神色慌乱）托·尼古拉耶夫。好吧……好吧……那么再见了，一定要好好关照自己！（和萨莎拥抱）你是说，以后我就叫托·尼古拉耶夫了，还要说谎话！——哦，上帝呀，希望此后我不要再撒谎了。

（他匆匆忙忙地走了。）

第三场

（三天以后，一九一〇年十月三十一日。阿斯塔波沃火车站的候车室里。左边有一道小门，是通向站长伊凡·伊凡诺维奇·奥索林的房间的，右边是一扇玻璃大门，通往站台。候车室的木质长凳上坐着一些旅客，还有一些旅客围坐在一张桌子旁边，他们都在等候从丹洛夫开来的快车。这些旅客中有包着头巾小憩的农妇，有身穿羊皮袄的商贩，还有一些来自于大城市的人，可以明显看出他们是政府公务人员或商人。）

旅 客 甲 （正在看报，突然大声嚷嚷道）这件事情，他做得太对了。这个老头真是让人刮目相看，谁都无法想象会发生这样的事情。

旅 客 乙 到底发生什么事情了？

旅 客 甲 他——列夫·托尔斯泰竟然离家出走了，而且是在晚上，现在没有人知道他去哪儿了。他随身没有带任何行李，走的时候只穿了靴子和皮袄，也没有和亲人辞行，就这样突然走了。同行的人只有他的私人医生——杜山·彼德罗维奇。

旅 客 乙 他就这样把自己的老婆抛弃啦。这次，索菲娅·安德列耶夫娜可不好受了。我是想说，他已经是八十三岁高龄了吧，谁能想到他竟然会这么做呢，你猜他会到哪儿去呢？

旅 客 甲 报社和他的家里人也想知道他去哪儿了。他们如今正到处找他呢。有一个人在保加利亚的边境上看到过他，可又有人在西伯利亚看到过他。没有人知道他现在在哪儿，他这次真是做得太绝了！

旅 客 丙 （一个青年大学生）你们在讨论什么呢？——列夫·托尔斯泰离家出走了。请让我看一下报纸吧。（看了一眼）哦，太棒了……太棒了……他终于想通了。

旅 客 甲 您怎么会说太棒了呢？

旅 客 丙 因为他原来一直生活在痛苦中，和自己的信念是相悖离的。他被强迫着当了这个伯爵太长时间,他们向他谄媚妄想不让他发声。如今,列夫·托尔斯泰终于可以自由阐述自己的信仰了。这样一来,所有人都会知道俄国人民正在进行一场大革命——这真是托上帝的福啊,他终于敢做自己了,这真是太好了!俄国的命运会因此扭转也说不定。

旅客乙 也许这一切都只是为了炒作,根本都不是真的。也许——(他回过头,注意了一下周边的人,看有没有人关注到他们的谈话,然后小声说道)或许他们是有意而为之,只是为了不让人发现,而实际上已经干掉了他……

旅客甲 谁会有兴致杀掉列夫·托尔斯泰……

旅客乙 那些人……那些觉得妨碍了他们的好事儿的人,俄罗斯东正教会的高层、警察、军队,这些人都非常忌惮他。之前就有一些人莫名其妙地失踪了——之后他们就说他们到国外去了。可是,我们都知道所谓的国外是什么意思……

旅客甲 (轻声嘀咕道)那你是说,托尔斯泰事实上已经不在人世了……

旅客丙 不,他们不敢。这个人号召力太强了。不,他们不敢这么做的,因为他们非常明白,无论如何我们都会把他救出来的。

旅客甲 (神色不定)小心……当心……基里尔·格里戈罗维奇过来了……赶紧把报纸收好……

(警长基里尔·格里戈罗维奇身穿工整的制服,从通往站台的玻璃门朝站长房间走过去,来到门口,轻敲了下门。)

(站长伊凡·伊凡诺维奇·奥索林头戴执勤帽,走出了房间。)

站　　长　啊,是你啊,基里尔·格里戈罗维奇……

警　　长　我得找您谈谈,您的夫人在房间里吗?

站　　长　在。

警　　长　那我们就在这儿谈吧。(大声对乘客叫道)丹洛夫的快车就要到站了,请你们到站台上去等着吧。(旅客们都起身蜂拥出去。就在这时,警长对站长说道)刚刚收到一份重要电报,现在可以肯定的是,列夫·托尔斯泰离家出走以后,前天去过沙马尔京诺修道院,和他的妹妹告了个别。从这些事情里不难看出,他不会停下来,而自前天开始,警探就被安插在从沙马尔京诺启程的各个方向的列车上。

站　　长　可是,有一点我不太明白,基里尔·格里戈罗维奇警长,你能给我解释一下吗?他又不是什么危险人物,他是我们的楷模啊,是我们国家的瑰宝,是一个伟大的人啊。

警　　长　可是他的危害性远超一群革命党。而且——这跟我没什么关系,我的职责就是对每一趟列车进行监视。可是,莫斯科方面指示我们在观察时不能打草惊蛇。因此我请您——伊凡·伊凡诺维奇顶替我站到站台上,我的警察制服太显眼了,极易被人认出。列车一进站,就会下来一个秘密警探,他会跟我说明前面一段路途中都有些什么情况,之后我要马上汇报给上级。

站　　长　考虑得真是周到啊。

（入口方向响起火车进站的声音。）

警　　长　您要装作若无其事地和警探说话，知道吗？千万不能让人发现他们正在调查这件事，假如我们做好了这件事，我们只会从中得利，因为所取得的所有讯息都是直接上报给彼得堡的高层领导的，也许我们两个还能因此得到乔治十字勋章呢！

（火车轰隆隆地到站了，站长迅速穿过玻璃门。几分钟以后，第一批旅客——手挎篮子的农民、农妇在高声交谈着、乱糟糟地穿过玻璃门进来。其中有几个人坐在了候车室里，想要泡点茶喝或稍事休息一下。）

站　　长　（又忽然冲了进来，对这几个候车的乘客急急叫道）赶紧从这里离开！赶紧！快……

众 旅 客　（吃惊，生气）为什么……我们都是买了票的……为什么不能在这里坐一会儿呢……我们在等下一趟慢车呢。

站　　长　（大声叫道）赶紧离开，你们耳朵聋了吗，赶紧离开这里！（快速赶走了这些人，然后又快步跑过去打开玻璃门）赶紧离开这里，请伯爵老爷进来！

（托尔斯泰在杜山和女儿萨莎一左一右的搀扶下，慢慢地走了进来。他的皮外套领子高高竖起，脖子里围了一条围巾，可是还是可以明显看出，他很冷，身体抖个不停。他后面有五六个人想一起挤进来。）

站　　长　（吼那几个人）请去外边！

众人的声音　请让我们待在这儿吧……我们也想给列夫·托尔斯泰提供一点帮助……也许我们能给他提供一点暖身的白酒或茶……

站　　长　（焦灼不安）所有人都不许进来！（他强硬地推开了那几个人，之后插上了玻璃门；只能看到玻璃门的另一边有几个人影在晃动，尝试往里面看。站长搬了一把扶手软椅过来，放到桌子的另一边）伯爵，请坐下来休息一会儿吧！

托尔斯泰　不要称呼我伯爵……上帝保佑，不要再这么叫我了……永远不要，那个时代已经过去了。（他激动地打量了一下周围，看到有几个人在玻璃门后边）让那些人走啊……走啊……我想安安静静地待着……怎么到处都是这么多人……我多想一个人静静地待一会儿啊……

（萨莎迅速走过去用大衣挡住了玻璃门。）

（杜山正在和站长小声交谈。）

杜　　山　现在必须让他躺到床上才行，他得了重感冒，烧到四十多度。我觉得他现在的状态很不好，这里有没有稍微近一点的旅馆？就是有几间稍微好一点的房间的旅馆？

站　　长　没有，这里没有旅馆！在整个阿斯塔波沃都找不到一家旅店。

杜　　山　可是，现在已经刻不容缓了，他必须躺到床上去。您看，他一直发着高烧，这样下去情况会很危险的。

站　　长　那只能让他先用我的房间了，就在离这儿不远的地方，我觉得很荣幸……可是，请原谅……房间已经很破了，没什么像样的设施，只是一间很狭小的破旧平房，是我平常处理公务的地方……我怎么能让列夫·托尔斯泰住这么破的房间呢……

杜　　山　这个不要紧，不管怎么样，我们都要先让他躺到床上休息。（看着坐在桌子旁边冻得直发抖的托尔斯泰）站长很热情，他把他自己的房间让了出来。您现在需要躺下来好好休息，等明天恢复精神以后，我们就可以接着往前走了。

托尔斯泰　接着往前走？不，不，我对自己的身体很了解，我不能再继续往前走了……这里就是我最后的目的地了。

杜　　山　（激励）不要担心，您只是短时间发高烧。这些都是小问题，您只是得了小感冒而已——明天您就能康复了。

托尔斯泰　现在我感觉好多了……好多了……只是昨天晚上真是太恐怖了！我做了一个现在想起来都胆战心惊的梦，我恍恍惚惚地觉得，他们从家里跑出来追我，要把我抓回去，回到那个地狱里……我就忽然惊醒了，之后把你们叫醒了……这一路上我又是提心吊胆，又是发高烧，牙齿都冻得直哆嗦。可是现在，到了这里……我心里的恐惧完全消失了……我想问问，我现在到底在哪里？……这个地方我怎么从来不知道……现在感觉好多了……我不担心了……他们找不到我了。

杜　　山　是的，找不到了，绝对找不到。现在您可以安心躺到床上去了,您到了这里,没有人会找到您的。

(萨莎和杜山一起扶起了托尔斯泰。)

站　　长　(走向托尔斯泰)请您原谅……我只有这么一间破屋子……这是我自己的屋子……床也很破……还是一张铁床……可是我会准备好一切的,现在我赶紧去发个电报,叮嘱下一趟列车带一张好点的床来……

托尔斯泰　不,不,不用了……我睡的床一直都比别人好,这样的好床已经睡得太多了!现在,我睡的床越破,我心里越踏实!农民们不都是这样吗?……他们不都睡得很安稳吗?

萨　　莎　(搀扶着他)父亲,来,快躺到床上去,您是劳累过度了。

托尔斯泰　(停了下来)我不明白……嗯,你说得很对,我的确好累,疲惫不堪,四肢沉重得要命,可是我似乎还在等待着什么……就如同一个累到极致的人,却完全睡不着一样,因为他一直在畅想未来的美好生活。他不愿意睡着,因为一旦睡着了,美梦也就跟着没了……很奇怪,这种感觉我还是第一次体会到……就如同人快要死时一样……这么多年以来,我一直对死亡讳莫如深,我害怕我死的时候不能躺到自己的床上,会哭哭啼啼地爬到自己的居所——这些你们也明白。可是此时,或许死神就在那间屋子里等我,可是我却一点都不觉得害怕了。

(萨莎和杜山搀扶着他来到房门前。)

托尔斯泰　(站在房门边,看向里面)这个地方和梦到的情形一样，低矮、狭小、简陋……陌生的屋子、陌生的床，上面躺着一个神情疲惫的老人……等等，他的名字究竟是什么，那是我几年前才写的。那个老人？他叫什么名字？……过去他很有钱，可是后来变得穷困潦倒……没有人知道他是谁……他自己躺到了火炉边的床上……唉——我这脑子怎么不好用了！……他究竟叫什么名字，那个老人……他之前那么有钱，可如今全身上下只有一件衬衫了……还有他的妻子，那位一直让他的精神不得安宁的妻子，临死前也没有陪在他身边……哦，我想起来了，他就是柯尔涅依·瓦西里耶夫。在书里，我是这么叫他的。就在他快要死的前一天晚上，上帝叫醒了他的妻子，他的妻子玛尔法飞奔过来，想最后和他见一面……可是她来晚了，老人已经躺在一张陌生的床上离世了，他的身体已经变得硬邦邦的了。他的妻子一直不知道她的丈夫是否原谅了她，她再也不可能知道了，索菲娅·安德列耶夫娜……（好像忽然又恢复神智了）哦，不，她叫玛尔法……我的脑子已经糊涂了……是啊，我是得躺到床上休息了。（萨莎和站长带着他往前慢慢走，托尔斯泰看着站长）真是太谢谢你了，陌生人，你让我在你的房间里休息，你让我这头困兽找到了栖身的地方……是上帝带我来这里的……（情绪突然失控）可是，请将门关好，任何人都不许进来，我不想看到其他人……现在我只想和上帝待在一块，这样我的心里就会很踏实，好过我这一生所度过的其他时间……

（萨莎和杜山扶着他到了房间里面，站长轻轻把门关上了，落寞地站在那里。）

（玻璃门上响起急切的敲门声，站长把门打开，警长快速走了进来。）

警　　长　他都跟您说什么了？我现在必须将情况汇报给上级，所有的情况！他准备在这里待多久？

站　　长　他自己也不知道，没有人知道，只有问上帝了。

警　　长　那么您为什么让他住在国家的办公室呢，这可是您处理公务的地方，您的办公室怎么能给一个陌生人住呢？

站　　长　在我心里，列夫·托尔斯泰胜似亲人，根本不是什么陌生人。

警　　长　可是这件事情你应该提前请示一下。

站　　长　我已经请示过我的良心。

警　　长　那么，这件事情的所有责任都在您身上了，我现在就把这个情况汇报给上级……突然遇到这种重大情况，也真是令人同情！如果你知道最高指挥者是如何看待列夫·托尔斯泰的，你就不会这样做了……

站　　长　（神色安宁）我相信真正的统治者是会对列夫·托尔斯泰好的……

（警长吃惊地看着站长。）

（萨莎和杜山也走出了房间，轻轻把门关上了。）

（警长慌慌张张地躲了起来。）

站　　长　为什么他身边一个人都没有？

杜　　山　他此刻非常安宁地躺着……他的脸上从来没有出现过如此安宁的表情。在这里，他找到了他从来没有得到过的东西——安宁。他第一次如此靠近他的上帝。

站　　长　请您原谅，我这个人的思想很简单，可是我非常不理解，也没有办法理解，为什么上帝会让列夫·托尔斯泰遭受这么多的不幸，让他必须离家出走，也许还会死在这张和他身份完全不相符的破旧的床上……那些俄罗斯人为什么不放过他呢，难道他们无事可做吗，假如他们对他还有一丁点的爱和尊敬的话……

杜　　山　是啊，事情往往就是这样，对一个伟大的人和他的使命形成阻碍的通常就是最爱他的人，可是也正是因为这样，他才会离家出走。可是他这个决定没错，因为只有如此，他才能让自己的生命真正走完，才会让自己的心灵更加崇高。

站　　长　是啊，可是……我始终无法理解，也不想去理解，这么一个伟人，我们国家的财富，一生都在为我们做贡献，而我们却享受着安居乐业的生活，还不忘虚度时光……我们这些苟延残喘的人真的觉得很羞愧……

杜　　山　还请您——善良的人，不要因为他而觉得悲伤。他的崇高不会因为他最后的人生际遇这么没有光彩，这么低微而打折。正是因为他去承受我们应该承受的不幸，列夫·托尔斯泰才会像现在这样是全人类所共有的。

去南极探险

占领地球

二十世纪，人类好像已经把视线范围内的世界侦察完了。不管是海洋还是陆地，都已经有了人类的身影。一代人以前还隐藏在人类背后的世界，像仙境一样如梦似幻的地区，现在都已经在顺从地服务于欧洲，轮船也正驶向一直探寻的尼罗河的不同源头。维多利亚瀑布[①]半个世纪以前才被首个欧洲人看见，如今已经在发电了；亚马逊河两岸最后的原始森林也日渐稀少了，仅有的一块还没有被开垦的地方——西藏，也已经呈现在世人眼前。专家们明显夸大了旧的地图和地球仪上那个"还没

---

① 维多利亚瀑布，世界上最宽大的瀑布，位于非洲赞比西河上中游交界处。它从石床上倾泻而下，飞雾和声响可传到15公里远的地方。1855年11月英国传教士——殖民者戴维·利文斯通发现此地以后，用英国女王维多利亚的名字给它命名。赞比亚独立以后，又恢复了其本来的名字，叫作莫西奥图尼亚瀑布（the Falls "Mosi-Oa-Toeja"），在洛兹语或通加语中的意思是声若雷鸣的雨雾。

有人类到达过的地区"①，现今二十世纪的人已对自己生存的星球很了解了，又在开始寻求新的道路，探寻奇妙的海底世界、一望无际的天空。因为自从人类已经在地球上暂时没发现什么新鲜事物以后，只有在天空中还能找到没有人到过的路线，因此飞机已经争相往云端飞去，要去更高、更远的地方。

可是，一直到我们这个二十世纪，光秃秃的地球还有最后一个秘密没有被人类看到。这就是从地球身体上分裂出去的两块面积很小的地方，这两块地方是地球从贪得无厌的人类手中拯救出来的，它们是南极和北极——支撑地球身体的中坚力量，千万年来，这两个差不多不存在生命、虚幻的极点就是地球转动的轴线，而且这两块地方也正是在地球的保护下，才保持了自己的纯洁。地球用多重冰障把这最后的秘密隐藏起来，这里一年四季都是冬天，由寒冷和暴风雪组成最坚固的城墙，阻挡想要一探究竟的人类的脚步。勇士们害怕死亡，只得知难而退。这封闭的地方只有太阳自己可以快速瞥一眼，人类还从来没有见过它的庐山真面目。

---

① 古希腊人运用自己的逻辑头脑假想世界是个球体，所以觉得一定得有一块陆地从最南边来对欧洲和亚洲进行平衡——要不然，世界就会翻转而变成南、北互换的状态。公元2世纪的地理学家托勒密就曾经在他的地图上描绘出了这样一个地区，在已知世界的下面描绘出一个从底部穿越的大陆，名字叫作 terra incognita（还没有人类到达过的地区或未知的地区）。文艺复兴时期，地图绘制者坚持一定要在地图上把这个传统性的大陆画出来，可是画出的位置比托勒密所画的还要靠近南边，重新命名为 terra australis（南方的陆地），又因为它依然是个不可知的大陆，一般还附上 incognita（人迹未至）一词。

近几十年来，探险队接连不断地前往，可是都半途而废了。勇士中最厉害的一个人——安德拉①也在冰天雪地里死了三十三年后才被发现。他曾经驾着飞艇，想要从北极圈飞过去，可是却一直没有回来。每一次碰撞都受到巨冰堡垒的顽强抵抗，最终会撞得四分五裂。自从开天辟地以来，人类一直没有窥探到地球这一部分的全貌，它也因此成为地球打败人类欲望的最后屏障。地球如同贞洁烈女一样在世人的好奇心面前让自己始终拥有一块洁白。

可是，年轻的二十世纪不想再等下去了，它想要把所有真相都探寻出来，想要在自己的头十年里就得到千万年来未曾做到的一切。为此，实验室里已经研究出了新的武器，为了预防危险，新的保护套也被找到了，而所有困难只会让二十世纪的期盼更加热切。个人的英勇，再加上国家间的较量，他们不仅仅是为了得到极地，而且也是为了抢占先机，看谁可以首先把自己国家的旗帜插到那块新地上。于是，各民族、各国家组成十字军，开始争夺这块因为渴望而变得神圣的地方。世界各大洲都发起了连续冲击。人类迫切想抵达这块地方，因为人类生存空间的最后秘密就隐藏在这里。从美国出发至北极的有皮尔

---

① 安德拉（Salomon August Andree，1854—1897），瑞典飞艇驾驶员，1897年驾飞艇横跨北极时不幸牺牲了，距茨威格著《南极探险的斗争》已有33年，距斯科特遇难25年。

里、库克,出发至南极的有两艘船,分别由挪威人阿蒙森①带队和英国人——斯科特②海军上校带队。

斯 科 特

斯科特是一名普通的海军上校,普普通通的英国皇家海军上校。他的履历表和军衔表几乎一模一样。他在海军服役时,上级很赏识他,之后他又和沙克尔顿③一起领导了一支探险队。丝毫看不出他会是一位英雄。照片上的他,脸和数千英国人一样坚毅,没有任何表情,似乎肌肉被内力扯住一样。眼睛是青灰色的,嘴巴闭得紧紧的。从他的面部,丝毫看不出任何让人愉悦的线条,突显出来的是他的意志和对现实世界的务实思想。他用英文的某一种字体写字,写得很快,而且很整齐,简洁、明快,没有任何修饰。他的文风清楚而精准,就如同一份

---

① 罗阿勒德·阿蒙森(Roald Amundsen, 1872—1928),挪威探险家,1911年12月14日抵达南极点,是世界上第一支抵达南极点并凯旋的探险队的领队,据说以后又到了北极,进而成为世界上仅有的一个到过南、北两极的著名探险家。

② 罗伯特·福尔肯·斯科特(Robert Falcon Scott, 1868—1912),英国皇家海军上校,著名南极探险家。1912年1月18日和四个同伴一起抵达了南极,回程途中不幸牺牲。

③ 欧内斯特·亨利·沙克尔顿(Sir Ernest Henry Shackleton, 1874—1922),英国人,南极探险家,1909年1月抵达南纬88°23′,因为极其严重的冻伤未能抵达90度就回到了基地,可是他在南极顺利通过的2740公里路程,被称赞为当时南极探险中最卓越的成就,进而在欧洲各国被授予博士称号,之后又带领探险队横跨了整个南极洲。

报告一样，只用真实感人，而摒弃了所有臆想。斯特科写的英文就和塔西佗写的拉丁文一样纯朴、有力。他在人们的印象中是一个非常务实的人。在英国，即使是一个天才，也如同水晶石一样僵硬，把一切都上升到履行义务的高度。斯科特就是其中一个典型的代表。他和英国历史的关系非常紧密，他曾经到印度去过，让很多大大小小的岛屿都臣服在他的脚下，他和殖民者一起去过非洲，在很多世界性的战役中都可以找到他的身影。可是不管到哪里，他的面容始终是冰冷的、含蓄的，毅力和集体意识也同样是坚定不移的。

在过去的事实中，人们早已发现了他那钢铁般坚定的意志。斯科特打定主意要把沙克尔顿开始的事业完成。他准备组建一支探险队，可是资金不够，这对于他来说根本不是问题，他把自己的财产都贡献出来了，还举了外债，因为他相信他一定会成功。他年轻的妻子给他生了一个儿子，可是他也丝毫没有动摇，他像另一个赫克托耳①一样离开了自己的安德洛玛刻。很快，他的朋友们和伙伴们也被找到了。世间再也找不出来可以动摇他意志的事物了。他们驾驶着一艘名为"新地"号的船来到冰雪的边缘，这艘船很是怪异，因为它的装备是双重的：一半如同诺亚方舟②，上面装的全部都是活的动物，另一半是一

---

① 赫克托耳，荷马史诗中特洛伊的英雄。
② 诺亚方舟（Noah's ark），基督教《圣经·旧约》中的故事人物诺亚建造的方形大船，他和家属以及每种动物雌雄各一对，坐方舟从大洪水中逃离了出来。

个现代化的实验室，里面装的是上千件仪器和大量的图书。因为人的生命所需的各种物质和精神食粮都要一起带到那荒无人烟的地方。让人讶异的是，这里不仅有新时代最精湛和最复杂的技术装备，而且也有原始人最简单的防守装备——兽皮、皮毛、活的动物。而整个探险行动也同样具有双重色彩，这不仅是一次探险行动，也是如同一桩生意一样计算得非常准确的行动；这不仅是一次勇敢的行动，也是一次最小心的行动——所有细节都要进行周密的计算，而意外是防不胜防的。

一九一〇年六月一日，他们从英国出发。当时正值盎格鲁—撒克逊的岛屿王国阳光明媚的时节，到处繁花似锦、绿草茵茵。天空万里无云，温暖的太阳放射出耀眼的光芒。当他们逐渐看不见海岸线时，他们内心激动不已，因为所有人都清楚，他们会很久看不到太阳了，也许有些人就一去不复返了。可是当看到船头的英国国旗迎风招展，他们又觉得很满足，这一面象征着世界的旗帜将和他们一起去征服世界上仅有的一个还没有主人的地方。

南极世界

稍事休息以后，一九一一年一月，他们在一个长年结冰的极地边缘上岸了，这里就是麦克默多海湾新西兰的埃文斯角。在这里，他们建了一座冬天用的木板屋。对于这里来说，十二月和一月是暖季①，因为一年之中，也只有这两月可以在白炽的天空中看到几小时太阳。房屋和之前探险队用过的基地营房一样，都是用木板制作的。可是在这座木板屋里，人们却可以明显感觉到时代在进步。之前的探险队员用的还是呛鼻的鲸鱼油灯，而且火势微弱，屋里基本上还是黑漆漆的一片，坐在这样的屋里，人会特别无精打采。可是如今这样的木板屋里却浓缩着整个世界和所有科学。屋里有一盏乙炔电石灯，发出明亮的白光。远方的画面——温带和热带的风光通过电影放映机在他们眼前一一呈现。八音盒里播放着音乐，留声机里也有歌声在流淌。各种图书把时代知识传播出去。在一间木板屋里，打字机一直噼里啪啦响个不停。另一间木板屋是小暗室，用来洗印影片和彩色胶卷。一名地质学家正在借助放射性仪器对岩石进行检测。一名动物学家正在一只企鹅身上寻找新的寄生物。气象观测和物理实验相互交流着结果。不见天日的那几个月里，所有人都忙着自己的工作，将彼此的研究穿插在一起，形成共同的知识。每天晚上，这三十个人都会写出各自的报告，在如此恶劣的环境中上着大学的课程。所有人都想尽可能把自己的知识传授出去，通过交流，让自己对世界的认知更加全面。因为各自有自己的研究领域，所以没有人为自己感到自豪，他们

---

① 南极圈内全年分寒、暖两季，11月至3月为暖季，4月至10月为寒季，暖季有持续的白天，寒季则有连续的极夜，而且有光彩夺目的弧形极光出现，叫作南极光。

只是希望通过一个集体更好地发挥作用。就是在这样一个自然状态的史前世界中，在时间被屏蔽了的冷清中，他们彼此交流着最新的成果。也正是在这些成果之中，他们不仅对世界时钟的每小时有清晰的感知，对于每一秒也能清晰地感觉到。后来的人们通过他们的记录热泪盈眶地发现，曾经这些严谨的人们是如何欢度圣诞节的，是如何出版一份诙谐的小报的，还把小报幽默地叫作《南极时报》，在小报上，他们快乐地说着玩笑话。在那里，像一条鲸鱼从水面浮出来，一匹西伯利亚矮种马摔了一跤这样的小事都会是他们津津乐道的对象，而另一方面，那些闪闪发光的极光、恐怖的严寒，以及极度的冷清这些不同以往的事，在他们眼里却一点也不稀奇。

在这期间，他们的外出活动都局限在一个很小的范围内，试验机动雪橇、练习滑雪和驯狗。而且，为了给以后的远征做准备，他们还要修建仓库。可是在暖季到来以前，时间却过得尤其慢。——暖季来临时，轮船才会把他们的家信带到这里来。如今他们倒也敢分小组外出了，在严寒时节对自己的白天行军技能进行锻炼，对各种帐篷进行试验，把所有经验都牢牢掌握在手中。当然，并不是每件事都取得了成功，而正是因为这数不清的困难，才让他们拥有了更多的胆量。当他们从外面回来时，全身都冻麻木了，一点力气也没有，可是有欢呼声和暖和的火炉等着他们。在度过了几天又冷又饿的日子以后，他们真心觉得世界上最温馨的场所莫过于这座位于南纬77度线上的小木板屋。

可是,有一次,从西南方向回来一个探险小组。他们回来说,他们发现了阿蒙森的寒季营地,所有人都默不作声了。斯科特马上明白过来:现在,他不仅要应对严寒和危险的挑战,还要面对来自于另一个人的挑战,那个人不想让他成为第一个发现地球最后秘密的人。这个人就是来自于挪威的阿蒙森。斯科特在地图上测量了无数遍,终于惊讶地确定阿蒙森的寒季营地所驻扎的地方比自己的寒季营地所驻扎的地方更靠近南极点,而且距离相差一百一十公里,可是他没有灰心丧气,他在日记中骄傲地写道:"为了祖国的荣誉,我们要鼓起勇气!"

在他的日记中,阿蒙森这个名字只出现过这仅有的一次,以后再也没有看到过。可是人们明显觉得,自从那天以后,这座孤独小屋上就一直笼罩着一团阴影,那就是阿蒙森的名字,斯科特开始变得焦躁不宁。

去南极点

在和木板屋相距一英里远的地方,有一个观察高地,不同的人轮流在这里守望。一台孤单的仪器架在斜坡上,就如同一门大炮一样,瞄准着远处的敌人。正在靠近的太阳刚升起时所发出的热量就通过这台仪器进行测量。清晨时分的天空中,霞光变换着不同的色彩,可是圆面似的太阳却一直位于地平线以下。可是，四周的天空都被照亮了，预示着太阳很快就要出来了，这些一心期盼的人不禁高兴地蹦了起来。终于听到电话铃声响了，欢呼雀跃的人们从观察高地的最上面得知了这样的消息：太阳已经出来过了，几个月以来，太阳首次在这寒季的黑夜里出现了一个小时。太阳的光线几乎不可见，差不多冰冷的空气都没能活跃起来，仪器上几乎检测不到太阳光波，可是，只是看到了太阳就足以让人快乐了。虽然对于我们平常的生活来说，这一段有光线的短暂时间依然处于极冷的冬天，可是在南极却代表着春、夏、秋三季的一起到来，为了把这段时间利用好，探险队正紧张地忙碌着。前面的机动雪橇已经启动了，西伯利亚矮种马和爱斯基摩狗拉的雪橇也紧跟其后。整个路程被提前详细地划分成几段。每隔两天的路程就布置一个储藏点，给以后返程提前准备好服装、食物以及最最关键的煤油——在酷寒中已经变成液体的热量。因为所有人马会一起出发，然后一小组一小组回来，因此要给最后挑选出来进入到南极点的人，也就是最后一个小组留下最好的装备、最健壮的牵引牲畜和最精良的雪橇。

　　虽然计划制订得可以说是天衣无缝，甚至考虑到了种种意外发生的细节，可是依然没有起到作用。走了两天以后，机动雪橇都出了故障，变成一堆没用的负担，不能再往前走了。西伯利亚矮种马的情况也远远比不上预期。可是，这种生物工具比机械工具还是好用一点，因为就算这些病马半道上都必须被杀死，它们也还能给狗留下几顿热的美食，给它们补充体力。

一九一一年十一月一日，暖季刚开始，他们分成几个小分队出发。从电影画面上，我们可以看到，这支奇怪的探险队一开始有三十个人，后来慢慢成为二十个人、十个人，最后只剩下五个人行走在史前世界的白色荒原上，身影孤单而落寞。从电影中，我们可以看到最前面的一个人一直用毛皮和布块把自己包裹得密不透风，只有一双眼睛和胡须露在外面，看上去和野人没什么两样。包着毛皮的一只手拉着一匹西伯利亚矮种马的笼头，马拉着雪橇，上面堆着满满的东西。他后面的人和他的打扮、形态都一模一样……在广阔无垠的明亮的白色冰雪上，这二十个黑点形成一条线。他们晚上躲到帐篷里面，在迎风的方向建成一道雪墙，以保护西伯利亚矮种马。第二天一早，他们又再次出发，孤单地行走在这千万年以来首次被人触及的冰天雪地里。

可是他们遇到了越来越多的揪心事。天气状况一直非常差，他们有时一天只能前进三十公里，而不是预期的四十公里。而对于他们来说，每天的时间都越来越重要，因为他们心里都很清楚，在这一片冷清之中，向同一个目标迈进的还有另外一个看不见的对手。在这里，所有小事都可能酿成灾祸。跑了一条爱斯基摩狗；一匹西伯利亚矮种马绝食——所有这些事情都让人忐忑不安，因为在这没有生命的雪原上，所有有用的东西都变得弥足珍贵，特别是活的东西更是价值连城，因为它们没办法弥补。也许流芳百世的荣耀就维系在一匹矮种马的四蹄上,而所有事情都可能因为暴风雪的阻挡而无法完成。同时,全队人的身体也开始有了状况。一些人患上了雪盲症,还有一些人四肢都冻伤了。西伯利亚矮种马也越来越没有力气,因为它们可以吃的饲料在减少。最后,这些矮种马才到达比尔兹莫尔冰川脚下就都死了,这些马和队员们在这一片冷清寂寥中一起生活了两年之久,已和他们成为亲密无间的朋友。所有马的名字他们都叫得出来,他们还曾经无数次轻柔地抚摸它们的毛,可是如今却必须做一件让人很难过的事——杀掉它们。他们将这个让人难过的地方叫作"屠宰场营地"。就是在这个残忍的地方,一部分探险队员离开了队伍,开始往回走,而另一部分探险队员要继续前进,从那段比尔兹莫尔冰川的险要路程上穿过去。这是一道冰雪城堡,是南极用来保护自己的障碍,要想冲破它,只有依靠人的意志所迸发出的强烈火焰。

他们越走越慢,因为这里的雪已经凝结成了坚硬的冰碴。他们只能拖着雪橇往前走,雪橇板被冰凌割破了,雪地像砂砾般坚硬,脚都磨破了,可是他们没有打退堂鼓。十二月三十日,他们抵达了沙克尔顿到达的最远点,也就是南纬87度。最后一部分支援人员也不能再前进了,最后斯科特只挑选出五个人继续往前走。被淘汰的人不敢反抗,可是心情是沉痛的,因为眼看就要到达目的地了,他们却必须返回,而让其他伙伴拥有第一批看到南极点的人的荣耀。可是,挑选的人员已经定下来,他们彼此又握了一次手,用男性的坚强把内心的波动隐藏起来。这一小队终于又被分成了更小的两组,分别朝南北两个方向前进,一组走向一片渺茫的南极点,一组回到自己的营地。他们时不时回过头看看对方,最后看一眼自己还没有死去的朋友。很快,最后一个人影也看不见了,五个被挑选出来的人分别是斯科特、鲍尔斯、奥茨、威尔逊和埃文斯①,他们一起孤单地走向一片渺茫的南极点。

南 极 点

从最后几天的日记中,我们可以看出,他们的心情越来越忐忑。他们就像南极附近罗盘的蓝色指针一样开始发颤。斯科特的日记是这样写的:"我们右边有身影往前移动,之后又晃到我们左边,围着我们的身影转圈,可是这段时间却无限长。"可是,从他日记的字里行间,我们可以越来越清晰地看到希望的火光。斯科特愈发分明地在日记中写道:"再往前走一百五

---

① 和斯科特一起抵达南极点的其他四名探险队员分别是:亨利·鲍尔斯(H. Bowers, 1883—1912),英国海军上尉;劳伦斯·奥茨(Lawrence Edward Grace Oates, 1880—1912),探险队船长,在回程途中因为双腿冻伤难以行进,为了不成为伙伴们的负担而自尽;爱德华·威尔逊博士(Edwark Adrian Wilson, 1872—1912),美国医生和南极探险家,负责斯科特探险队的科学研究;埃德加·埃文斯(Edgar Evans, 1874—1912),退役海军军士,在回程途中因为摔了一跤受伤,痛苦难忍而精神失常,最后因为体力不支而死去。

十公里，我们就到达南极点了，可是一直这样下去，我们真的快要顶不住了。"——对他们筋疲力尽的情况也同时进行了详细的记载。两天以后，他在日记中这样写道："再走一百三十七公里，我们就到南极点了，可是对于我们来说，路越来越难走了。"可是在这以后，又忽然出现了一种新的、信心十足的记录："南极点离我们只有九十四公里了，就算我们不能到达那里，我们也已经离它非常近了。"一月十四日，他们的希望越来越可能变成现实："再走七十公里，我们就到南极点了。"而从第二天的日记中，轻松愉悦的心情已经溢于言表了："再走五十公里，我们就到目的地了，无论如何，我们就要到了！"这几行让人欢呼雀跃的字让人深刻地觉得他们的希望之箭已经紧紧地绷在弦上，似乎在希望和焦灼面前，他们的所有神经都止不住在颤抖。胜利触手可及，他们的双手已经伸到地球上最后一个秘密之处，只要再努力一下，他们就实现了此行的目的。

一月十六日

日记上记录着这样四个字——"情绪激动"。一九一二年一月十六日凌晨时分，他们就出发了，比平时还要早一些，就是想要更早看到更美的秘密。怀着一副急不可耐的心情，他们早早从睡袋里钻了出来。这五个人一路前行，中午时分已经走了十四公里。他们兴奋地在荒无人烟的雪原上行走,因为现在走到目的地已经板上钉钉了,他们差不多已经完成了人类所做的决定性的功绩。可是忽然,其中一个同伴鲍尔斯变得焦躁不安。他死死盯着远处雪地上的一个小黑点看。可是他不敢说出自己的猜想:也许这里已经有人树立了一个路标。可是现在其他人也意识到了这一点。他们的心在颤抖,只是还想尽可能让自己想开一点——就如同鲁宾逊①自我安慰荒岛上陌生人的脚印是自己的脚印一样,这当然是没有意义的——他们告诉自己,这肯定是冰的一条裂缝,或者是某样东西的影子。随着他们越来越靠近目的地,他们的神经也越来越紧张了,事实上他们心中已经很清楚,阿蒙森带队的挪威人已经捷足先登了。

一会儿以后,他们在雪地里看见一面黑旗,被绑在一根滑雪杆上,四周还可以看到营地驻扎过的痕迹——滑雪屐的痕迹和很多狗的痕迹。如此残酷的事实由不得他们不相信:阿蒙森已经到这里来过。千万年来,或者说开天辟地以来,地球的南极点从来没有呈现在世人眼前,可是如今却在一个分子量的时间以内——也就是十五天内两度有人到了这里。从人类历史来说,这是让人难以置信的事。可是他们刚好又是第二批抵达南极点的人,只比第一批晚了一个月。尽管曾经逝去了几百万个

---

① 鲁宾逊(Robinson),是指英国小说家笛福(Daniel Defoe,约1660—1731)的著名小说《鲁宾逊漂流记》(*Robinson Crusoe*,1719/20)中的主角。鲁宾逊出海经商,在海上遇到灾难,在荒岛上流落了28年之久。

月,可如今这晚到的一个月,却晚了太多太多——对于人类来说,第一个抵达的人和第二个抵达的人之间有天壤之别。而他们刚好是第二批到达南极点的人。所有努力都成了枉然,吃的苦、受的难都成了笑话,几星期、几个月、几年的希望都可以说是疯了。"我们历尽艰辛、饱尝困苦——我们为什么要这么做呢?无非是为了实现梦想,可是如今梦想已经破灭了。"——在日记中,斯科特这样写道。他们的眼里涌出泪水。虽然很累,可是他们却难以入睡。他们如同蔫了的茄子,抑郁地继续把最后一段路程走完,而一开始他们是想着兴奋地冲到那里去的。他们中没有人想去安慰其他人,只是安静地往前走。一九一二年一月十八日,斯科特海军上校和他的四名伙伴一起到了南极点。因为他是第二个到达这里的人,所以他并没有觉得这里的一切都非常明亮。他只是冷漠地看了一眼这块让人难过的地方。"这里什么也没有,和前几天让人胆战心惊的枯燥一样。"——罗伯特·福尔肯·斯科特就是这样描绘南极点的。在那里他们所看到的仅有的一样非同寻常的东西不是来自于大自然,而是来自于竞争对手,那就是飘扬着挪威国旗的阿蒙森的帐篷。在这片被人类踏足的地方,那面挪威国旗正自鸣得意地猎猎作响。它的征服者还留了一封信给第二个素昧平生的人,他相信第二个人肯定会在他以后抵达这里,因此阿蒙森请他把那封信给挪威的厚康国王①带回去。斯科特决定忠诚地去履行这项最残酷的职责：在世界面前给另一个人完成的事业当见证人，而这项事业却是自己梦寐以求的呀。

他们在阿蒙森的胜利旗帜旁边闷闷不乐地插上自己国家的国旗——英国国旗——这面晚了一步的"联合王国的国旗"，之后就快速从这块"让他们的激昂斗志打了水漂"的地方离开了。刺骨的寒风吹向他们。斯科特不安地在日记中这样写道："我觉得返程的路会非常恐怖。"

不幸牺牲

相比去时的路，返程的路程要危险得多。在往南极点走时，沿途有罗盘给他们指引方向，可是现在除了罗盘以外，他们还必须循着原来的脚印往回走，在连续几个星期的行程中，他们必须非常谨慎地沿着原来的足迹，以免和提前布置好的储藏点擦肩而过——他们的衣服、食物，还有积蓄着热量的几加仑煤油都保存在那里。可是雪太大了，他们眼前几乎一片模糊，他们战战兢兢地向前走着，生怕走偏了，直接迈向死亡的深渊。更何况此时的他们精力已经大不如当初，因为那时不仅有丰富

---

① 厚康七世（Håkon VII，1872—1957），丹麦王子，1905年挪威从瑞典分离出来以后，成为挪威国王。

的营养给他们提供化学能，也有南极之家的营房给他们带去温暖。

此外，他们的意志也没有之前坚定了。他们满怀希冀地来，这种希冀带给了他们无穷的力量，也体现了所有世人的渴望。只要他们想到自己正在进行一项千古流芳的事业时，他们的身上就有使不完的劲。而如今他们的生存只是为了保护自己的皮肤，为了自己终有一死的肉体，为了平平淡淡的归程而奋斗。也许从心底里对于回家，他们的害怕多于期盼。

那几天的日记读上去让人心惊肉跳。天气状况越来越差，寒季也比平常来得要早一些。鞋底下的白雪也变成了坚实的冰凌，一脚踏上去就像踏在三角钉上一样，每走一步，鞋都会被粘住。严寒正一步步侵蚀着他们已不堪重负的身体。因此每当他们提心吊胆地来到一个储藏点时，他们就会长出一口气，从日记中的记录来看，他们的内心就会跳动着信心的火焰。在一片让人毛骨悚然的寂寞之中，一直都只能看到这么几个人。我们不得不佩服他们的英雄气概，其中最令人敬佩的当属威尔逊博士，他负责科学研究，当他走在死亡的悬崖边时，他依然在进行着自己的科学研究，他的雪橇上除了所有必需品以外，还有十六公斤尤其宝贵的岩石样品。

可是，在自然界的强大威力下，人的勇气也一点点被吞噬了。这里的自然丝毫不留情面，千万年保存的力量让自然界将严寒、冰冻、风雪都召集到了一起——用这些足以让人毁灭的法术来对付这几个胆大的勇敢者。他们的脚早都冻烂了；食物也越来越少，现在每天只能吃一顿热的食物了。因为无法补充足够热量，他们已变得羸弱不堪。一天，他们中间体力最好的埃文斯忽然被同伴们发现神志不清了。他停在一边，嘴里不停地说着什么，抱怨他们所遭受的磨难——有的是真实的，有的却是他想象的。从他断断续续的话语中，他们发现这个可怜人因为摔了一跤或由于无法承受的痛苦已经疯了。现在要怎么办？将他一个人丢在荒芜的冰原吗？不。可是他们又必须果断地赶往下一个储藏地，否则……从日记里，我们不知道斯科特是怎么想的。一九一二年二月十七日半夜一点钟，这位可怜的海军军士没有了呼吸。那一天，他们刚走到"屠宰场营地"，再次找到了上个月杀掉的矮种马，头一次饱餐了一顿。

现在走在路上的只有四个人了，可是灾难依然没有放过他们。等他们到达下一个储藏点时，他们几乎要绝望了。这里保存的煤油少得可怜，也就是说，对于这些最不可或缺的煤油，他们在用的时候必须算了又算，他们必须尽可能少地使用热能，而他们要想和严寒相对抗，热能是仅有的一个防御武器。黑夜，暴风雪不停地肆虐，他们胆战心惊地睁大双眼不敢入睡。他们连将毡鞋的底翻过来的力气都没有了。可是他们必须一直往前走，他们中的奥茨的脚趾已经冻掉了。风刮得前所未有的厉害，一九一二年三月二日，他们抵达了下一个储藏点，可是这一次带给他们的依然是恐怖的绝望：那里保存的燃料也非常少。

如今他们已经到了恐慌的顶点。从斯科特的日记中,人们可以发现他是怎样尽可能把自己的害怕隐藏起来,可是从他强装的镇定中依然爆发出绝望的惨叫——"再这样下去,会坚持不住了"抑或"天主保佑啊!我们再也受不了了",抑或"我们的戏将要以悲剧告终",最后终于出现了恐怖的独白:"希望天主保佑我们,如今我们已经对人的帮助不抱有希望了。"可是,他们依然一步一挪地朝前走,牙齿被咬得咯吱作响。奥茨实在是走不动了,他变成了朋友们的累赘,而不再是什么帮手。一天中午,气温下降到了摄氏零下四十度,他们必须慢点走。可怜的奥茨很清楚,继续这样下去,朋友们都不会好过,他必须做好最坏的打算。于是他向负责科学研究的威尔逊要来了十片吗啡,以便在需要时让自己的生命快速走向终点。他们和这个病人一起又步履蹒跚地走了一天。之后这个可怜人自己要求就留在睡袋里,不和他们一起走了。可是他们都坚决不同意,虽然他们都明白,这样做肯定会让大家的负担减轻不少。他拗不过他们,只好拖着病体和他们又一起走了若干公里,直到抵达晚上睡觉的营地。他们一起睡到第二天早晨,一大清早,他们就发现外面是呼啸着的暴风雪。

奥茨突然站起来对朋友们说:"我去外边走走,也许要多待一会儿。"其余的人心都猛地一跳。没有人不清楚,在如此恶劣的天气下去外边走走代表着什么。可是谁也不敢阻拦他,也没有人和他握手道别。他们大家只是敬畏地觉得：这个英国皇家禁卫军的骑兵上尉——劳伦斯·奥茨，正像一个英雄一样走向死神。

现在一步一步朝前走着的只有三个疲惫不堪、极其虚弱的人了，他们穿过一眼望不到尽头、如钢铁一般冷硬的冰雪荒原。他们已经绝望，累到极点，只是凭借着模糊的直觉朝前走。天气状况越来越糟糕了，每到一个储藏点，他们迎来的都是越来越深的绝望，似乎有意和他们作对一样，只有很少的煤油——也就是热能。一九一二年三月二十一日，他们和下一个储藏点只相距二十公里的路程了。可是暴风雪刮得太猛了，几乎要把人吞噬，他们根本没办法离开帐篷。每天晚上，他们都希望第二天可以到达目的地，可是等到了第二天，除了把一天的口粮吃掉以外，只能继续对明天寄予希望。他们的燃料已经快用完了，而温度却一直在零下四十摄氏度。他们陷入了深深的绝望。如今他们只能选择怎么死去，是饿死还是冻死。四周白茫茫一片，在小小的帐篷里，三个人和必定会到来的死亡抗争了八天。一九一二年三月二十九日，他们知道不可能会出现什么救世主了，于是决定无论还要经历什么样的痛苦，都自豪地待在帐篷里，迎接死神的到来。他们分别钻到睡袋中，却自始至终没有向世界悲叹过一句自己最后所经历的磨难。

斯科特临死前的书信

他们所在的薄薄的帐篷被肆无忌惮的暴风雪侵袭着，死神正慢慢靠近他们，就在这样的时刻，斯科特上校回忆起了自己的过往。只有在那种极度安静之中，他才会悲怆地发现自己对祖国、对所有人的热烈情感。可是在这个被白雪覆盖的荒漠上只有内心的空中楼阁——它把那些因为爱情、友情和忠诚曾经和他有过关联的各种人物形象都召集到一起，他留了话给这所有人。临死前，斯科特海军上校用冻得麻木的手指给所有他爱的人留了一封信。

那些书信写得情真意切，死到临头，信中却完全找不到一丝凄凉的情感，似乎有一股清新的空气充斥其中。那些信虽然是写给他认识的人的，可是却是说给全人类听的；虽然那些信是写给那个时代的，可是所说的话却万古流传。

他在给自己妻子的信中写道，请她好好照看好他最珍贵的遗产——他的儿子，他提醒她最关键的就是要让儿子勤奋一点。在完成世界历史上的丰功伟绩之一的最后时刻，他竟然写下了这样的独白："你是清楚的，我必须强制性让自己追求点什么——因为我一直都不太勤奋。"在他快要死去时，他依然对自己这次的决定感到无比荣耀，没有觉得有任何遗憾："有关这次远征，我能跟你说点什么呢，总之，比安安心心地待在家里，它好太多了。"

他非常真诚地给他那几个一起惨遭不幸的同伴们的家属写信,见证了他们的英勇无畏。虽然他自己也快要死了,他却用最坚毅的、高尚的感情——因为他觉得这样死不枉此生,这样的时刻是神圣的——去对那几个同伴的家属进行抚慰。

在给朋友们的信中,谈到他自己时他非常谦恭,可是说到整个民族时却是无比的骄傲。他说,在这样的时刻,他很激动自己是这个民族的儿子——一个可以称为儿子的人。他写道:"我不清楚,我能不能称为一个伟大的探索者。可是我们的结局将验证这样一个事实,我们的民族还依然保存着那种大无畏的精神和坚韧的力量。"临死时,他还把自己的友情向朋友们表白,因为男性的执拗、灵魂的贞操,他一生中都没有说出过这样的话。在给他最好的朋友的信中,他这样写道:"我这一辈子,您是我遇到的最让我敬佩和爱戴的人,可是我却从来没有向您说过,对于我来说,您的友谊代表着什么,因为您可以给我很多,而我却给不了您什么。"

他写的最后一封信,也是写得最出色的一封信,收信人是他的祖国。他觉得必须说明一点,在这场为英国争得荣誉的斗争中,他尽管没有取得胜利,可是过错并不在个人身上。他对他们所遇到的种种灾难性事件进行了描绘,而且用那种死者特有的悲壮声恳请所有英国人一定要照顾好他们的遗孀。生命的最后,他想到的依然不是自己的死,而是有关活着的人,"看在天主分儿上，请好好照顾我们的家人！"后面就是几页空白信纸。

　　直到最后一刻，斯科特海军上校依然在记录着自己的日记，直到他的手指完全动弹不了，笔滑落在地。他希望他这些可以证明他和英国民族勇气的日记以后可以被人发现，正是这些希望，他才用非凡的意志力坚持写到最后一刻。最后一篇日记是一个心愿，是他用已经冻伤的手指颤抖着写下来的："请将这本日记交给我妻子！"可是他马上又果决地、悲怆地把"我的妻子"这几个字划去了，在它们上面补写上了恐怖的字眼儿："我的遗孀。"

回　　应

　　回到基地木板屋的同伴们等啊等啊，一连几个星期过去了，刚开始还信心十足的他们，现在越来越担心，越来越紧张。曾经有两次，他们出营去迎接他们，可是天气状况实在太糟糕了，他们又折了回来。一整个寒季，这些没有了队长的人都是在木板屋里度过的，他们的心中已浮现出灾难的影像。这几个月里，白雪和寂寥把有关罗伯特·斯科特海军上校的事迹和命运都隐藏了起来，肯定白冰已经把他们密闭在了明亮的玻璃棺材里。

　　直到南极的暖季——也就是春天来临时，一九一二年十月二十九日，一支探险队才启程，最起码要把那几位英雄的尸体找到,打听到他们的消息。十一月十二日,他们抵达了那个帐篷,发现英雄们的尸体就在睡袋里,已经冻僵了,去世的斯科特还紧紧地抱着威尔逊。那些书信和文件都被他们找到了,而且他们还给那几个英雄们堆起了一座石墓。满是白雪的墓顶上还有一个再简单不过的黑色十字架。一直到现在,它还孤单地耸立在白雪茫茫的世界里,似乎这银装素裹的世界要将这件人类历史上那次丰功伟业的物证永远隐藏起来。

可是全然不是如此,他们的事迹神奇地复活了。这都要归功于我们这个新时代的科技世界。那些底片和胶卷都被朋友们带回去了,图像从化学溶液里显现了出来,再现了行军途中的斯科特和他的同伴们,而且他们还发现,不仅仅他们一睹了南极的风采,还有另外一个人——阿蒙森。斯科特的遗言和书信通过电波迅速传到世界各地,所有人都为之赞叹不已。在英国国家主教堂里,国王跪在地上追悼几位英雄。因此,看上去没有意义的事情会重新开花结果,一件延误了的事情也会发出呐喊声:呼吁人类把力量都用到还没有完成的目标上去。伟大的死去,虽死犹生,失败中会孕育出向无限高峰攀登的意志。因为一颗滚烫的心只有雄心壮志才能被激活,去做那些极少会取得成绩和随随便便成功的事。尽管在和占绝对上风的厄运的搏斗中,一个人把自己奉献出去了,可是他的心灵却因此变得崇高。一位文豪只是偶尔会创作一些世代流传的杰出悲剧,可是来源于生活的世代流传的杰出悲剧却要多千万倍呢。

密闭的列车

在修鞋匠家住的人

瑞士,这片细小的安详绿洲,它的周围却充斥着世界大战激起的阵阵硝烟,所以在一九一五、一九一六、一九一七年和一九一八年这几年间,瑞士也出现了侦探小说里才会有的惊险的情景。在奢华的旅店里,相互仇视的大国使节们迎面走过,就像彼此互不相识一样,而一年前,他们还聚在一起欢乐地打着桥牌和邀请彼此到家中做客呢。一些转瞬即逝、高深莫测的人不时从奢华的旅店房内走出。每个人身上都肩负着秘密任务,不管是国会议员、使馆的各种等级的外交秘书、参赞们、商人,还是戴面纱的或不戴面纱的夫人们。工业家、新闻记者、文艺界的大家,还有那些似乎只是出来旅游的人也来到奢华的旅店门前,他们都乘坐着插着外国国旗的高档轿车抵达这里,其实他们都身负重任:探听消息,打探谍报。连那些带领他们进入房间的门房和清洁女仆,也都被迫去做窥视和探听的工作。旅馆、公寓、邮局、咖啡馆,到处都有敌对组织在策划活动。那些表面上的宣传策动,多数都是间谍活动;表面友好互爱,事实上互相出卖。所有这些匆忙走过的人,虽然他们表面上在做着一件事,暗地里却做着其他的勾当。所有的事情都有人在报告,所有的事情都有人在窥视。任何身份的德国人,只要一踏进达苏黎世,位于伯尔尼的敌军大使馆马上便会知晓,一个小时后,巴黎也会知晓。所有的情报人员每天都会把可靠的和虚构的成册报告交给外交人员,经他们传达出去。所有的墙壁都形同虚设;电话被监听;连纸篓里的信息也会被翻出来;在这狼奔豕突的世界里,很多人到最后也无法弄清,究竟自己是猎手还是猎物,是间谍还是反间谍,是背叛者还是被背叛者。

但是,在这样的时日里,只有一个人的相关报告非常少,可能是因为他太默默无闻了吧。他没有住到高级旅馆里,也不会现身于咖啡馆,更不会去看宣传演出,而是和自己的妻子隐居于一个修鞋匠的家中,住在利马特河①后那条历史悠久、窄小又坑坑洼洼的斯比格尔小巷里的一栋楼房的三层楼上,这栋楼房和旧城里的其他房子无异,有高耸的屋顶,坚固结实,但由于历史久远,加上楼下有一家熏香肠的小作坊,房子已经变得异常乌黑。他的隔壁住着:一位女面包师、一位意大利人和

---

① 利马特河(Limmat),从苏黎世市区流过,汇入苏黎世湖。

一位奥地利男演员。因为他平时很少说话,所以邻居只知道他是一位俄国人,名字很难读,此外,便一无所知。从他简朴的三餐还有夫妇二人穿着的旧衣服,房东看出他们已经背井离乡很多年,手头也并不宽裕,也没有做很赚钱的生意。这对夫妇刚搬进来时,带着的东西连一个小篮都装不满呢。

这个人身材矮小,生活低调,一点也不引人注目。他避免应酬,邻居们几乎看不到他那双锐利又深邃的目光,也很少有人来拜访他。但他的生活非常有规律,上午九点到图书馆,在那里一直坐到十二点,图书馆闭馆的时候才离开,十二点二十分按时回到家,十二点五十分再次离开家,前往图书馆,成为下午第一位抵达图书馆的人,接着在图书馆一直待到下午六点。而且,情报人员只关注那些口若悬河的人,却不知道默默无言、沉迷书堆、孜孜不倦的人往往是推动世界革命的最危险的人。所以他们不曾为这一位住在修鞋匠家中、默默无闻的人写过报告。反之,在社会主义者的社交圈里,大家都知道他,清楚他曾经是一位编辑,曾就职于伦敦一家俄国逃亡者创办的激进小刊物,是彼得格勒的某个发音奇怪的特殊党派的领导人物;但是因为他冷漠蔑视社会主义政党里的那些名气最大的人,并否认那些人的做法,加上他性格执拗,难以沟通,所以大家渐渐都忽视他了。有时,他会在晚上的时间出现在一家无产者的小咖啡馆里,在那里召开会议,但来参加的人往往只有十五到二十个人,并且是年轻人居多。所以,对于这位奇怪的人,人们也像对待那些通过不停地喝着茶和争执不休来让自己头脑兴奋的俄国流亡者一样，采取宽容的态度，谁也没有去在意这位神情严肃、身材矮小的人。在苏黎世，只有三四十人觉得需要记住这位住在修鞋匠家中的人的名字——弗拉基米尔·伊里奇·乌里扬诺夫。所以，如果那时有一辆来往于各个使馆的急速行驶的高档轿车，不小心在大街上撞死了这个人，那么世人也根本不会知晓他的名字，不会知道他是乌里扬诺夫，更不会知道他就是列宁。

完成……

有天，那是一九一七年三月十五日，苏黎世图书馆的管理员觉得莫名其妙。现在已是上午九点，但却不见那位每天准时来借书的人。即将九点半了，即将十点了，那个好学不倦的身影仍旧没有出现。他是不会再出现了。因为一位俄国朋友把他拦在了来图书馆的路上，或者更准确地说，他所有的计划都被俄国爆发革命的消息打乱了。

刚开始，列宁还在怀疑。这个消息把他震惊到了。接着他迅速地朝苏黎世湖滨的报亭走去，此后，他一直停留在报亭和报馆门前等待消息，好几个小时过去了，好几天过去了。这是言之凿凿的事实，并且他认为，消息真实得越来越振奋人心。刚开始，只是传来了不确切的信息，说发生了宫廷改革，似乎只是撤换了内阁；接着才传来沙皇被废黜、临时政府建立的信息，接着杜马①开会的情况也传来了；俄国解放了；政治犯得到了赦免。他多年来盼望的一切——他二十年来在隐秘组织里、在牢狱里、在西伯利亚、在逃亡中为之拼搏的一切——终于实现了。顿时，他觉得这造成数百万人死亡的第一次世界大战，并非全无意义，那些人的血没有白流。他认为，这些死者并不是做着无谓的牺牲，而是为了一个解放、同等和恒久和平的新国家而捐躯，此刻，这样的新国家已经诞生。平时这位梦想家异常镇定和清醒，此刻却像喝醉了一般。可以回到祖国去了！回到俄国去！还有几百名蛰居在日内瓦、洛桑、伯尔尼小小斗室里的俄国流亡者也同样为这个消息而兴奋。他们拊掌大笑，因为他们终于可以以自由公民的身份回归到自己的祖国，而不再需要用假护照过着胆战心惊的日子，或是冒着被处死的危险回到沙皇的俄国去。

……和沮丧

但是，几天后，他们惊诧地意识到：虽然他们为俄国的改革兴奋不已，但这次改革并非他们梦想中的革命，并且算不上

---

① 杜马，俄语的音译，也就是议会，1905 年后，沙皇政府先后召开过五届国家杜马。1917 年（俄历）2 月 14 日国家杜马开会的当天，广大民众积极响应布尔什维克的号召，举行声势浩大的示威活动。

俄国的改革,它不过是由英国和法国的外交官们策划的否决沙皇的皇宫政变罢了,目的只是阻碍沙皇和德国交好。这次的改革并非由追求和平和权利的民众所策动,并非俄国流亡者们终生奋斗并且准备为之献身的那种革命,不过是热衷于战争的政党、帝国主义分子和将军们为了顺利开展自己的计划而策划的一次诡计。并且,不久后,列宁和他的同志们便意识到:任何人都可以回归的允诺对象并非那些真想进行革命的人——要进行扭转乾坤、践行马克思式革命的人。米留可夫①和其他自由派人物已经下达命令,要把这些人阻挡于祖国的大门外。一方面,他们把那些有益的属于温顺派的社会主义者迎接回国,像普列汉诺夫就是十分体面地乘坐鱼雷艇从英国回到彼得格勒,另一方面,他们却拒绝托洛茨基进入俄国,而是把他截留在哈利法克斯②,其他激进派分子也一样,无法踏进俄国的国境内一步。在所有协约国③的边境线上的关哨所都有一份黑名单,上面有参加过第三国际齐美尔瓦尔得会议的所有人员的黑名单。列宁抱着微渺的希望,给彼得格勒发去了多封电报,但是这些

---

① 巴维尔·尼古拉耶维奇·米留可夫(1859—1943),俄国自由君主派的立宪民主党首领,1917年俄国二月革命以后出任第一届临时政府外交部部长,推行将战争进行到"最后胜利"的帝国主义方针,十月社会主义革命后是外国武装干涉苏维埃俄国的一个组织者,后流亡国外,1921年起在巴黎出版《最近新闻报》。
② 哈利法克斯(Halifax),这是指加拿大新斯科舍省濒大西洋的哈利法克斯海港。
③ 第一次世界大战时的协约国包括英、法、俄、日、美、意等25国。

电报不是被截留了就是被放在旁边置之不理。苏黎世的人不了解，在欧洲也很少有人了解，但是在俄国，人们了解得一清二楚：弗拉基米尔·伊里奇·列宁，在敌手的眼中，这是一个多么掷地有声、多么坚定不移，但又是一个极其危险的人物。

这些被禁入国门的人的确是毫无头绪，孤立无援。这么多年，他们在伦敦、巴黎、维也纳的总部举办过数不尽的会议，拟定了俄国改革的方针。他们斟酌、尝试、议论过组织工作的所有细节。十多年来，他们在属于自己的刊物内相互讨论过俄国改革存在的可行性和种种困难，不管是理论上的困难还是实践上的困难。而列宁毕生的所思，都是关于俄国改革的整体设想；经过反复地修改，这个整体设想终于形成。但现在，他只能滞留在瑞士，他设想的革命即将被其他人篡改和糟蹋，他认为，那些人借着解放人民的高尚名义，事实上是在为外国人服务，为外国人谋利。兴登堡在他四十年的军旅生活中一直调派和掌管德国军队的活动，但第一次世界大战发生的时候，他却必须身穿平民衣服留在家里，只能在地图上用小旗帜标示现役将军们的进展和失误。这些日子里，列宁和兴登堡的遭遇极其相似。这位极其现实的人——列宁，在这看不到尽头的黑暗日子里，也做起了这样不切实际的梦：是否可以租一架飞机，穿越德国和奥地利？——但是，第一位愿意相助的人，竟是一位卧底；他的心中不断盘算着出逃的方法，他写信到瑞典，让人想办法帮他弄一张瑞典护照，他甚至想伪装成哑巴，这样可以免受盘问。但是这些想法都只存在于他夜晚的幻想里，早晨起床，他也深知这些不过是幻想，是根本无法实现的，只是在白天的时候，他清楚意识到：一定要回到俄国去。他一定要身体力行践行自己的革命，而不是让别人代劳。他一定要去实行名副其实的革命，而并非政权的更替。他一定要回去，一定要回到祖国俄国去，不惜一切！

能否取道德国

瑞士被意大利、法国、德国和奥地利围绕在中间。身为改革者的列宁要通过协约国是不可能的，但作为俄国的子民，即是一个敌国的公民，要取道德国也是行不通的。但荒谬的是：威廉皇帝的德国却比米留可夫的俄国和普安卡雷①的法国对待列宁更加热诚亲密。因为在美国宣战之前，德国想要和俄国缔结友好，所以，德国人尤其欢迎可以给英国和法国的使节们制造麻烦的改革者。

但是，列宁曾在自己的作品中批判过威廉皇帝的德国，此刻却需要和这个国家进行议和，踏出这一步，明显要承担异乎寻常的责任。因为依照当今的道德观念，在战争年代得到敌军参谋部的许可，踏进并穿过敌国的领地，毋庸置疑，这是一种

---

① 雷蒙·普安卡雷（Raymond Poincaré, 1860—1934），法国政治家，1913 至 1920 年为法国总统。

背叛祖国的行径。并且列宁也深知,从一开始,这样的行动就会让自己的党和事业蒙受恶言中伤。他本人也将会被怀疑为一名德国政府的特务;并且,如果他兑现了自己马上交好的诺言,那他将成为历史的罪人,受到他人妨碍俄国真正取得和平的指责。所以当他宣布,在逼不得已的情况下,他会铤而走险选择这条足以毁坏他声誉的路线时,不仅那些温顺的改革者,而且和他志同道合的同志,都表示惊诧不已。他们心急如焚:瑞士的社会民主党人已经开始谈判,希望可以通过互换战俘这种不违法但不显眼的方法,把俄国改革者送回俄国去。但列宁清楚,这需要漫长的等待,俄国政府必定会想方设法阻止该项活动的进行。但此刻的每天、每小时都至关重要,所以他只能孤注一掷,下定决心去做这种违背现有的法律和道德的事情。那些缺乏气魄和胆略的人都不敢做这样的事情。但是列宁已经打定主意,并独立承担所有责任,和德国政府进行商谈。

商　定

列宁深知自己的这个举措一定会引起轩然大波,所以他尽量公开进行。他委托瑞士公会书记弗里茨·普拉廷①去和德国

---

① 弗里德里希(弗里茨)·普拉廷 [Friedrich (Fritz) Platten, 1883—1942],瑞士共产党人,职业革命家,1912 至 1918 年任瑞士社会民主党书记,1917 年 4 月安排列宁从瑞士回到俄国,他是主要组织者,后参加第三国际工作。

公使进行洽谈，转达他的条件。在此之前，这位公使就曾经和俄国的流亡者进行过普通的商谈。此刻，这位身材矮小、默默无闻的流亡者——列宁似乎早已预料到自己在不久的将来定会具备权威性一样，所以他丝毫没有对德国政府提出任何请求，而是向德国政府提出自己的条件，说只有在这样的前提下，俄国旅客才会愿意接受德国政府提供的援助，即是德国政府允诺这节车厢具备治外法权；上下车的时候不可以检验护照和个人；俄国旅客按照票价支付车费；不可以凭借任何借口让旅客离开车厢。罗姆贝尔格大臣向上级递交了这些条件，一直送到鲁登道夫①处，后者爽快地答应了这些条件。虽然鲁登道夫在自己的回忆录里并没有提到这件具有世界历史意义的事件。除了俄国人，为了让同车的奥地利人拉狄克也免受检查，列宁存心把协定写得含含糊糊，所以德国公使曾经试图修改其中的一些细节。但德国和列宁一样心急如焚，因为一九一七年四月五日，美利坚合众国就向德国下达了宣战书，所以德国公使未能如愿以偿。

四月六日中午，弗里茨·普拉廷获得一个具有纪念意义的通知："一切都会如你所愿。"一九一七年四月九日下午两点半，一群手提箱子、穿着陈旧的人从蔡林格霍夫餐厅出发前往

---

① 埃里希·鲁登道夫（Erich Ludendorff, 1865—1937），第一次世界大战时，德国最高统帅部军需总监，和兴登堡一起掌控军事指挥权，实际是战时第二号实权人物。

苏黎世的火车站。一共有三十二人,其中包括妇女和儿童,只有列宁、季诺维也夫和拉狄克是男人,他们日后流芳百世。他们先在那家餐厅吃了一顿简单的午饭,并一同签署了一份文书。他们都清楚《小巴黎人》报上有一条这样的报道:俄国临时政府把这些通过德国领地的旅客当成背叛祖国的人,为了让他们独自承担此次旅行的全部责任和同意全部的条件,他们要用粗大的、直来直去的字体签字。这时,他们一言不发,义无反顾地踏上这次具有世界历史意义的旅程。

他们抵达火车站时,并没有任何人关注他们。新闻记者和摄影记者都没有出现。因为在瑞士没有人知道这位乌里扬诺夫先生。他头戴皱巴巴的帽子,身穿陈旧的上衣,穿着一双沉重可笑的矿工鞋——这双鞋一直在他的脚上,跟随着他抵达瑞典。他置身于一群提箱挎篮的旅客中间。他安静地在车厢里坐了下来。看起来,这些人和那些从南斯拉夫、鲁塞尼亚①、罗马尼亚来的移民一模一样,在法国海岸并在那里横渡重洋之前,那些移民常常会在苏黎世坐到自己的木箱上睡几个小时。瑞士的工人政党反对列宁的该次行动,并没有派代表前来;只有几个俄罗斯人来饯别,他们只是想给他乡的亲人带去一些食物和问候。还有几个人想来劝列宁放弃这次"无用的、不合法的旅

---

① 鲁塞尼亚(Ruthenia),位于喀尔巴阡山脉之南、乌克兰西部的一个地区,历史上曾经先后属于奥匈帝国、波兰、捷克和俄国版图,有鲁塞尼亚人和鲁塞尼亚语,现在已经和乌克兰合二为一。

行"，但是已尘埃落定。三点十分，列车员发出信号，列车朝着德国边境哥特马定根车站开去。三点十分，从这个时刻开始，世界时钟改变了走法。

密闭的列车

第一次世界大战期间，几百万发毁灭性的炮弹已经发射出去，这些冲击力极大、破坏力极大、射程很远的炮弹是工程师们制造出来的。但是，在近代史上，还没有任何一枚炮弹可以像这辆列车一样，拥有如此遥远的射程，这样生死攸关的力量。这时，本世纪最危险、最坚定的革命者坐在这趟列车上，从瑞士边境启程，跨越德国的国界，奔向彼得格勒，要到那里去破坏时代的秩序。

此刻，哥特马定根火车站的铁轨上就停着这枚非同小可的炮弹。这节车厢分为二等座位和三等座位。有一道粉笔线画在车厢的地板上，这条粉笔线划分了俄国人的领域和那两个德国军官的包厢。那两位军官的任务是要保护这批烈性炸药。列车平安无事地前进了一夜。到了法兰克福，忽然几位德国士兵闯了进来——他们提前获知俄国改革者要经过这里的消息，并且还有几位德国社会民主党人试图和这些旅行者交谈，但都被一一拒绝了。列宁深知，在德国的领域里，哪怕和德国人说上一句话，都会给自己带来麻烦。到了瑞典，他们受到热情的迎接，并在那里吃了早餐,这群人都饿坏了,朝着餐桌走去,餐桌上奇迹般地出现了黄油面包。吃完早餐,为了换下那双厚重的矿工鞋,他不得不去买了一双新鞋和几件新衣服。终于抵达俄国的边境了。

这一炮打中了

从列宁在俄国土地上的一个举动,可以看出他的性格:他谁也没看,只是埋头阅读报纸。虽然他已经远离家乡十四年,已经过了十四年背井离乡的日子,已经十四年没有看到自己的故乡、国旗和士兵的军服,但这位坚忍不拔的人并没有和其他人一样,流下激动的泪水,也不像那些同行的妇女们,激动地去拥抱那些不知所云的士兵们。他第一时间要做的是阅读报纸,阅读《真理报》①,要看一下这份报纸——属于他的报纸能否矢志不渝地坚持国际主义立场。不,它已经动摇了,并没有坚定不移地坚持国际主义立场,他生气地把《真理报》揉得皱巴巴的。报纸中出现的不过是大量"祖国"呀、"爱国主义"呀这些字眼儿,却对他理想中的那种纯粹的革命避而不谈。他感到,这正是自己回归的最好时机,他要扭转乾坤,去实现自己人生

---

① 《真理报》,是那时俄国布尔什维克的报纸,也是前苏联共产党中央机关报。

的理想,无论是成功还是失败。但是,他可以成功吗?他有点忐忑,也有点担心,到了彼得格勒——那时这座城市仍旧是这样的叫法,不过很快就会改变的——米留可夫是否会马上抓住他呢?关于此问题,特意来欢迎他的两位朋友——加米涅夫①和斯大林——并没有在车厢里答复他,或应该说他们不想回答。在昏暗的车厢里,他们只是露出了难以捉摸的若隐若现的微笑。

但是,真相却用沉默来做出回答。当列车进入彼得格勒的芬兰火车站的时候,车站前早已经站满了数以万计的工人和带着各种武器的来保卫他的卫队,他们正在守候这位逃亡归来的人。《国际歌》忽然奏响,当弗拉基米尔·伊里奇·乌里扬诺夫踏出车站的时候,千百双手把这位昨日还住在修鞋匠家中的人高举起来,并把他安全送到一辆装甲车上,楼房和要塞射来探照灯的亮光,光束全部都照着他。就在这辆装甲车上,面对着人民,他做了首次演讲。街头巷尾都为之震动,不久,开始了"震撼世界的十天"②。这一炮打中和粉碎了一个帝国,扭转了全世界。

---

① 列夫·波利索维奇·加米涅夫(1883—1936),1901年加入俄国社会民主工党,十月革命后担任俄中央执行委员会主席,莫斯科苏维埃主席,人民委员会副主席和中央政治局委员,1932年被开除党籍,1934年被抓,两年后被处决。

② 指十月革命开始前的十天,美国新闻记者约翰·里德(John Reed, 1887—1920),为报道这次革命,写有《震撼世界的十天》。

西塞罗

如果一个多才却勇气不足的人与另一个更多才的人相遇，最佳的方法便是远离，躲开他，然后淡然地、沉静地等待着时运的逆转，等待着命运再次为他铺平前路。在世界之都古罗马，马尔库斯·图利乌斯·西塞罗①是一位数一数二的演讲家，坚守着共和主义的他，作为律法捍卫者的他，已为捍卫古罗马的共和制政体及古罗马的旧律法不知倦怠地操劳了整整三十年。史册中收录了他的演讲稿，拉丁语系奉他的著作为根基。贪婪且罔顾律法的维尔列斯曾遭到他的指控；暗地里谋划过暴动的

---

① 西塞罗（Marcus Tullius Cicero），公元前106年1月3日出生在罗马东南方——古代拉丁姆地区的一座小镇阿尔庇努姆。公元前303年，这座小镇得到罗马公民权，公元前188年得到选举权，在西塞罗年轻时，小镇是拥有自治特权的城邦。西塞罗的祖父是农民，而且严格恪守传统。祖父活着时一直对平民主张的秘密表决法予以反对，所以得到贵族派的称赞。西塞罗的父亲得到骑士称号以后，这个家族才进入骑士等级。可是父亲身体状况不好，所以一直没有在政治上好好发展，却更乐意生活在乡间和做学问。很明显，这样的家庭环境极大地影响了西塞罗以后的政治理想和人生追求。西塞罗于公元前76年开始从政，他办事严谨公正，为人谦逊，广受西西里人的称赞。

卡提利纳曾被他怒斥；得胜归来、日趋专断的军事统帅曾被他抵制①。在他身处的时代，他撰写的《论共和国》被奉为道义层面理想国度的典范。然而，相较于他，尤利乌斯·恺撒更加强悍，如今，他来了。初时，比恺撒声名更盛、年岁更长的西塞罗曾心无所忌地对恺撒进行提携。然而，有高卢军团为凭依的恺撒，旦夕之间便统治了意大利。身为一名统帅，恺撒掌控着难以被限制的军事权力，只要他伸手，安东尼②便会将得自集会中的臣民的王冠为他奉上。当高卢军团在恺撒的统领下渡过卢比孔河时，恺撒本人便已经凌驾于法律之上。彼时，西塞罗曾以专断的恺撒为斗争目标斗争过，但徒劳无益。西塞罗曾努力尝试着号召那些最后仍坚守在自由战线上的人，一起去反对意图凭依着强权而专断的恺撒，但毫无用处。相较于语言，军队的强大总是更胜一筹。恺撒——一个才华横溢、行事果决的人——赢得了全面的胜利。如果和大部分的独裁者一样，恺撒有着强烈的报复之心，那么在凯旋之时，他完全可以轻易地毁掉顽固的捍卫着传统律法的西塞罗，抑或将他排斥出律法的

---

① 公元前60年秋，恺撒、庞培和克拉苏三人秘密会晤，把权力抓到自己手上，结成史称"前三巨头"的政治同盟，这是对元老院权力进行对抗的力量大汇聚，是三人联合在一起的专制，对罗马的共和政体带来了威胁。恺撒曾经派人和西塞罗联系，希望西塞罗加入他们的同盟，可是西塞罗没有答应。

② 安东尼（Marcus Antonius，公元前82—公元前30），公元前43年和屋大维、雷必达缔结"后三巨头"同盟，曾经作为部将和恺撒一起进攻高卢，公元前49年任保民官，公元前48年帮助恺撒把庞培打败了，公元前44年和恺撒一起出任执政官，恺撒死后，安东尼在罗马政坛上的地位举足轻重。

庇护范围，这是最起码的。但是，相比于对军功与胜利的看重，恺撒更看重自身的器量与宽宏。他宽恕了西塞罗——这个早就已经为大势所抛弃的对手——恺撒留下了他的性命，也没有想过对他进行任何形式的侮辱。然而，他也对西塞罗提出了要求，唯一的要求：从政治的舞台上退出。现在这个舞台为恺撒所独有，别的所有人在政治这方舞台上能扮演的都是驯顺或臣服的角色。

这个时候，对于一位睿智的长者而言，能够远远地避开公众生活——亦即远离政治无疑是最幸运的一件事。这样的远离让这位才华横溢的思想家和文学家从那不光彩的、充满了诡计的、唯冷漠方能执掌的世界中脱离，重新回到了属于自己的不可能被干扰也不可能被破坏的内心世界。对一个充满智慧的人来说，无论何种方式的流放都能促进内心的宁静与致远。对西塞罗而言，流放就是上天的恩赐，是他生命中最幸福最美好的时段。作为雄辩家的他无疑是伟大的，而现在他已人近暮年。他毕生都沉浮在紧张的时局与政治的飓风中，留给自己的、用以对自身著作进行总结的时间委实太少。这位长者已年逾六旬，在有限的人生中，他亲历了太多的尔虞我诈！他以"新人[①]"的身份崛起，凭借自己卓尔不群的才智、伶俐与坚韧平步青云，

[①] 西塞罗并不是出生于名门贵族世家，在自己家族中，他是第一个出任高级军官职位的人，所以他反复强调说自己是"新人"。

一步步地获取了所有荣耀,出任过所有职位,而这一切在一般情况下是不可能与一个外省小镇的来客有交集的;这一切只对令人欣羡的权贵敞开,但他却获得了所有人的信赖,无论是社会的最底层,还是最高层。从卡提利纳败于他之后,履职元老院的他便步步高升,民众将花冠赋予他,元老院也授予了他"国父"的殊荣。可是,从另一角度而言,他却又必须流亡,仅在旦夕之间,民众没有变,却已将他背弃,元老院也没有变,却开始对他进行谴责。曾经的官职不再属于他,曾经凭借自身的勤奋辛劳而斩获的荣誉也不再属于他。曾经,在元老院那圆形的议事厅讲坛上,他发出过自己的控诉;曾经,他以军人的身份上过战场,罗马军团①也曾接受过他的统率;曾经,身为执政官的他操持着古罗马的政务,那时,古罗马还处于共和;从执政官的位置上卸任之后,他也曾执掌一省。他经手的塞斯特斯多达百万,进账之后又像流水一般被支出。帕拉丁山上那座最美丽的宅邸曾经属于他,然而他却也亲眼看见了这座宅邸的沦亡,他的敌人将它焚成了一片废墟。他撰写的著作曾经至关重要,他做的演说曾经被盛赞为经典。他有过孩子,也失去过孩子。他英勇过,也怯懦过;曾经的他是顽固的,坚持己见,

---

① 大约在公元前90年,青年西塞罗在军中服役,刚开始在庞培·斯特拉博手下,后来成为苏拉的部下,可是西塞罗不喜欢在军中,很快又回到罗马,继续学习。在恺撒和庞培交战时,西塞罗支持庞培和元老院,公元前49年6月他去了庞培所在的希腊的军营,成为庞培的骑兵的领导人。

但后来却变得越来越善于逢迎；赞赏他的人有许多，憎恶他的人也有许多。他的性格十分复杂，时而光辉夺目，时而阴晦黯然。总之，在他所处的那个时代，他不仅是最具魅力的人，也是最让人恼恨的人，因为自马略时代到恺撒时代，风起云涌的四十年从没有少过他的身影，他参与了所有的事件。除了西塞罗，那个时代再也没有谁能将历史——世界历史——亲历；有一件事情——至关重要的事情：对自己的一生进行回顾——需要他去完成，但时代却没有赋予他去完成的时间。这位碌碌于争名逐利间的长者从没有时间静静地自我反思，也没有时间汇总与概括自己的思想与所学。

但现在，因为政权①被恺撒篡取，种种国家事务皆将他排斥在外，于他而言，机会终于来了：出色而有效率地去完成自己的私务——世界上至关重要的一件事：对自己的一生进行回顾。无奈的西塞罗必须向独裁的恺撒移交所有的权力，包括对民众宣讲的讲坛、元老院及国家的至高权力。所有的公众事务对备受排挤的他而言委实索然无味。对政治，他已心灰意冷：希望还有其他的人会对民众的权力进行捍卫吧。对民众而言，自身之自由远没有竞技场上古罗马斗士的比斗来的重要。对西塞罗而言，在内心之中找寻与经营属于自己的自由才是现下至

---

① 公元前46年7月，恺撒在北非把庞培的残余部队完全击败了，之后胜利班师回朝，从这时开始，恺撒的独裁统治事实上已经形成。同一年岁末，西塞罗彻底从政治事务中脱离出来。

关重要的事情。于是，在六十岁时，西塞罗首次将专注的目光投向自己，默然沉思，并以此向世人昭示，过去他的存在是为了这个天下，他在这方天地中起过作用。

从书籍的世界沦陷入诡谲的政治世界，对西塞罗而言，只是不经意间发生的事情，现在，天生才华横溢的他正努力地想要依照自己彼时的年龄与兴趣重新对自己的生活进行一番明智的安排。他离开了罗马这个繁华的大都会，来到图斯库鲁姆——即弗拉斯卡蒂，它现在隶属于意大利——隐居。在这被意大利最优美的景区环绕的地方有一座属于他的庄园。连绵的丘陵缓缓地向着坎帕尼亚平原①延伸，起伏之间一片葱郁，山野间流泉潺潺，愈显静谧。过去，这位灵思泉涌、富于思考意识的长者将时间全都耗费在了圆形的元老院讲坛上、旅途的马车中、古罗马的广场上及沙场的帐篷中。现在，他的心智在这纯然一片的静谧中被彻底开启。那座诱惑无边却又让人身心俱疲的城市——罗马，就像云烟一缕，恍似天边般遥远，却又不是特别的远，以至于亲密如阿提库斯一样的知己，以及年轻的卡西乌斯②和布鲁图斯还能常常造访，与他一起谈天，以对自己的思想进行启迪，甚至一位极度危险的客人——目空一切、专断独裁的恺撒也曾到访过一次！即使身边没有来自罗马的友

---

① 坎帕尼亚，意大利西南部平原地区，罗马周边的平原。
② 卡西乌斯，古罗马将领，力主共和制，刺杀恺撒的一个主谋，事后到叙利亚去组建军队，然后到希腊和布鲁图斯会合。

人,他也从来都不缺少陪伴者——书籍,它们始终是高尚的,并且没有人会因其而失望,不管它们是选择缄默还是选择与之交谈,都听凭它们的意愿。在自己位处乡野间的别墅里,西塞罗布置了一间藏书室,十分静雅。如果智慧能用蜂蜜比喻,那藏书室就可以用取之不竭的蜂房比喻。希腊哲学家们撰写的著作、各种各样与律法相关的书册、罗马人撰写的编年史等全都整整齐齐地排列在这里。与分处不同时代,操着不同语言的友人们——书籍一起生活,再也没有一个夜晚会显得空虚寂寥。工作时间在早晨。伺候在一旁、异常恭敬地为西塞罗的口授进行笔录的是他的奴隶,这个奴隶学识渊博。膳食方面,有他的女儿,他最心爱的图利娅操持,他的时间因此而结余不少。每一天,他都以对儿子进行教育作为调剂生活的一种方式,时不时地,他也能从中收获一些全新的慰藉。另外,他所有生活经验的末尾,还发生了一件事:这位年逾六旬的长者做了一件愚蠢的事,却又愚蠢得甜蜜——他迎娶了一位比他女儿年龄还要小的女子为妻[①],为的便是以艺术的生活方式,以最迷情、最性感的方式,而不是在诗词中或者在用大理石雕琢的自我塑像中将美享受。

瞧吧,六十岁的西塞罗终于在这一年还原了最真实的自

[①] 公元前45年,西塞罗的妻子特伦提娅和他离婚,这时西塞罗已经60多岁,是年岁末,西塞罗迎娶了他监护的少女普布利里娅,很快又离婚。

我——他不再是民众的领导者,而只是一位哲人;他不再是雄辩家,而只是一位作家;他不再是为人民利益而奔忙的人民公仆,而只是主宰着自身闲情的人。他再也不用在古罗马广场上直面那些收受了贿赂却仍理直气壮地自辩的法官,他更希望凭着《演说家》这一著作能够为每一位仿效他的人树立一个榜样,从艺术的角度将演讲的本质告诉他们,同时,也以著作《论老年》自勉:一个真正睿智的人在年老之时应该学会保持自己真正的尊严——年老之后的生活就该戒除欲望,斩断妄念。那一封封言辞体贴、优美的书信也全都是他在这段静谧的岁月中书写的。哪怕爱女图利娅的逝去让他陷入了巨大的哀伤中,他依旧用一种艺术的、饱含哲理的生活态度将自己的心殇治愈了:他撰写了至今仍能带给无数与他有着相同境遇的人以莫大慰藉的散文名篇《论安慰》。这位过去一直陷于忙碌之中的演讲家已经蜕变成了一位伟大的文学家,后世认为他的这种蜕变应归功于他远远地脱离了罗马的喧嚣。在这平淡而宁静的三年时光中,他著成的作品和留于后世的清名远多于他碌碌于国家事务之中的三十年。

　　他好似已经像哲人那样生活了。源于罗马的消息与书信日日传来,但基本上全都被他忽视了,他早已不是名为共和、实则被篡权者恺撒独裁着的罗马的一员,而只是亘古的精神国度中的一员。这位法律在人间的引导者最终还是弄懂了所有为社会献身的人最后都必然会明了的、充满了苦涩的秘密:没有哪个人能够长时间地对民众的自由进行捍卫，他能捍卫的始终都只是属于自己的心灵的自由。

西塞罗——这位坚持人性论的学者、哲人、普罗大众中的一员就这样在远离——用他自己的话来说就是，是完全地远离了——政治的纷扰和世俗的喧嚣中度过了一个福从天降的盛夏、一个创作累累的金秋及一个令整个意大利都震惊与撼然的寒冬。源于罗马的书信与讯息基本上全都被他忽略了，他也不关心这场根本就无需他下场参与的博弈结果究竟如何。以文人自居的他仿佛已彻底沉浸在了渴慕文名的欲望里，他希望自己只隶属于灵感的世界，而非名为共和但却屈服于暴政的、陈腐的、凶险的古罗马政权的一员。直至三月的某日，一个风尘仆仆、呼吸急促的信差在中午匆匆忙忙地步入他的公寓。信差单膝跪地将某个消息禀告给他之后便晕倒在地，这条消息是：在元老院的会议厅，独裁者恺撒遇刺身亡。

刹那间，西塞罗的脸色变得惨白。就在数周之前，他还与恺撒——一位大度的胜利者——同桌共餐。诚然，他曾经异常憎恨这位拥有着卓越的才干而又异常危险的人且抵制过他，他也曾经对恺撒在军事领域所取得的种种胜利怀抱着深切的怀疑与忧虑，然而从本心而言，他却一直都对这位必须钦敬也唯一值得他钦敬的政治对手在组织方面的出色才干、内在的人格魅力与自信深怀钦佩。换言之，虽然恺撒本人对那些为自己的谋杀编纂着虚伪缘由的谋杀者们一直极度憎恶，但他之所以成为这最应该被诅咒的谋杀的受害人,难道不是因为他数之不尽的卓越之处和他惊世的伟业:这是有预谋的"弑杀国父"吗?同样地,他之所以成为希冀自由的罗马人必须直面的危险中最危险的那一个,难道不是因为他卓越的天赋与才干吗?如果认为这样的人物的逝去多半会令人叹惋,那么,这次秘密谋杀行动的成功带给那最神圣事业的多半就是胜利了,由于恺撒的逝去,现在,共和的罗马也许能够获得又一次新的生命:自由之思想——那最尊崇最高尚的思想也许会因为他的逝去而攫取胜利。

如此一想,西塞罗也便将初始的愕然与震惊克服了。本来,这种秘密的谋杀行动并非他所乐见;也许从本心来讲他一直都没有勇气去梦想这些。尽管在从恺撒的胸膛中抽离那沾满了鲜血的匕首时,布鲁图斯曾高呼西塞罗之名,并凭借这一点要求作为导师的西塞罗为共和主义的这次成功的秘密谋杀行动做一见证,然而无论是卡西乌斯还是布鲁图斯在密谋此次行动之时都没想过要把西塞罗纳入参与者之中。如今,对恺撒的刺杀行动已经付诸实践,难以挽回,并且最起码,于罗马的共和政体而言,这次行动是有益的。西塞罗已然明晰:自"暴君"的尸身之上跨过之后,一条以古罗马之自由为目的地的道路就会出现;与此同时,他也明白:为其他所有的人指明这条道路正是自己的义务,责无旁贷。如此千年难遇的机会一定不能平白错过。就这样,西塞罗放下了文稿与书籍,抛下了文人的淡定从容,为了将恺撒的遗产——古罗马,自密谋者与恺撒复仇者的手中拯救出来，事发当日，他就匆忙重回了罗马。

回归的西塞罗，遭逢的是一座怅然且惊惶不知所措的罗马城。事发当时，某一事实便已经得到了明证：相比于刺杀行动的参与者，刺杀恺撒这一行动本身更加伟大，那些秘密谋划刺杀的人，纠集在一起，不过是一种偶然，他们能弄懂的不过是要铲除掉恺撒，铲除掉那个比他们所有人叠加在一起都要强悍的人，可到了这次成功的刺杀需要被充分利用的今天，他们却不知道应该怎么办了，他们想不出任何对策。元老院的元老踟蹰不定，不知道对这次刺杀应该抱持赞成的态度还是进行谴责。对严酷暴戾的统治早已习以为常的民众也没有勇气对此做出任何评论。无论是安东尼，还是恺撒的友人们，对那些秘密谋杀者充满了恐惧，且为自己的生命颤抖。反之，那些秘密谋杀者们也对恺撒的友人及他们的报复行动[①]充满了恐惧。

在这一片惶然的气氛中，只有一个人用行动证明了自己的果敢，他就是西塞罗。平日里，西塞罗总是谨慎的，哪怕他谋略过人，哪怕他从容淡定，可此时此刻他却没有任何犹豫地站了出来，对这次他原本并没有参与的刺杀行动表示了支持。他昂然地步入元老院会议厅，而彼时恺撒的血迹还没有干涸，还残留于庞培议事厅用大理石铺就的地面上。面对着正在开会的

[①] 恺撒被刺杀后，恺撒的拥护者曾经惶惶不可终日，以为他们也会被攻击，可是他们迅速发现，密谋者们并没有得到普遍的拥护，所以又振作起来。安东尼从恺撒的遗孀那里得到了恺撒的所有文件，成为他和共和派抗争的有力武器。

诸位元老，他盛赞此次刺杀是共和理念的一次成功。"你们，我的民众们，再一次回归自由！"——他慷慨激昂地宣称。"你，布鲁图斯，还有你，卡西乌斯，你们的行动非但是罗马史上最伟大的，也是人类史上最伟大的。"但与此同时他也做出了要求：如今，要赋予这次行动更伟大的意义。秘密谋杀者们应当毫不迟疑地将因恺撒逝去而暂时处于搁置状态的政权掌控起来，并且，为了对国家进行救赎，为了让古罗马的法制得以重建，要迅速地对此次胜利进行充分利用。西塞罗表示，执政官安东尼应该被罢黜。行政权应归于卡西乌斯与布鲁图斯。出于令自由永远取代独裁的目的，一直以来都严格遵循着律法的西塞罗在这虽然短暂但却极具世界意义的时刻首次打破了陈规的束缚。

但是，如今，秘密谋杀者们暴露了他们的软弱。他们只懂得暗地里谋划，只能刺杀一回。当长五寸的匕首插入那无所凭依的肉体时，他们仅存的力量便已经被用尽，之后他们的决心便消亡了。他们不去掌控政权，也不以政权为工具对国家进行重建，他们将所有的精力与时间都花费在了与安东尼谈判上，花费在了获得赦免上，即使这赦免是如此的廉价。他们的时间十分宝贵，但却被他们自己所耽搁，恺撒的友人们需要时间去积蓄实力，而他们给予了这些人时间。西塞罗是敏锐的，他意识到了危险。安东尼正在筹划的反击被西塞罗察觉到了，他非但要将所有的秘密谋杀者都除掉，还要将共和的理念一起消灭。

尽管西塞罗对秘密谋划者与民众发出了警告，尽管为了逼迫他们坚决地采取行动，他竭尽全力地去宣传、去演讲、去游说，但他还是错了——他自己不曾采取过任何的行动——从世界范围来讲，他的错误是极具历史意义的！显而易见，所有的可能性都被西塞罗所掌控。元老院已经做好了对他进行支持的准备。民众们本来就希冀能够出现一位果敢坚韧的人把控乱局——将从强悍的恺撒手中滑落的缰绳接住。如此时西塞罗能将政权执掌，并在乱局中重建秩序，所有的人都会长舒一口气，都不会反对他。

对卡提利纳的控诉演讲让西塞罗正式在罗马的政坛之中扬名立万，自那而后，他一直都热情而恳切地期待着在世界范围内都具有历史意义的一刻到来，而这一天——三月十五日，终于来临了。如果当时他就能清楚地认知到该怎样对这一时刻进行利用，何其美好！那样的话，我们每一个人学自学校的历史便将截然不同。西塞罗之名代表的便不光是一位卓有名望的文学家，还是一位拯救了整个罗马共和政治的伟人，一位真正捍卫了罗马自由的守护者，在普鲁塔克与李维①编著的编年体史书中，这个名字亦将永垂不朽、流芳万古，因为在接手了一位独裁者遗留下来的政治大权后，他心甘情愿地将这些权力赋予

---

① 李维（Titus Livius，公元前59—公元17），古罗马历史学家，写有《罗马自建城以来的历史》，共142卷。

了民众。

然而,历史的悲剧一直都在重复地演绎着:正是这样一位睿智的长者,由于内心承载了太过重大的责任,所以在至关重要的时刻,常常做出果决的判断与行动。西塞罗是多才的,他是一位善于创作的文学家,在他身上也存在着这种矛盾:恰恰是由于他比所有的人都更能看清这个时代的庸碌,所以身处其间的他不得不放轻自己的脚步,在热血满胸的时候,他会情不自禁地参与到政治的交锋之中,可是与此同时,当直面以暴制暴的情况时,他又充满了迟疑。受内心责任感的影响,他对鲜血与恐怖手段充满了畏惧。但如今,就在他非但能够执掌政权,而且还能百无禁忌地行使这些权力的时候,在这与众不同的时刻,他踟蹰了,犹豫了,他充满了各种顾虑,于是,他的力量失去了。刚开始的时候,西塞罗是振奋的,但之后,他一直都在对时局进行观望,他洞察所有,又忧心不已,那些秘密谋杀者就是他观望的对象,哪怕昨日他还曾赋予他们英雄的荣耀。他察觉到他们就是一群胆小鬼——他们不敢再前进,他们有了同情心。民众也是西塞罗观望的目标,他察觉到现在的罗马民众再也不是古罗马民族英武果敢的民众,不是他梦想中的人,而只是一群斤斤计较着实惠、安心享受、腐化变质——只对吃喝玩乐感兴趣的普罗大众。以布鲁图斯和卡西乌斯为代表的秘密谋杀者们只得到了他们一日的欢呼;次日,这些民众就将欢呼献给了安东尼——在安东尼的号召下,秘密谋杀者们成了他们报复的对象；第三日，他们又将欢呼献给了多拉贝拉——在这个人的统帅下，恺撒的塑像被掀翻在地。西塞罗明白，这座城市早已经蜕化，再不会有谁会为自由的思想真诚地奉献，他们希求的不过是权力亦或自身的享受。恺撒被铲除了，可徒劳无功，因为无论是谁希求的都是恺撒所遗留的钱财、军团、遗产及权力。他们争吵不休，讨价还价。在罗马，唯一神圣的便是自由事业，但现在却没有人为之奋斗，人们谋求的都是自身的利益。

欢乐与备受鼓舞的心情对于西塞罗而言就像一现之昙花般短暂，之后的两周①，他变得越来越烦躁，疑虑之情也日渐增长。只有他还在为国家的重新建设忧心；秘密谋杀者们早已失去了对自由的向往，对国家的情感也渐次弥散。西塞罗为时局的动荡感到不安与憎恶。他必须将所有的错觉摒除：认为自己的言辞有举足轻重的分量。在失败面前，他必须得承认，作为调解员的他已经起不到什么作用；他必须得承认，自己若非太怯懦就是勇气太少，以至于无法将自己的祖国从即将爆发的内部战争之中拯救出来。于是他也只能令这国家听凭天意。他从罗马离开，回归濒临那不勒斯湾的普托里的时候是四月初，在那里，他有一座庄园，能够用以隐居——他重回了书斋，与他一起被带回的还有再一次的失败与失望。

---

① 指公元前 44 年 3 月 16 日至 3 月底的两周。

就这样，西塞罗再次开始了自己的隐居生活，再次远离了诡谲多变的政坛。现在他终于弄懂了，作为一名学者，作为一名人性与法律的捍卫者，他本就不该涉足政治的领域，在那里强权即真理，在那里权力不是推动和平与明智的工具，而只会放纵更多的肆无忌惮。他虽然深怀感触却也必须认识到，他所祈盼的理想中的共和与重建古罗马风骨的愿望在这个时代根本就无法变为现实，因为，人性太脆弱。因为在物质的、现实的、无法被他掌控的世界中他的救赎无法实现，那么，他最起码得将自己的救赎之梦留下，留给后世更为睿智的人。人生六十年，所有的知识与辛勤不应流失，不应不起任何作用吧。于是，这位抑郁的长者想起了原有的才干。在那段寂寥而枯燥的日子里，他写成了《论义务》，他最伟大的一部作品，也是他最后一部作品。这是他的遗言，是他对后世之人的教导，与人之独立、道德、个人及个人对国家的义务相关。这是他的遗作，与伦理学及政治学相关，记载了普托里的西塞罗生命的深秋——公元前四十四年的深秋。

书中语言平易，就像在与人谈心，这也昭示着这部论述了个人与国家之间关系的理论巨著，是一位已经对社会失去了所有热情的退职之人最后遗留下来的作品。《论义务》是西塞罗为儿子撰写的；他对他的孩子坦言，他之所以从公众生活中退出,不是因为冷漠,而是因为作为罗马共和派的一员①,一个有见地且崇尚自由的人,效力于独裁统治本就是对自己尊严与身份的侮辱。西塞罗坦言:"在执掌这个国家政权的人是我自己挑选的人的时候,在那漫长的岁月中,我为国家奉献了我所有的才智与谋略。但当这个国家陷入独裁,一只手能将天遮蔽,我便再也没有了为公众,或者说为法庭与元老院服务的余地。"的确,法庭已经被终结,元老院也已被架空,在这里,或者说在圆形的元老院讲坛上,西塞罗还能谋划什么,还能希求什么?毕竟,他还有几分自尊。在这之前,他将太多太多的时间都花费在了服务于公众,亦即参与政治活动中。"没有为这位创作者留出空闲的时间"。西塞罗一直都没有用一种全然的、自成一体的方式将自己的世界观记录下来。如今,迫于无奈而从国务之中抽身的他,想要充分地将这些空闲的时间利用起来,最起码他要让西庇阿那异常经典的话成为现实——在谈及自身时,西庇阿曾说:"当他在不得不无所事事时,他所做的事从不会更少;当他孤独一人时,他从未感到更寂寞。"

当时,西塞罗教授给爱子的与个人与国家之间的关系相关的种种理念多半都不是原创的和全新的。源于书本的知识与日常所接受的知识在这些理念中得到了结合,因为哪怕已经六十

---

① 西塞罗在政治上崇尚君主、贵族和骑士相结合的国家制度,反对阻挠现存的奴隶主国家的秩序。

岁了，一位口若悬河的演讲家也不可能陡然转变为诗人，这就好像一个编纂辞典的专家不可能陡然变成原创作家一般。然而这部通篇语调哀婉、带着憎恨的著作却为西塞罗的理念带来了一种全新的、动人的、悲伤的感染力。这是在被鲜血浸染的内战中，在分属不同派系的亡命徒与古罗马的贵族集团为了争权夺利而不断斗争的时候，一位充满了人性光辉、才华横溢的长者所做的亘古之梦：以道德领域的认知为凭依，以安抚为手段，努力让世间变得和平——就如同在那个时代也做着同样幻梦的许多人一样。西塞罗认为，能够支撑起这个国家的唯有律法与正义。政权不应执掌于善于将人心蛊惑的政客之手，政权必须由内心正直的人执掌，这样国家的公正才能被保持。谁也不可以将自己的意志穷尽手段——进而将自己的肆无忌惮强加于民众；所有人都有义务拒绝一个夺取了民众手中领导权的野心勃勃的人。西塞罗有着自己独立的思想，不屈服也不气馁，他拒绝所有独裁者成为他的同盟①，更不愿意为独裁者效劳。

西塞罗以论证的方式对所有权力都被暴政所侵犯做了说明。只有所有的人都不希图以职务之便谋求个人私利，不希图将自身利益隐藏在社会利益背后，真正的和谐才能在这个国家被实现。只有财富被以妥当的方式管理，不因肆意挥霍而沦为奢靡，

---

① 恺撒和屋大维曾经多次向西塞罗表示，希望和西塞罗结盟，可是西塞罗都找理由拒绝了。

并转化为文学艺术等精神领域的财富之时；只有贵族将自己的傲慢抛撒；只有民众拒绝善于蛊惑与煽情的政客并拒绝向任何一个派别出售国家，并寻求天赋人权之时，国家的发展才会变得健康。诚如所有满怀人性理念的人都对调解与中和盛赞有加一样，西塞罗也希望处于对立中的各个社会阶层能和谐共处。罗马并不需要像苏拉与恺撒一样的人，而从另一个角度而言，罗马也不需要像格拉古兄弟一样的人。独裁与革命都是危险的。

在《论义务》中，西塞罗做了很多阐述，这些阐述曾见于柏拉图的《理想国》及后世让-雅克·卢梭的著作和每一位深怀乌托邦之梦的理想主义空想家的著作中。但是，西塞罗撰写的这部著作之所以能取得凌驾于其身处的时代的、匪夷所思的地位，原因却在于在公元前半个世纪时他首次以文字的形式表达了那全新的、仁爱的情感。历史上的那个时代，粗野、残酷、暴戾，而西塞罗则是首个对一切暴力行为都抱持否定态度的人，也是唯一一个对暴力行为抱持否定态度的人。身处那样的一个时代，哪怕是恺撒，在将一座城池占领之后，下达的也是砍掉两千俘虏双手手指①的命令；在那个历史时代，拷打、决斗、刑讯、角力、大范围的屠杀、绞死在十字架上，委实是再平常不过的事情，无需言喻。而西塞罗则视战争为野兽的行径，对

---

① 相传，恺撒在把俘虏放走时，会让人砍掉俘虏的双手手指，进而让俘虏没办法再拿起武器打仗。

其进行谴责。他对自己的民族进行谴责，谴责它的穷兵黩武，谴责它对各个行省的压榨，谴责它不顾一切地疯狂扩张。西塞罗希冀：罗马能以文化兼并、习俗相融的方式，而非以利剑与长矛去兼并其他国家。他竭尽全力对洗劫城市的行为进行抵制，他要求待人要宽和，哪怕那人是所有无权利者中最卑微的——奴隶；这种要求在那个时代的罗马是不符合时代需求的。衰败是罗马未来的结局，西塞罗用先知一般的远见对此做了预判，原因就在于罗马在极短的时间内获得了胜利，与此同时，也因为罗马是以单纯的武力将世界征服的，而这种征服存在着缺陷。西塞罗表示，自苏拉时代开始，罗马对外征战的唯一目的就是大肆掠夺财物，而那时候，罗马国内已没有了正义。要明白，当某一民族将其他民族的自由以武力的形式剥夺之时，在玄奥的报复之下，这一民族会被渐次孤立，进而失去它缔造传奇的伟力。

当罗马的军事统帅们怀揣着野心带领军团疯狂地进行领土扩张行动时——以帕提亚[①]、波斯、日耳曼、大不列颠群岛、西班牙、马其顿为进军目标时，在著作《论义务》中，西塞罗阐述了另一种截然但超越了凡俗的意见：对这危机重重的胜利进行抵制，因为他已然察觉，用鲜血浸染的征服之战的种子播

[①] 帕提亚（Parthien），亚洲西部的古国，位于里海东南，差不多在现在伊朗的东北部。公元前53年，罗马统帅克拉苏率7个军团进攻帕提亚，被引诱到两河流域北部，在卡尔莱附近大败，被杀。

下之后，孕育而出的必然是流血漂橹的内部战争，因此这位守护着人性却没有了权力与势力的长者谆谆地对爱子进行教诲，希望他能将人与人的和谐共处奉为至高理想。这位在过去太过漫长的岁月中一直扮演着雄辩家、演讲家及政治家角色的西塞罗——为了荣耀，为了钱财，曾经，他以自己卓越的雄辩为所有的事情做过辩护，有好事也有坏事；曾经，他为自己谋夺过所有的职位；曾经，他以财富、名望及公众的喝彩为追求——最后在这生命的深秋，他清晰地认知到了这些。在生命即逝之时，直至今日，唯以人性论为信仰的马尔库斯·图利乌斯·西塞罗成了仁爱的首个捍卫者。

当隐居的西塞罗于安闲与宁静之中用这种方式认真地对国家事务及道德规范进行思索的时候，罗马政局日益动荡。元老院一直不曾做出选择，民众也一直不曾做出选择，对密谋杀害了恺撒的那些人是应该赞誉还是谴责呢。安东尼正在扩充军备准备战争，为的是抵制卡西乌斯与布鲁图斯；且另一个出人意表的人——屋大维回归了罗马，他要求对恺撒的遗产进行继承。屋大维是恺撒以遗嘱的方式确定的继承人，如今，他果真回来了，回来承继这笔财富与权力。刚一登陆意大利，他就给西塞罗写了一封信，希望西塞罗能够给予他支持；然而，同一时刻，西塞罗还收到了来自安东尼的邀请，安东尼希望他能回归罗马；各自为战的卡西乌斯与布鲁图斯也对西塞罗发出了召唤。他们都渴望得到这位雄辩家的支持，希望他能以自身的雄辩对他们的事业进行维护；他们都希望能从这位声名卓著的法律导师这里得到一些建议，渴盼他能将他们所做的种种与法理相悖的事情转变为合法。就像所有希冀将政权掌握在手中的政治家一样，在执政之前，他们总会本能地去寻找一个能够倚之为靠山的睿智的人。——但当他们真正获得执政权时，这位智囊就会被他们踢到一旁，不屑一顾，假如西塞罗仍一如往昔般自负且雄心勃勃，他或许会被欺骗。

但是，西塞罗并未被欺骗，一半是因为他的倦怠，另一半则是因为他的明晰与睿智——这是两种时常被混淆且难以区分的心态。他明白，如今他要做的最迫切的一件事就是将《论义务》撰写完成——亦即整理一下自己的理念与人生。诚如对海妖①的歌声充耳不闻的奥德修斯一样，那些权贵的召唤虽然充满了诱惑，可西塞罗却不愿意听，屋大维的召唤被他无视，安东尼的召唤被他无视，卡西乌斯与布鲁图斯的召唤被他无视，甚至友人们的召唤和元老院的召唤也被他无视，他继续撰写着书籍，因为在他看来，相较于行动中的西塞罗，言辞中的西塞罗更加强大；相较于置身朋党中的西塞罗，孤独的西塞罗更睿智；与此同时，他也有所预感，这是他挥别人世的临终遗言。

在这部著作撰写完成之后，他才抬眼望向四周，看到的局

---

① 海妖（Sirenen），半人半鸟的女海妖，用动听的歌声引诱过往的水手，让船只在附近触礁沉没。

面委实令人忧虑。他的祖国——这个国度已经处于内部战争的边缘了！安东尼洗劫了恺撒与执政官的银库，还在以这笔盗窃之财招揽兵马。然而站在他对立面的三支军队也都全副武装：一支军队属于屋大维，一支军队属于雷必达，还有一支军队属于布鲁图斯与卡西乌斯。所有的斡旋与调节在这个时候都显得太晚了。现在不得不有所抉择了，罗马是应当维持共和政体，还是被以安东尼为领导者的、与恺撒的专制类同的独裁政治盖压。这个时候所有的人都必须做出抉择。哪怕是最谨慎、最踟蹰、最小心的马尔库斯·图利乌斯·西塞罗——过去他一直都徘徊于各个派别之间，他寻找着凌驾于派系之上的调和之道——也必须做出最后的抉择了。

于是，现今，一件震惊了许多人的事情发生了。在将遗作《论义务》交给自己的儿子之后，生死就已经被他置之度外了，全新的勇气似乎已充斥了他的整个身体。他晓得，他的政治生涯已然终结，文学生涯也已终结。他说了所有他应当说的话。需要他亲历的事情已经没有多少了。他已经上了年纪，他做了所有他应该做的事情，余生是如此的卑微，又有什么珍惜的必要？就如同一只被狂吠的猎犬紧追不舍的动物，在精疲力竭之时会蓦然转身，冲向追逐它的猎犬，以便以最快的速度完成最终的战斗一样，带着悍不畏死的勇气，西塞罗再次将自己置身于危险之中，进入了斗争状态。数月，甚至数年以来，以石笔沉默地创作才是他做得最多的事情，但如今，他又要手执锋锐的石剑刺向共和的敌人了。

公元前四十四年十二月,在一片震骇之中,头发已然灰白的长者再次出现在罗马,出现在了元老院的讲坛上,他要再次对罗马之民众进行呼吁;他要以一种凝重的方式对罗马的先贤表示尊敬。因为元老院的意愿与民众的意愿都遭到了安东尼的背弃,为了抵制这位篡夺了国家权力的当权者,他发表了十四篇"反腓力辞",振聋发聩。他清楚地知道抵制一个独裁者对手无寸铁的自己而言意味着什么。——罗马军团已在安东尼身边集结,独裁者已做好了屠杀与征战的准备。然而,要唤起他人之勇气,无论是谁,都需要先证明这样的勇气为他自己所有,这样才具备说服力。西塞罗明白,这一次即便是站在同一讲坛上,却再也无法任意地挥洒言辞之枪剑,他必须行险一搏,以生命为代价。他站在演讲台上,言辞铿锵,声音激越:"在我还是青年的时候,我便是罗马共和的捍卫者,而今我已暮年,但依旧无法弃共和于不顾。如果能以我的生命换取一座重建之后的自由罗马,我已经做好了逝去的准备,心甘情愿。我只有一个愿望,那就是在我的生命终结的时候,在这片土地上生存的罗马民众依旧是自由的。希望亘古的神明能予我以最大的恩赐,满足我的愿望。"他态度坚决地通告元老院:现在,再也没有必要与安东尼谈判。他认为元老院必须对代表着共和的屋大维予以支持,尽管他与恺撒有血缘之亲,是恺撒的承继者。但现在,一切都与人无关,而仅仅与事情,最神圣的事情——

自由相关。最后的关头已经到了,此事已到了决定性的时刻,而当精神领域凛然不可犯的自由遭遇胁迫,所有的犹豫与迟疑都代表着毁灭。因此,西塞罗希望共和的军队与独裁的军队兵戈相见,即使他一直都是一位和平主义者。原因就在于,他和他的后学弟子伊拉斯谟一样对内部战争充满了憎恶,这种憎恶超越了一切。他建议,宣布法律对篡夺了政权的安东尼不予以保护,宣布整个罗马转为紧急状态。

当西塞罗的雄辩不再被疑虑重重的官司所利用,当他以捍卫者的身份将这份崇高的事业守护,他找到了,在为了抵制安东尼而发表的十四篇"反腓力辞"中,他找到了真正鼓舞人心且极具感染力的词语。他呼吁他的同胞们:"如果其他民族甘于生活在奴役之下,作为罗马人的我们则不甘愿。如果自由不能为我们所得,那么毋宁死。"他表示,如果罗马已经用尽了自己的气数,那么宰执天下的罗马便应这样行动:宁可与敌人在正面争斗中偕亡,也不愿听凭宰割——就像竞技场上已然沦为奴隶的罗马战士所做的那样:"宁可有尊严地结束自己的生命,也不愿苟且地在耻辱中生活。"

认真倾听了西塞罗演讲的元老院元老和处于集会状态中的民众都因他对安东尼的痛斥而无比震惊。或许部分人已然意识到,哪怕是在此后几百年的时光中,这也是最后一次公然在罗马广场上发表这样的言论。不久之后,在罗马广场之上,人们必须毕恭毕敬地朝着罗马帝王的塑像行礼。在被恺撒们统治的国度中,像以往那样的自由之言再也不会被允许,被允许的不外是谄媚者与背叛者们诡谲的私语。倾听者们瞠目结舌、相互观望:一半是缘于惊慌与恐惧,一半是源于对这位长者的钦敬——他居然像那"不要命的家伙"一样大胆,亦即以绝望的内心所迸发的勇气,独自一人捍卫共和国的律法与人之精神。他的言论得到了倾听者们的赞同,但他们仍迟疑不定,因为哪怕语言像熊熊烈火,业已腐朽的枝干——罗马人的骄傲也无法再被点燃。就在这位孑然的斗士在罗马广场上抱着理想主义的想法规劝人们献身于家国之时,罗马军团的统帅们已经在他背后毫无顾忌地缔结了整个罗马历史上都无出其右的可耻盟约。

就是他,屋大维,西塞罗曾以共和捍卫者之名盛誉的屋大维;就是他,雷必达,西塞罗曾以他有功于罗马而为他请立大理石像的雷必达;他们都曾远离罗马,为消灭篡夺了罗马政权的安东尼而征战在外,可如今他们却宁可在暗地里相互交易。因为这三位军事统帅都不够强大,都无法将身为战利品的罗马独自吞下——谁都不可以,无论是屋大维,还是安东尼与雷必达,于是,曾经的生死之敌现在却宁愿用协议的方式私自将恺撒的遗产瓜分掉。旦夕之间,罗马易主,曾经属于恺撒的位置被三个小恺撒占据了。

这一时刻,在世界范围内都极具历史意义:元老会的指示、罗马的律法被三位军事统帅无视,他们是巨头,他们结成了同盟,领土广袤的罗马就如廉价的战利品一般,哪怕横跨亚欧非三洲却仍难免被彻底地分割。三巨头在濒临博洛尼亚城①的河心岛上会晤，这里是拉维诺河与雷诺河的交汇之地。在岛上的新搭的帐篷中，三个崛起于战争的英雄彼此互不信任。这不言而喻。在过去的种种宣言中，他们一直在相互攻击与诘难，譬如指责对方妖言惑众、篡位谋权，指责对方是流氓、小偷、强盗等等，以至于谁也不知道三方中的一方对另一方极尽嘲讽究竟是出于何种目的。但是，对于对权力充满了强烈渴望的人来说，道德与声誉从来都不是最重要的，最重要的永远都是战利品与权力。现在，在互相防备的情况下，三个敌人相继来到了之前就已约定好的地方；在确定了并没有谁抱着谋害新盟友的目的将武器带在身边之后，未来将执掌世界的三位统治者终于微笑着相互致敬，并一同迈入帐篷——三位未来巨擘即将在这里将盟约缔结。

在没有任何人见证的情况下，安东尼、雷必达与屋大维一起在帐篷中停留了三日。他们要做的事情有三件。在疾速结盟的前提下，他们首先要做的就是确定天下该如何被瓜分。最后，阿非利加与努米底亚②被屋大维纳入囊中，高卢成了安东尼的属地，西班牙则被划入了雷必达的统治范围。筹措钱财为门徒与士兵发放已经拖欠了数月的饷银则是他们要做的第二件事，

---

① 博洛尼亚，位于雷诺河和拉维诺河的交汇处。
② 努米底亚（Numidien），北非古国，在现在阿尔及利亚北部。

为此，他们并没有发多少愁。以惯常被模仿的手段为依照，这件事被以极巧妙的方式办好了，也就是直接对国内富商的资财进行劫掠，与此同时，为了避免控诉与埋怨，将富商一起干掉。三位巨擘悠悠然地在桌边列出了一份黑名单，包括一百位元老在内的两千位意大利富商名列其中；之后，一份不受法律庇护的人的名单也被列了出来。所有他们知道的人都被提了出来，他们的政治对手自然也在其中。在领土问题得到妥善的解决之后，经济问题也在新结盟的三位巨擘匆匆数笔之下被彻底解决。

现在，第三件事该被商讨了。所有企图独裁的人，首先要做的就是让那些对一切暴政都抱持着否定态度的人——那些顽固地坚守着自由空想的人——永远保持沉默，也就是要让那些有着独立人格的人永远缄默，这样他们才能在主宰者的位置上安稳地端坐。安东尼希望占据这最后的黑名单榜首的是马尔库斯·图利乌斯·西塞罗的名字。西塞罗的本质已经被安东尼看清，他毫不避讳地说出了西塞罗。事实上，相比于其他所有的人，西塞罗的确更加危险，因为他具有独立意识和精神的伟力。必须杀死他。

屋大维不同意这一意见，并为此感到惊讶。他还是个青年，还不曾被奸狡的政治流毒彻底毒害，还没有彻底变得冷漠，他对以处死这位在意大利声名卓著的学者来作为自己统治的开端满怀疑虑。过去，西塞罗曾以最忠诚的态度充当着屋大维事业的捍卫者。在元老院，在民众之中，西塞罗曾数度对他赞誉有加。就在数月之前①，他，屋大维还曾以恭敬的态度征询他的意见，并希望能得到他的援手。早些时候，他曾尊奉这位长者为自己"真正的父亲"。在屋大维看来，做事的时候不能违背自己的良知，他抵制了这一建议，且态度坚决。对这位声名赫赫的拉丁语大师，他一直都怀着本能的崇敬之情，屋大维不希望他被他笼络的屠夫杀害。可是安东尼的态度也很坚决，他明白，暴力永远都处于思想上的卓越者的对立面；从独裁统治的角度来说，这位语言大师就是最危险的。整整三天的时间，他们都在为西塞罗的头颅争执，最终，屋大维妥协了。于是，与这份黑名单相关的所有争论也随着西塞罗之名的列入而终止。或许，在整个罗马史上，这份名单的可耻程度都无出其右。而伴随着这份罗列了所有失去法律庇护的人的名字的名单的问世，对罗马共和制的死刑裁决也真正宣告生效。

在获知以往互为死敌的三人结成同盟的时候，西塞罗就明白自己已经输了。他心里很清楚，自己已处于安东尼——这个强盗的股掌之内。他曾在公众面前揭露过这个为一己私利而罔顾所有的家伙——在公众面前揭露了他贪婪、残暴、无耻且虚伪的本质，委实是不留一丝情面且极度伤人，以至于他根本就不对他的胸怀抱持期望，这个暴君与恺撒不同，不可能以宽容

---

① 公元前43年7月底，屋大维曾率军征服罗马时，西塞罗刚开始躲了起来，然后请求和屋大维会面；屋大维很克制，而且还说，在他所有朋友中，最后一个来的是西塞罗。

的态度对待他——但莎士比亚却没有任何道理地用高贵的精神将安东尼美化。西塞罗明白,如果想挽救自己的生命,顺应逻辑的方法只有一个,迅速逃离。横渡大洋,逃到自由者与共和党的最后营地希腊,去投奔卡西乌斯、布鲁图斯或者小加图。最起码在那里他的安全能得到保障,业已出发的杀手再不能对他进行刺杀。并且这位已经失去了法律庇护的长者也的确再三下定了逃亡的决心。他将一切都准备好了。他告知了友人们。他已经登船,已然动身。但是,在最后时刻,他总会将自己的行程中断。所有体味过流亡之悲凄的人,哪怕身处险境,也能感受到故国的温馨,体味到恒久的流亡给生命带来的黯然。这种意志玄奥神秘、难以预测——甚至是一种对理性的逆反。受这一意志影响,西塞罗不得不直面自己即将到来的命运。这位长者已异常疲倦,他只希望能在已然终结的生命中稍作休息,希望能静静地做一番思索,能读一些书[①]、写几封信,之后便静待被注定的命运的到来!在最后的数月之中,西塞罗忽而于这一庄园藏匿,忽而又于另一庄园藏匿,在危险降临时,他会立即离去,但却不曾彻底远离。就好似将头埋在柔软的枕头中,不时转变着姿势的高烧的病人一般,西塞罗也时不时地改变藏身的地方,他还未曾彻底下定接受命运的决心,也未曾彻底下定逃离命运的决心,他似乎希望以沉静的等待死亡的方式对自

---

① 传说,西塞罗临死前还在读古希腊悲剧作家欧里庇得斯的《美狄亚》。

己在著作《论老年》中的座右铭进行实践：一位垂暮之年的长者只能淡定地接受死亡的降临，无法去追寻它，也无法延缓它：对将死亡视作归宿的人来说，从没有哪一种死亡方式是可耻的。

正因为怀抱着这样的想法，已然奔赴西西里岛的西塞罗突然向属下下达了返航的命令，船再次回转意大利，而那里他的敌人遍地都是。他登陆的地方是今日的加埃塔——亦即曾经的卡伊埃塔。这里的一座小庄园隶属于他。他累了——非但四肢累了，神经累了，也活得累了；在疲累之外，他还感到了某种对即将到来的末日的憧憬及对人世的依恋：他不过是想再休息一下，和故乡、和人世挥别，想重新感受一下属于故土的空气的清新；他希望能够再歇歇，休息一下手脚，纵便只有一日甚或只有一小时也不错。

刚一到达小庄园①，他便诚惶诚恐地向为他守卫家宅的神明祷告。六十四岁、已然垂暮的他的确太过疲倦。颠簸的海上航行已耗尽了他所有的精力，于是他走进那像墓室一样的卧房，躺倒在床上，闭上双眼，舒展四肢，想要在亘古的长眠之前再安享一番恬然入睡的美妙。

然而，他刚刚将四肢舒展开来，一个奴隶就急匆匆地冲进卧房，这个忠诚的家伙告诉西塞罗：庄园周边有一些形迹非常可疑的人出没。一位管家在丰厚的报酬面前出卖了西塞罗，行

---

① 和卡伊埃塔相隔不远的福尔弥埃庄园。

凶者从他那里知道了西塞罗的行踪，而这位管家，一生之中受西塞罗的恩惠无数。西塞罗还有出逃的可能，不过他得立马逃离这里，轿子备妥了。几位家奴筹划着要将自己武装起来，在西塞罗上船的途中保护他，即使他们距离船真的不远。只要登上船，西塞罗就没有危险了。但是，这位倦怠的长者不愿意这样做。他说："没有必要了，疲惫的我已经不愿逃离，疲倦的我已不愿活下去，就让我在这片过去被我所拯救的土地上逝去吧。"然而，他最终还是被走进卧房的一位年老的忠仆说服了。西塞罗坐进随身携带着武器的奴隶们抬着的软轿，从小树林绕行，朝着能够挽救他生命的小船而去。

然而，那个庄园中为了不义之财而出卖他的管家，为了将那笔不义之财收入囊中，急匆匆地叫来了几个全副武装的仆从和一位百人队的首领，仿佛狩猎一般逡巡于林间，被他们视为猎物的西塞罗还是被及时搜寻到了。

仆人们立马在轿旁聚集，准备战斗。可是，西塞罗却向他们下达了离开的指令。他的生命已然要终结了，又何必让那些年纪更轻且与他素不相识的人平白丢掉性命呢？这个曾经一直踌躇不定、不够坚决、极不果敢的男人在生命的最后一刻已然全无所惧怕。在他看来，身为罗马的一员，唯有在死亡来临之时凛然而对，面对这最后的考验，才能展示自己真正的勇气。仆从们顺从地离去了，而他自己则向杀人凶手奉上了自己长满了白发的头颅。他全无抵抗，他手中不握寸铁。他只是若无其事地说了一句:"我一直都知道,我并不是一个亘古永生的人。"但是,杀人凶手不需要他的哲思,他们需要的是军饷。这个没做丝毫抵抗的人被一把军用的大刀砍倒了,砍倒他的正是那位百人队的首领。

就这样,罗马自由的最后捍卫者——马尔库斯·图利乌斯·西塞罗死了[①]。在一生几万个小时的时间里,他表现出的勇气、坚决及男子汉气度均比不上生命的最后一小时。

这场悲剧发生后不久,群魔乱舞的丑陋闹剧随之在鲜血中上演。受指使的人在安东尼的命令下迫不及待地谋杀了西塞罗。以这种不可耐的急迫为依据,杀人者推断,这颗人头的价值一定与众不同——当然,他们不可能提前预知到这颗人头在精神领域对人类及后世的影响,他们只预料到了对这场残忍的杀戮的指挥者而言,这是一颗不同凡响的人头。出于能够理直气壮地索要奖赏的目的,匪徒们选择以人头为使命完成的真实证据,并将之交付安东尼。于是,匪首将西塞罗的双手与头颅砍下,装进口袋中——受害人的鲜血从袋中不断滴落——为了讨独裁的安东尼的欢心,匪徒们急不可耐地回到了罗马,并带来了一条消息:捍卫着罗马共和制的最卓越的战士——西塞罗已然被杀害,用最普通的手段。

这个小匪首——这群凶匪的小首领的预想没有错误。而谋

[①] 西塞罗死于公元前 43 年 12 月 7 日,享年 64 岁。

划了这次行动的大匪首——安东尼也的确非常开心,他希望能以丰厚的奖赏来表彰这次成功的行动。因为意大利最富有的两千人已被他派去的人劫掠并杀害了,安东尼如今很阔绰,他终于可以将一百万金光闪闪的塞斯特斯交给这个为他献上了装有西塞罗被砍掉的头颅与双手的、染满了鲜血的口袋的百人队首领。可是,复仇的烈焰并未因此而在他胸中冷却。仇恨是如此的刻骨铭心,以至于这个嗜血的刽子手琢磨出了一种特殊的、会令死者蒙羞的方法;安东尼全然不会料到,他之所以遗臭万年就是由于这次羞辱。西塞罗的双手与头颅被钉在了作为自由捍卫者的他对人们发出呼吁的地方——罗马广场的圆形讲坛,在这里,他曾对民众发出了抵制安东尼的呼吁。

次日,这可耻的一幕为罗马民众所亲见。西塞罗被砍下的头颅高悬在演讲台上,惨白异常,而这位罗马自由最后的捍卫者过去曾经在这座演讲台上发表过不朽的演说。他的额头被一根长满了铁锈的粗大铁钉贯穿——多不胜数的想法曾被这额头思索;紧闭的双唇十分苍白——相较于其他所有的语言,这双唇中吐出的铿锵的拉丁语更加的美好;双眼被已然泛青的眼睑紧紧地遮盖着——六十余年来,这双眼睛始终将共和的罗马守望。双手无力地伸展着——那一时代最华贵美好的书信便是由这双手撰写的。

但是,此时此刻,对"亘古以来,暴力始终有悖情理"这一点做出最意味深长的控诉的却是他那被残忍砍掉的、已然无声的头颅,在这之前在这一演讲台上这位演说家以抵制残暴、抵制权势之淫威、抵制忽视律法的行为为目的所做的所有控诉都无法与之相比。讲坛四周挤满了惶然且惊恐的民众,他们心情沉郁,感到深深的愧疚,之后却又向旁侧退去。所有的人都没有勇气提出反对意见——如今的统治者奉行的是独裁啊!但是,在目睹了这象征着国家之共和被钉死在十字架上的惨然画面之后,心灵已被震撼的他们还是诚惶诚恐地将自己的眼帘垂下了。

威尔逊的夙愿和失败

一九一八年十二月十三日，亿万民众正翘首期盼着一艘船、一个人的到来，有史以来这是人类希冀最大的一次，而美国总统伍德罗·威尔逊①就是他们所期待的人，此刻他正乘着巨大的"乔治·华盛顿"号军舰驶向欧洲海岸。欧洲各国彼此之间气急败坏的战争已经持续了四年之久②，千百万本国最杰出、最富有朝气的青年都被大炮、机枪、火焰喷射器以及毒气所杀害。在这四年时间里，这些欧洲国家无不用语言表达着对彼此的憎恨和诽谤。可是，虽然人们的情绪都被鼓动得亢奋无比，可是他们

---

① 伍德罗·威尔逊（Thomas Woodrow Wilson, 1856—1924），美国第28任总统，连任两届。1856年12月28日出生于美国弗吉尼亚州的斯汤顿县，1879年从普林斯顿大学毕业，1912年7月民主党提名其参选1913年总统，因为"新自由"政纲，他取得了竞选的胜利。1916年通过"他让我们从战争中脱离出去"的口号，再次获得连任。1919年9月4日开始在全国发表演讲，争取美国人民支持国际联盟计划，9月25日在火车上病倒，10月2日抵达白宫后中风。1920年12月，他被授予1919年度诺贝尔和平奖金。1924年2月3日病逝于华盛顿。

② 1914年7月28日从奥匈帝国向塞尔维亚宣战开始，第一次世界大战爆发，一直到1918年11月11日世界大战结束，长达4年多，一共有33个国家、15亿以上的人口卷入这次战争，死亡人数达2000多万，伤残2000多万人。

依然可以听到自己内心深处的声音：自己的国家的所作所为都和天理相违背，让这个世纪受到了污染。所有这些亿万民众都有意无意地觉得：人类又退回到了粗鲁的和早已消逝的世纪之中。

这时，一个人的声音①从一个大洲——美洲穿过依然战火纷飞的战场传到欧洲，这声音明确地表示：停止战争、停止争吵、停止邪恶的秘密外交——这种外交让各国民众在不知情和不乐意的情况下被强迫着去做替死鬼；而是明确表示：要建立一种新的更完美的世界秩序——"在国民们都一致认可的基础上，建立一种人类有组织的舆论都支持的法治"。让人大惑不解的是：他所说的话很快就被所有国家、讲不同语言的人们所理解。昨天还在为领土、边疆、原料、矿山和油田争执不休的第一次世界大战，突然就有了一种接近于宗教的、高尚的意义；这场战争将会带来持久的和平，带来公平和人道的救世主②的国家。如此说来，千百万人的流血好像是有意义的；这一代人遭受如此不幸，似乎就是为了让人间不要再遭受这样的不幸。

---

① 1918年1月8日，在国会致辞中，威尔逊提出他自己命名为"世界和平纲领"的"十四点原则"，其中第十四点，也就是最后一点是最重要的："为了所有国家都能彼此保证政治独立和领土完整，必须成立一个拥有特定盟约的广泛性的国际联盟。"

② 救世主（Messias，音译：弥赛亚），源出圣经故事。《圣经·旧约》称，公元前12世纪至公元1世纪，犹太国发生危机以来，犹太人中就盛行一种说法，称上帝一定会再次指派一位"君王"（弥赛亚）来让犹太国再次振兴；《圣经·新约》借用这个说法，声称耶稣就是弥赛亚，可是不是"复国救主"，而是"救世主"，凡是相信他的人，灵魂就可以得到救赎，进入天堂。

千百万民众充分信任、热烈赞同威尔逊的呐喊。人们争相传颂，在他——威尔逊的努力下，战胜国将会和战败国达成一致，进而创造真正的和平。人们都说，他——威尔逊是另一个摩西[①]，他会促成战乱中的世界各国共同坐到新的国际联盟的会议桌旁。短短几个星期的时间，伍德罗·威尔逊的名字就形同一股宗教的力量——如同救世主一样的力量。街道、建筑物，甚至子女，都用他的名字命名。所有认为自己惨遭不幸或觉得自己处于不利境地和不被尊重的民族，都派了代表过来；数以千计的建议信、恳求信和电报都朝这里涌过来，堆得像小山一样。好几个装满信函和电报的箱子还正被送往这艘军舰上。威尔逊被整个欧洲、整个世界公认为这次最后争端的审判者，实现最终的和平。

威尔逊没办法置这样的呼声于不顾。他美国的朋友们都劝他派其他人参加巴黎和平会议[②]。他们说，他作为美利坚合众国总统，有义务留在自己的国家。可是伍德罗·威尔逊没有听从他们的劝告。他觉得，和要求他去完成的任务相比，美利坚合众国总统这个尊贵的职位根本不值一提。他说，他更愿意服

---

① 摩西（Moses），圣经故事中古代犹太人的领袖。
② "巴黎和会"：第一次世界大战结束以后，1919年1月18日至6月28日期间在巴黎召开了国际和平会议，参加的有美、英、法、日、意等27个国家，战败国都没有参加，中国作为战胜国也参加了和会，苏维埃俄国没有被邀请。和会事实上的掌控者是美、英、法三国，最后签订了《协约国和参战各国对德和约》，史称《凡尔赛和约》。因为此和约，战前德国在山东的特权被毫无理由地转交给日本，让中国民众愤慨不已，由此导致了中国的"五四"运动，中国代表团迫于压力，不答应在和约上签字。

务于全人类，而不仅仅只为一个国家、一个大洲——美洲服务。他更愿意服务于更美好的将来，而不愿只服务于这样一个固定的时间。他更愿意作为所有人利益的代表，而不愿意只作为美国利益的代表，因为"人与人间，利害关系只会产生离心力，而不会让人团结在一起"。他认为，他必须非常小心地守护着：以免军事家们和外交家们再次鼓动起疯狂的民族情绪——因为一旦人类达成一致，军事家们和外交家们的职业道路也就走到头了。他必须亲自作为保证人，保证代表们所讲的话都是代表民众的意志，而不是他们的领袖强迫他们说的，而且在这人类最后一次和最终会让一切都定下来的和平会议上——所有话都应该当着全世界的面公开说。

正是出于这样的目的，威尔逊才站到"乔治·华盛顿"号军舰的甲板上，远远望着雾蒙蒙的欧洲海岸——它若隐若现的，也飘忽不定，就如同威尔逊自己对于将来各国民众和平相处的愿望一样。威尔逊站得笔直，身形高大，表情坚定，目光犀利又澄净，眼睛上还架着一副眼镜，他是盎格鲁和亚美利加[①]的混血儿，下巴微微向前突出，可是厚厚的嘴唇却紧闭着。他出生于基督教长老会牧师之家，所以他有着与生俱来的长老会教士的那种庄严和褊狭。在长老会的教士们眼里，世间只存在一

[①] 威尔逊的祖父是北爱尔兰的移民，1807年搬到美国，外祖父是苏格兰的移民。

种真理,而且这种真理就是他们所掌握的真理。威尔逊的血液中不仅流淌着忠诚的苏格兰和爱尔兰祖先们的热情,而且也有加尔文①教徒所信仰的拼搏精神——正是基于这样的信仰,这样一位领袖②才被赋予了拯救罪恶深渊中的人类的伟大使命。献身于基督的和被看作异端而牺牲的基督徒为了坚持自己的信仰,宁愿受火刑也始终拥护圣经——在他身上,这种执着一直发挥着作用。在他这样一个民主主义者和学者眼中,"人性""人类""人权""自由""和平"这样一些概念是有温度的,对于他的父辈们来说,这些概念是《福音书》中的训谕,而对于他来说,这些概念也是有现实内容的,是他要坚定守护的宗教信条,就如同他的祖先对基督教《福音书》的教义进行守护一样。他参加过的斗争不计其数,可是这一次斗争却是有决定性意义的。——当他远远望着原本模糊的欧洲陆地此刻越来越清晰时,他的心中不由自主产生这样的感觉。可是,当

---

① 让·加尔文(Jean Calvin,1509—1564),新教加尔文教派创始人,在神学界,该教派称归正宗。加尔文本来是法国人,后来搬到日内瓦,是日内瓦政教合一政权的真正领袖,其神学思想和马丁·路德的神学思想一模一样,可更注重节约,反对奢靡,这种新教对于带动新兴的资本主义积累资本和扩大再生产非常有帮助。欧洲大批加尔文教徒大量迁至美国,使得美国变成资本主义强国。可是加尔文施政严苛,在排除异己方面手段毒辣。

② 美国第一个拥有博士学位、当过大学教授和大学校长的总统就是威尔逊。他擅长用宣讲福音书式的语言说话,他的政治思想和秉行的政策当然是保守派,可是又同时被自由派拥护,曾经还拥有"救世主"的称号。威尔逊和列宁是同一时代的人,列宁被称作无产阶级革命的导师,威尔逊则就是20世纪初美国寻求"领导世界"的思想导师。

他意识到,"我们致力于建立世界新秩序,我们也许会出现分歧,可是我们也许会争执不休。"这时候他不由得又变得异常严肃。

　　幸亏这种严肃并没有持续很久,布雷斯特①海港的礼炮和旗帜正在对他表示欢迎呢,可是这只是依照惯例向这位盟国的总统致敬而已,而之后岸边爆发出了一阵欢腾,他觉得这一定不是提前安排好的有计划的欢迎,也不是提前约定好的欢呼,而是所有民众热情的自然流露。威尔逊乘坐的列车每到一个乡镇、一个小村庄、一幢房子,都会看到有人挥舞着旗帜——就像希望的火炬。他四周一片喧闹,千万只手伸向他。而当他从香榭丽舍大街②经过进入巴黎时,两边欢迎的人群更是如潮水一般汹涌。巴黎民众、法国民众代表了远在欧洲的各国民众。他们欢呼着、呐喊着,在他身上寄予了所有希望。威尔逊紧绷的脸慢慢松弛了下来,露出一种喜悦的笑容——差不多是一种放松的、沉醉一样的微笑,牙齿也露了出来。他不停地挥动着自己的礼帽,似乎在致意所有人、全世界。是啊,他做得没错,他亲自到了这里,因为僵化的规则只能被机动的意志所打败。为了子孙后代,为了所有人,人们难道不能,也不应该建设一座让人欢欣鼓舞的城市吗?建设一个希望满满的人

---

　　① 布雷斯特（Brest）,法国西部港口城市,举足轻重的海军基地。
　　② 香榭丽舍大街（Champs Élysées）,或译作田园大街,或爱丽舍大街,法国巴黎标志性大街,因为美丽和时尚而享誉世界。

类世界吗？今晚休息过后，从明天开始，他就要带给世界和平——千百年以来，世界一直想要拥有的和平，他自己也因此完成了一项伟大的使命。这项使命是生活在这个世界上的所有人都要完成的。

克里荣大饭店①是法国政府给威尔逊准备的宾馆，同时它也是美国代表团的总部、法国外交部的走廊，在这里，聚集着一大批焦灼的新闻记者——仅仅这一群人声势就够浩大的。其中一百五十名记者都来自于北美，所有国家、所有城市都有记者赶到这里来了。而这些记者都要求参加所有会议，所有会议！因为和会已向世界许诺过"彻底公开"。记者们听说，这一次会议都会公开举行。"十四点原则"的第一点就明确写道："公开的和平条约，必须公开签订，签订以后不能再出现任何形式的私密的国际宽容，而进行外交时也必须当着全世界的面公开。"听说，私密条约的疫情——和所有其他疫情相比，它的危害更大——将会被威尔逊的"公开外交"的新的免疫血清彻底清除掉呢。

可是，这些热忱的记者们觉得失望极了，因为他们被敷衍地告知，毫无疑问，所有的记者都会被允许参加大型会议，而且可以把那些公开的会议记录全部记载下来——事实上是将关

---

① 克里荣大饭店（Hotel de Crillon），20世纪初巴黎最富丽堂皇的大饭店之一。

键性的东西已经进行了加工——报道给全世界。可是，会议刚开始时得封锁信息，因为第一步是确定谈判的步骤①。沮丧的记者们不由得认为，肯定还有什么事情存在矛盾。事实上，发布消息的官员们也说了一定的实话。有关谈判步骤，在"四巨头"②的第一次商谈中，威尔逊就感觉到协约国中其他国家的不认可：他们不想公开所有的谈判，而且觉得自己很有道理，因为在所有参战国的文件柜里都可以找到秘密条约。——这些秘密条约都提前进行担保：每个国家应得的那一部分利益和自己的战利品。既然秘密条约是私底下罪恶地形成的，他们当然不想公开。为了让巴黎和会有个好的开端，有些事情就必须先不公开。可是，矛盾不仅仅出现在会议步骤方面，而且也存在于更深处。其实，阵势一开始就很明朗，一方唯美国马首是瞻，

---

① 在巴黎和会上，威尔逊提出先建立国际联盟，再对和约进行探讨，他要让国际联盟变成和会议题的主旨，可是法、英提倡先对领土、赔偿等问题进行讨论，将国际联盟放在最后一项议程，事实上就是要让国际联盟计划被有关领土、赔偿等问题的谈判所埋没。最后达成让步：国际联盟和其他问题同时开始讨论。威尔逊又主张《国际联盟盟约》一定要成为和约的一个重要组成部分，认可和约就是认可盟约。英、法主张分成两个文件，分别予以认可。威尔逊不同意。最后达成一致：在1919年分别和德、奥、匈和保签署的和约中都要包括《国际联盟盟约》，成为和该国签订和约的第一部分。《凡尔赛和约》于1919年6月28日正式签署，并于1920年1月10日生效，进而使该和约的一部分——《国际联盟盟约》也于同一天生效。可事后美国参议院没有认可《凡尔赛和约》，也就相当于没有认可《国际联盟盟约》。

② "四巨头"分别是美国总统威尔逊、法国总理克里孟梭（Georges Benjamin Clemenceau，1841—1929）、英国首相劳合·乔治（Lloyd George，1863—1945）、意大利首相奥兰多（Vittorio Emanuele Orlando，1860—1952）。

一方的领头人是欧洲国家。双方分别代表左派立场和右派立场。原来,这次巴黎和会要达到的是两种和平——两种完全不一样的和平条约。一种和平是眼前的、暂时的,一种是永久的,前一种和平就是和已经投降的战败国德国达成一种和平,不再战争,后一种和平是杜绝所有形式的战争。前者是旧的强势的和平,后者是崭新的和平——是威尔逊所倡议的和平,通过成立国际联盟来实现。现在有这样两种和平,到底应该先谈判哪一种呢?

针对这个问题,两种看法激烈交锋,谁也不想让步。对于暂时的和平,威尔逊一点兴趣都没有。他觉得确认边界、偿还战争赔款这些事宜应由专家们和专门委员会秉承"十四点原则"进行决定。这些无关紧要的工作应由专家们完成。而相反,各国政府首脑的当务之急应该是,也有可能是:联合各国,创造永久的和平。——这可是新鲜事物啊!可是双方都觉得应该先讨论自己的意见。协约国的欧洲成员国义正词严地提醒道,经历了四年的战争,欧洲已经千疮百孔、百废待兴,人们不能再让其等待和平数月之久,要不然,欧洲的局面将会混乱不堪、难以收拾。现在最应该做的事就是:确立边界、确定战争赔偿,将所有士兵都送回到他们自己的家园,把货币稳定下来,贸易和交通也要适时恢复,之后虚无缥缈的威尔逊计划才能在秩序已经稳定下来的大地上熠熠生辉。就好像威尔逊从心底里觉得一时的和平没有意思一样，克里孟梭、劳合·乔治、索尼诺①——这些身经百战的谈判对手和诡计多端的策略家们——也从心底里觉得威尔逊的要求没什么意义。他们是考虑到政治，也有对威尔逊的敬仰和好感，才赞赏他人道主义精神的要求和创新，因为他们不知道是有意还是无意地觉得，在他们国家的民众那里，一种公正的原则会非常受欢迎，所以他们在商讨威尔逊计划时，要附加一个前提，那就是增加一些附加条款、删减某些内容。可是当务之急是先和德国达成和约，进而宣布战争完结，之后再对《国际联盟盟约》进行商讨。

回过头来说，威尔逊本人也是一个非常有经验的谈判对手。他非常清楚，对方采取的是一种延缓策略，以期让一种新生事物慢慢凋谢。他也明白，要想把时间上的延缓的诘难排除掉，自己应该怎么做。他还知道，他之所以成为美国的总统，并不仅仅是因为他拥有为某种理想甘愿付出生命的精神。所以他坚持自己的立场不动摇：那就是必须先把国际联盟的条约制定出来。他甚至要求，在和德国签订的和约中，盟约也要加进去。他这样要求肯定就会产生第二个矛盾。因为协约国的欧洲成员国觉得，把《国际联盟盟约》的所有原则都加到对德和约中，相当于以德报怨——让德国提前得到了将来的人道主义原则，而德国是第一次世界大战的罪魁祸首，这些回报是他们不该得

---

① 西德尼·索尼诺（Sidney Sonnino），巴黎和会时任意大利外相。

的。当年德国因为对比利时①发动大举进攻，而置国际法于不顾，还有霍夫曼将军在布列斯特—立托夫斯克曾经用拳头猛砸桌子，开创了强制性签署霸王条约的先例，影响恶劣至极。因此法、英、意要求，清算战争赔款时要先用原来的硬通货，之后再对世界格局进行讨论。他们说，田野仍然是荒凉的，因为战争，所有城市都变成了废墟。为了让威尔逊印象更深刻，他们反复请他亲自到那些城市和田野②去看看。可是威尔逊——一个富于幻想的人却刻意忽略废墟，而只看向未来。他觉得，他的使命只有一件事，那就是把旧秩序废除掉，建立新秩序。虽然他自己的顾问蓝辛③和豪斯④也不赞成，可是威尔逊依然坚持自己的要求不动摇：先制定《国际联盟盟约》，就是说，先对全人类的事情进行讨论，然后再商讨各国的利益。

斗争如火如荼地进行着。它所带来的一项严重后果是：很多

---

① 1914年8月4日上午6时，德国驻比利时公使毕罗给了比利时外相一份最后通牒，内容是，因为比利时政府不同意德国政府的"善意建议"，德国为了保证其自身的安全不得不在"如有必要"时采用武力行动。上午8时2分，德军就在吉美利赫越过了比利时国界，那里和列日城只相距20公里。比利时的国界守卫队进行了射击，8月4日正午，比利时国王呼吁各担保国一起对德国采取军事行动。第一次世界大战由此拉开序幕。

② 克里孟梭曾经邀请威尔逊到法国北部去巡视德军破坏的惨淡情形，他觉得让威尔逊亲眼看见德国人是如何惨绝人寰，才能让其和他们一样痛恨德国。可是威尔逊却一直找各种理由予以回绝。威尔逊是不想看到惨淡的情形，以免有失公正。

③ 蓝辛（Robert Lansing），威尔逊任总统时的第二任国务卿。

④ 豪斯（Edward House）上校，威尔逊的私人顾问。

时间都被浪费掉了。伍德罗·威尔逊还忽略了一点,他没有提前用文字的方式把自己的梦想阐述清楚,所以在讨论时老是横生枝节。他随身带来的盟约计划根本不是什么最后的定稿文本,而只是第一稿草案,这个草案必须被拿出来在若干次会议上进行探讨、修改。此外,因为外交礼节,威尔逊还必须在到达巴黎以后对其他结盟国家的首都进行拜访。也就是说,威尔逊要对伦敦进行访问,要在曼彻斯特发表演讲①,还要到罗马去。因为他不在现场,其他重量级的政治家也无心推动他的计划。在巴黎和会全体会议举行以前,他们已经白白浪费了一个多月的时间。而在这一个多月的时间里,在匈牙利②、罗马尼亚③、波兰、巴尔干半岛④、达

---

① 1918年12月30日,威尔逊在曼彻斯特发表演讲,对他的集体安全理念是怎样和美国远离欧洲事务的传统结合在一起进行说明。

② 1918年10月30日夜,匈牙利的工人和士兵武装起义。1918年11月16日,哈布斯堡皇朝在匈牙利的统治被瓦解,匈牙利正式宣布成为共和国。1919年2月20日,协约国驻匈军事代表、法国的威克斯递交给匈牙利政府一份照会,要求匈牙利东界驻军往后撤退100公里,限定10天以内,协约国军队将占领空出的地方。新成立的共和国新政府——卡罗利政府不敢表态,于是辞职下台,政权由社会民主党人掌握。1919年3月21日,匈牙利社会民主党和共产党达成协议合二为一,匈牙利苏维埃共和国正式宣布成立。

③ 1918年11月,德军从罗马尼亚撤出。罗马尼亚军队进入奥匈帝国的特兰西瓦尼亚地区,12月1日,宣布该地区归属于罗马尼亚。

④ 1918年秋,奥匈帝国濒临绝境,帝国内不断爆发各民族反战和反君主政体的民众运动,军队反戈,在南斯拉夫,很多士兵当了逃兵。他们自称"绿军",手拿武器反抗奥匈帝国官方。1918年10月底,驻扎在里耶卡和普拉两地的军队发动起义,成立了革命委员会。在民众运动大肆兴起的情况下,在萨格勒布,克罗地亚和斯洛文尼亚的几个政党举行了国民议会,宣布南斯拉夫从奥匈帝国独立出来。1918年12月4日,塞尔维亚—克罗地亚—斯洛文尼亚王国正式宣布成立。

尔马提亚①的边界上，都连续爆发了多次争夺疆土的战争，有正规军参与了，也有志愿军参与了。在这一个多月的时间里，维也纳的灾荒越来越严重②，俄国的形势也是日趋紧张，让人忧虑不已。

可是，就算在巴黎和会第一次全体会议上，《国际联盟盟约》已经被确定下来将是总和约的一个重要组成部分——当然仅限于理论上。而盟约文件一直处于连绵不休的讨论中，在不同的人之间、不同的国家政府之间转手。就这样，一个月的时间又过去了。对于欧洲来说，这个月一直处于动乱中，欧洲越来越迫切地想要看到自己真正的和平——实际上的和平。一直到第一次世界大战停战以后过了三个月的一天，那一天是一九一九年二月十四日，《国际联盟盟约》的最后文本才由威尔逊提出，并最终获得大会集体通过。

世界再次一片欢腾。威尔逊成功了：此后保障和平的将是互相达成一致和对最高的公正的信任，而不是借助武力和恐吓。当威尔逊从凡尔赛宫离开时，又响起了一片热烈的鼓掌声。他再一次——可是也是最后一次——骄傲地、感动地微笑着看着聚集在他周边的民众。他觉得，以这个国家的民众为代表的更多国家的民众，以这代遭受苦难重创的人为代表的将来世世代

---

① 达尔马提亚（Dalmatia）是巴尔干半岛靠近亚德里亚海的一条又窄又长的沿海地带，它的北部地区领土正被意大利人和南斯拉夫人争执不休。
② 1916年以后，奥地利境内粮食明显不足，饥荒现象越来越严重。

代的人——因为和平的保障，他们将永远和战争的苦难相隔绝，和战败国因为被强迫签署霸王条款的和约所遭受到的耻辱相隔绝，和战胜国的独断专行相隔绝。这不仅是他最卓越的一天，也是他最后的一个幸运日，因为第二天，也就是一九一九年二月十五日，他就离开这里回了美国①，他要先回美国给自己的国民解释这份永久和平的"大宪章"②，之后再回到巴黎签署另一份最后的战争和约。可就是因为威尔逊离开他胜利的战场太早了，他的胜利也因此没有持续下去。

当"乔治·华盛顿"号军舰从布雷斯特海港离开时，虽然礼炮依然响彻天际，可是欢送的人群却少了很多，他们的神情也少了之前的欢欣，显得很不以为然。在威尔逊离开欧洲时，对于这位"救世主"，欧洲各国的民众已不再怀有多么大的希望和热情。在纽约，迎接他的也是一片冷漠，军舰上空没有飞机在盘旋，疾风骤雨般的欢呼声也没有，而在他自己的白宫办公室里、在国会、在参议院、在自己的党内、在自己的国民那里，迎接他的更是一种疑惑。因为威尔逊走得不够远，所以欧

---

① 1919年2月15日，威尔逊返程回美国，1919年2月24日到达波士顿。他这么匆忙地回到美国，是想要在美国国会休会之前争取更多共和党参议员给他投赞成票。

② 大宪章（Magna Charta），这里是指《国际联盟盟约》。"大宪章"一词原来是英国历史术语，起源于1215年英王约翰（John）在英国大封建领主的强迫下所签订的一份文件，在这份文件中，臣民的部分公民权和政治权被保留了下来。后来"大宪章"被引申为基本章程、基本纲领等词义。

洲不满意，而对于美国来说，他又走得太远，所以美国也不满意。欧洲觉得威尔逊做得还远远不够，因为各种相互对立的利益还没有被他凝聚成一种广泛的、伟大的人类利益，而在美国，那些已经对下一届总统选举跃跃欲试的竞争对手们则鼓动着说：威尔逊根本没有理由从政治上将美洲新大陆和不稳定的欧洲大陆结合得那么紧，进而和美国国策的基本原则——门罗主义①相对立。在美国，人们焦灼地劝诫伍德罗·威尔逊，他应该把美国人放在第一位，他是由美国人推举成为总统的，而不应该光想到外国，光想着成为将来梦想之国的奠基人。于是，威尔逊不但要整天为欧洲的谈判伤神，还必须和自己党内人士进行协商，和自己政治上的对手进行新的磋商。在这座让人引以为傲的国际联盟的大厦后门，他还必须再堵上一道墙——他自以为这座很难攻破的"国际联盟"大厦已经建成了呢。可是大厦的后门一点都不安全——因为美国随时都有可能通过这座后门从大厦里撤出来。也就是说，要时刻提防美国从

---

① 门罗主义（Monroe Doctrine），提出人是美国第五位总统詹姆斯·门罗（James Monroe，1758—1831，在1817至1825年间连任两届总统），是美国外交政策的原则，口号是"美洲是美洲人的美洲"，宗旨就是对当时欧洲的一些封建专制帝国支援西班牙再次得到其在美洲殖民地的妄想进行反对。门罗给美国和南北美洲各国拟定的基本外交政策是：南北美洲禁止外来者开发。

国际联盟①里撤出来。假如美国撤出了国际联盟,那么也就代表着威尔逊设计的永久性大厦——国际联盟的第一块基石就被人搬走了一块,大厦的墙基就会出现一个缺口,而这个缺口则具有毁灭性意义,它会导致大厦的最后坍塌。

　　回过头来说,即便威尔逊通过对条款进行修改,并加了很多限制条件以后,使得《国际联盟盟约》——他的"新的人类大宪章"② 获得了美国和欧洲的一致通过,那也只代表胜利了一半。当威尔逊为了把自己的第二部分使命完成,——签订对德和约③而再次回到欧洲时,他的心情已经远不及上一次信心满满了。"乔治·华盛顿"号军舰再次驶向布雷斯特海港。可是他这一次瞭望欧洲海岸时已没有了上一次的雄心勃勃、容光焕发,取而代之的是苍老和疲惫,因为短短几个星期,他的信心已经被打压了不少。他的表情更严肃了,嘴巴闭得紧紧的,露出愤怒和坚定的神情,左面颊时不时抽动一下,就像暴风雨

---

　　① 1919年6月28日,协约国和德国在法国凡尔赛宫的明镜大厅里签署了对德和约,宣布第一次世界大战的凶手就是德意志帝国。对德和约在得到英、法、意、日、德同意后,1920年1月10日起开始生效。《国际联盟盟约》属于《凡尔赛和约》的一部分。美国国会拒绝同意《凡尔赛和约》,因为美国国会不希望美国加入到英、法势力占上风的国际联盟。1921年8月,美国和德国单独签署了一项和《凡尔赛和约》内容一样的条约,可是却剔除了有关国际联盟的条款。这说明美国决定不加入到国际联盟中。
　　② 指《国际联盟盟约》。
　　③ 威尔逊提出的《国际联盟盟约》在巴黎和会上得到了通过,是他完成自己使命的第一部分,之后再次回到巴黎,他要完成的使命的第二部分是代表美国签订协约国和德国形成的包含国际联盟条约的和平条约。

来临前的闪电——这是疾病的预警。随身医生①丝毫不敢大意，赶紧提醒他一定要当心身体。可是他马上要面临一场新的，或许更加艰苦卓绝的斗争。他很清楚，比起制定这些原则，执行这些原则要困难得多，可是他打定主意不会对自己纲领中的任何一点进行妥协。要么全部保留，要么统统牺牲。要么一直和平，要么没有和平。

这次在欧洲海岸上迎接他的是一片冷清。巴黎的街道上也是冷清一片。报纸都是一副冷淡和静观其变的态度。民众变得小心谨慎。歌德的那句话又一次变成了现实："热情这种东西不可能埋藏很多年。"威尔逊没有好好把握有利的时机，没有一鼓作气地贯彻自己的意志，而是搁置了他有关战后欧洲的完美计划。在他离开巴黎的那一个月，一切都变了。劳合·乔治向大会请了假，克里孟梭因为被一个刺客攻击而半个月无法工作。不同私利集团的代表人物就抓住这个空当涌进巴黎和会各专门委员会的会议大厅。元帅和将领们——所有这些高级军官曾经在征战期间为了让自己的利益最大化而以最饱满的热情投入到最危险的工作中，曾经用他们的训诫、独断让千百万人对他们唯命是从，在这个时刻，他们怎么会甘心从历史舞台上谢幕呢？《国际联盟盟约》的条款要求"把所有强制征兵和其他

---

① 威尔逊的随身私人医生是卡里·格雷森（Dr. Cary Grayson）。

多种形式的普遍强制征兵①都废除掉",这不是要把他们手中的权力——军队夺走吗?也就是说,《国际联盟盟约》已对他们的生存造成了威胁。永久的和平代表着他们的职业将永远没有价值。所以他们肯定要把什么永久和平的废话——《国际联盟盟约》抹杀掉,抑或让《国际联盟盟约》无路可走。他们要求扩充军备,而不是像威尔逊要求的那样大肆减少军备,他们要求划分新的边界和得到各国的担保,而不同于威尔逊所要求的那样在集体安全的基础上解决问题。他们说,用这"十四点原则"的海市蜃楼根本无法对一个国家的繁荣富强予以保证,而只能通过对自己的军队进行武装和把敌人的军队予以解除的方式。这些军国主义者背后站着的是那些要保持自己的军火工厂照常运行的工业界各集团的代表,还有准备在战败国赔款方面得利的中间商。外交官们因为背后被反对党恐吓越来越觉得进退维谷。他们所有人都要为自己的国家多谋得一大片土地。他们巧妙地运用公众舆论进行了一些尝试,所有的欧洲报纸都紧跟美国的报纸的论调,众口一词地反复提及着一个相同的话题:说威尔逊因为他不切实际的妄想而延误了和平的到来。威尔逊的梦想国度当然值得肯定,而且也充满了理想主义精神,可是他的理想国度却对欧洲的稳定带来了严重的影响。现在时间非

---

① 在1919年6月28日巴黎和会通过的《国际联盟盟约》中没有这一项条款,也许第一稿草案中有这个内容,后来被删除了。《国际联盟盟约》全文载《国际公法参考文件选辑》(中文),北京:世界知识出版社,1959年,第418—424页。

常宝贵，不能再为了崇高的道德和道义上的顾忌而浪费了。假如不能马上形成合约，欧洲就会一团糟。

让人扼腕的是，这样一些批评也有一定的道理。威尔逊是将自己的计划对准今后更多世纪的人，他衡量时间的尺度也和欧洲各国民众不同。他认为，假如要实现千年古梦，四五个月的时间其实很短。可是就在这段时间以内，因为东欧出现了很多底细不明的势力所组成的志愿军团，他们强占领土，大片狭长的领地的主人还没有确定下来呢。停战四个月以后，德国代表团、奥匈帝国代表团依然没有被接待。在那些还没有划清的边界后面，各国民众都开始躁动。政治形势如此大的剧变明显昭告：匈牙利①和德国②都会因为丧失希望而投奔布尔什维克。因此外交官们急切地想要有个结果——马上达成和约，无论它是否公正，而且要把达成合约所有的障碍都先清除掉：第一个要清除的就是带来麻烦的《国际联盟盟约》。

威尔逊回到巴黎以后就第一时间发现，在他离开巴黎的这一个月期间，此前三个月他所创立的所有基础都暗中被破

---

① 1919年3月21日，匈牙利苏维埃共和国成立。
② 1919年3月3日，德国共产党总部和柏林党组织一起呼吁柏林工人总罢工，提出"一切权力归工人苏维埃"的口号。有5天时间，柏林处于无政府状态。政府军驻柏林司令官诺斯克宣布戒严并实行军事管制。3月8日，罢工领导人宣布复工，可是直到3月17日，军事管制才解除。在这次冒进的斯巴达克派和政府军的战斗中，大概死了1200人。

坏而且可能倒塌。福煦元帅①一直所主张的观点差不多就要实现了：从和约中剔除《国际联盟盟约》。可是，在这千钧一发的时刻，威尔逊坚强不屈的意志起到了决定性作用。他坚持贯彻自己的主张。一九一九年三月十五日，也就是他回到巴黎的第二天，他就通过新闻界正式对外宣称：一九一九年一月二十五日巴黎和会通过的决议——"《国际联盟盟约》将是和约不可或缺的一部分"仍然有效。这项声明第一次反击了那种居心。——那种居心不是以新的《国际联盟盟约》为基础的，而是以协约国之间签订的旧的伦敦密约为基础的，进而形成对德合约。威尔逊总统现在已十分明了，那些昨天还煞有介事地发誓要对民族自决权予以尊重的几个大国②，它们心心念念的是什么。法国想把德国的莱茵地区和萨尔地区据为己有；意大利想要把阜姆港和达尔马提亚地区③据为己有；

---

① 福煦（Ferdinand Foch，1851—1929），1918年5月出任协约国军总司令，8月升职为法国元帅，11月11日接受德军投降，第一次世界大战中协约国军队取得胜利，他被认为是重要领导人，战后被推选为法兰西科学院院士、最高军事委员会委员。著有《兵法原理》等。
② 指当时参加巴黎和会的英、法、意、日等国。
③ 阜姆港（Fiume）是亚得里亚海的交通要道，战前匈牙利货物出海主要都是通过这里，南斯拉夫人觉得它隶属于斯洛文尼亚或克罗地亚，1915年的伦敦密约将它的归属地确定为克罗地亚，意大利首相奥兰多在和会上要求履行伦敦密约，而且也要求把阜姆港和达尔马提亚地区（Dalmatien）归他们所有，英、法、美为了让自己在巴尔干国家拥有更大的影响，不支持意大利的要求。不仅这样，"三巨头"还提出了一条所谓"威尔逊线"，把伦敦密约承诺给意大利的土地缩减了不少。奥兰多气愤之余离开巴黎回到了自己的祖国，想以此作为筹码，可是几乎没有起到任何作用。1919年5月7日，奥兰多又再次回到巴黎和会，最后缔结的《凡尔赛和约》规定：阜姆港被宣布为自由港；意大利拥有达尔马提亚海岸外的若干海上岛屿；达尔马提亚沿岸地区归南斯拉夫所有。

罗马尼亚①、波兰和捷克斯洛伐克②都分别想拿到自己的那一份战利品。假如威尔逊不予以反抗，那么《巴黎和约》的签订将和拿破仑、塔列朗、梅特涅③签署侵略性和约一样，都是采用被世人所诟病的方法，而不是根据威尔逊所提出的，并被巴黎和会一致通过的原则而形成的。

那十四天火药味十足。威尔逊本人不想让法国把萨尔地区兼并了，因为他觉得这种兼并开创了破坏"民族自决权"的先河，而且实际上意大利已经在将撤离巴黎和会④作为筹码

---

① 第一次世界大战结束以后，罗马尼亚得到了大量财物和人口。从匈牙利那里，它得到整个外希伐尼亚，从奥地利那里，它得到布科维纳，从俄国那里，它得到萨拉比亚，其领土和人口又增加了一倍多。

② 捷克斯洛伐克是第一次世界大战结束后新成立的国家，完全产生于巴黎和会，其领土是从德国和奥匈帝国割让来的，包括摩拉维亚、西里西亚、波希米亚，当时捷克人一共有600多万，斯洛伐克人有差不多200万，日耳曼人有350万，还有不到100万的匈牙利人。

③ 梅特涅（Klemens Wenzel Nepomuk Lothar von Metternich, 1773—1859），奥地利外交大臣（1809—1848）和首相（1821—1848），公爵。拿破仑帝国覆亡以后，欧洲各国在1814年10月至1815年6月期间在维也纳召开会议，会议的主导者是奥、普、英、俄四国。1815年6月9日，维也纳会议签订了总协议，总协议规定：尼德兰王国由比利时和荷兰组成，奥地利在意大利东北部的统治地位再次得到申明，使奥地利掌控了很多小公国，波兰王国归俄国所有，萨克森北部和波兹南归普鲁士所有，英国拥有马耳他岛，等等。

④ 1919年4月3日，修订后的《国际联盟盟约》正准备在巴黎和会上予以通过时，意大利首相奥兰多趁机在"四巨头"会议上重申意大利对阜姆港的领土要求，并威胁道：假如意大利的要求没有被满足，他将从和会退出。因为传言奥兰多准备自行宣布意大利是阜姆港的主权的拥有者，1919年4月23日，威尔逊先人一步，他提出必须保障小国的权利，意大利不能占有阜姆港和达尔马提亚的土地，这片土地应归南斯拉夫所有。威尔逊的主张让意大利兴起对威尔逊的反抗浪潮。奥兰多从"四巨头"会议离开。可是，1919年5月7日，奥兰多又重新回到了巴黎和会。

呢。——意大利觉得自己的所有要求和法国的要求其实是一样的。法国的报纸不停地火上浇油,说匈牙利到处都被布尔什维克主义所侵袭,协约国的欧洲各盟国也装作像那么回事地说,很快布尔什维克主义将会祸及全世界。威尔逊觉得自己最亲密的顾问——国务卿罗伯特·蓝辛和私人顾问豪斯上校都开始越来越明显地反对他。甚至连他之前的朋友都纷纷劝告他,面对如今这一团糟的局面,宁愿把一些完美主义的要求牺牲掉,而尽快达成和约。威尔逊现在面临的是整齐一致的论调。而他的政敌和竞争对手所煽动起的公众舆论则让他后背受敌。有些时刻,威尔逊真心觉得自己太累了。他向一个朋友坦承,这种一人对抗众人的斗争,他已经坚持不下去了,并已经打定主意,假如自己的意愿无法实现,他就会从巴黎和会离开。

在这种对他极其不利的情况下,最后他还遭到了一个敌人的突然袭击,这个敌人就来自于他的内部——他的身体。一九一九年四月三日,正当惨不忍睹的现实和尚未完成的理想到了决战的关键时刻时,威尔逊忽然倒了下去。这位六十三岁的老人因为一场突然而至的流行性感冒倒在了床上。可是,和他沸腾的血液相比,他觉得时间更宝贵,时间不容许这位已经倒在病榻上的老人喘口气,不同政治性灾难的消息漫天飞。一九一九年四月五日,巴伐利亚政权被共产主义掌控,在慕尼黑成立了巴伐利亚苏维埃共和国。奥地利被夹在布尔什维克的巴伐利亚和布尔什维克的匈牙利之间,处于半饥饿状态的它随时都有可能倒向苏维埃共和国。随着反对声的逐渐高涨,一个人要背负的所有责任也越来越重。这位筋疲力尽的人已经被所有人逼到了床边。克里孟梭、苏合·乔治、豪斯上校就在旁边的房间里讨论着呢。他们都已经打定主意,不管要付出什么代价,一定要让巴黎和会赶紧出结果,而这个代价就是威尔逊应该不再坚持他的要求和他的理想。如今所有人都要求先搁置威尔逊提出的"永久和平",因为这种"永久和平"给现实的和平、军事上的和平和取得物质回报的和平都带来了阻碍。

可是,虽然威尔逊一点精神都没有;虽然他的健康已受到了极大威胁;虽然他在报纸上被斥责——报纸斥责他延误了和平;虽然他恼怒于自己的顾问们抛弃了他;虽然他一直被其他国家的政府代表们纠缠,威尔逊依然坚决要求贯彻自己的观点。他觉得,他必须信守承诺;他觉得,只有当他将他梦想的和平和非军事上的和平、长久的和平、将来的和平连成一体,只有当他将所有精力都投入到仅有的可以拯救欧洲的"国际联盟"上,他才能真正得到他梦想中的和平。于是,当他刚能下床时,他就马上采取了一个决定命运的举措:一九一九年四月七日,他发了一封电报给华盛顿的美国海军部,内容是这样的:"'乔治·华盛顿'号最早可以于哪一天驶向布雷斯特海港;最早可以于哪一天抵达布雷斯特海港。总统希望该舰迅速起航。"当天这则消息全世界都知道了：威尔逊总统乘坐的军舰不日将抵达欧洲①。

这则消息所带来的震惊效果可想而知，大家也马上知道这代表着什么意思。威尔逊总统将不允许违反《国际联盟盟约》原则的和平——即便只和其中一点唱反调都不行，而且也打定主意，就算从巴黎和会离开，也绝不会妥协。今后几十年甚至几百年欧洲的命运和全世界的命运将会由此刻决定。假如威尔逊这时愤然离开，那么原有的世界秩序就会瞬间土崩瓦解，世界就会陷入一片混乱。可是，局势也有可能被彻底扭转，高唱凯歌。欧洲很惊讶，焦灼地问道，其他的巴黎和会参与者愿意为此负责吗？威尔逊本人愿意为此负责吗？——这是决定性的一刻。

在这一紧要关头，伍德罗·威尔逊依然拥有坚定的意志，毫不退让，一定要真正的和平。不允许法国人把萨尔地区据为己有，不允许意大利人把阜姆港据为己有，不允许把土耳其瓜分掉，不允许拿各民族的利益来进行交换。强权应该被公正打

---

① 在巴黎和会上，法国得到阿尔萨斯—洛林地区以后，又提出把德国的萨尔地区归它所有。萨尔地区煤产量丰富，假如法国可以得到萨尔地区丰富的煤，再加上阿尔萨斯—洛林地区有丰富的铁，它就可以成立一个实力强大的冶金工业基地，这将给法国在欧洲取得霸主地位打下坚实的经济根基。英美强烈反对法国的这一计划，它们不想让德国受到更多的压榨，而让法国实力过于强大。可是在这个问题上，克里孟梭的态度很坚决，他声称，假如法国不能得到萨尔地区，那么他就拒绝在任何和约上签字。威尔逊气急败坏，威胁他将退出会议。1919 年 4 月 6 日，威尔逊在巴黎表示，假如几天之内，英、法不接受"十四点原则"作为和约的根本，那么他就会停止会议回国，并把真相公布出去。1919 年 4 月 7 日，他果然给美国海军部发去了电报，命令"乔治·华盛顿"号过来接他回国。可是事后，威尔逊一直留在巴黎。

败,现实应该被理想打败,现在应该被未来打败。即便世界因此走向末路,公正也必须一往无前。这一刻将成就威尔逊的伟大、人性和勇敢。如果他有足够的力量抵挡住这一时刻的话,那么那些真正的人类朋友会永远铭记他,尽管人数不多,而且他的业绩也是举世瞩目的。可是,接下来一个星期他却要承受来自各方的攻击。法国的报纸、英国的报纸、意大利的报纸都把矛头指向他——因为他在理论上和神学上的执拗思想,这位要开创和平的人却破坏了和平;现实的和平也因为他自己的空中楼阁而遭到大肆损坏,甚至希望从威尔逊那里为自己谋得所有福利的德国现在也反过来对他进行攻击——因为巴伐利亚爆发了布尔什维克主义,德国也是恐慌不已。还有他自己的同胞豪斯上校和蓝辛也一致请求他不要再那么固执。图马尔蒂①——威尔逊在白宫的政治秘书几天前还给他发来振奋人心的电报:"只有总统英勇无畏地坚持下去,才能拯救欧洲——甚至拯救全世界。"可是,当总统确实这样做以后,借助海底电缆,这同一个图马尔蒂却在同样的地方给总统发来电报说:"……撤离巴黎和会还需要再考虑考虑,而且也许会给美国国内外都带来危险……总统应该让应该承担责任的人去承担中止巴黎和会的责任——这个时候从巴黎和会离开也许会被看作是一种潜逃。"

---

① 图马尔蒂(Tumulty,1879—1954),当时任职威尔逊总统的白宫政治秘书。

看到自己身边发生的一切,威尔逊大失所望,不禁悲从心起,他不知道为什么,自己竟然成了被所有人攻击的对象。他身边一个支持者都没有,会议大厅里的人都和他唱反调,他自己参谋部的人也是如此。而面目模糊的千百万人力挺他的声音此刻却离他很远。威尔逊不清楚,假如他真的离开了,他的恐吓变成现实,他的名字就有可能被后人铭记吗?威尔逊也不清楚,是否他只有坚持下去,后世才有可能完美地得到他这种对于将来的理念的基本原理,而且可以反复被更新?威尔逊不清楚,是不是会有某种转机,当他对那几个得寸进尺、满腹怨恨、冲动行事的大国①说出"不"字时?他只觉得自己一个人很难和这么多人抗争,对于巴黎和会最终宣告失败的责任,他也无力承担。于是,威尔逊慢慢妥协了——而妥协的后果是非常严重的。他不再那么强硬地坚持。豪斯上校从中斡旋,双方都有所让步。反反复复讨论了八天边界问题以后,一九一九年四月十五日——历史上最灰暗的一天,威尔逊终于不情愿地同意了克里孟梭明显让步了的军事要求:法国在未来的十五年内拥有德国的萨尔地区。这是这位一直坚持原则的人首次做出的让步,它如同一根魔法棒,第二天早晨巴黎的报纸全部都变调了。昨天各种报纸还在指责他是和平的破坏者、世界的破坏者,现在却齐声赞赏他是世界上最有谋略的政治家。可是,在他心中,

---

① 指巴黎和会的参与者英、法、意、日等国。

这种赞誉却是一种谴责,让他愧疚不已。威尔逊心里很清楚,他事实上可能用一时的和平取代了永久的和平——他错过了仅有的一个可以拯救世界的和平,抑或说全部打水漂了。理直气壮的事被荒诞不经的事打败了,冷静的理智被冲动的感情①打败了。领先于时代的理想被众人炮轰以后,世界又倒退了回去。而他——威尔逊作为领袖和旗手却在这次他本人的决定性战役中一败涂地。

威尔逊在这性命之攸的时刻是否做对了?谁能够给出答案?无论如何,在那永远逝去的历史性的一天会做出一个影响远超几十年甚至几百年的决定,而为了弥补这个决定的错误,我们必须再次付出我们的鲜血、我们的绝望和无奈的疑惑。自此以后,威尔逊已不再拥有那么大的影响力——在他所在的那个时代,他的影响力曾经拥有前所未有的道义力量,而如今他的威望已然消失,他的力量也慢慢消退。谁只要让步了一次,那么以后就是无穷尽的让步。一次妥协会带来更多的妥协。

---

① 虽然巴黎和会是由美、英、法三巨头主宰,可是他们之间的合作并不是很和谐,在很多问题上,他们都有分歧。有一次克里孟梭说劳合·乔治谎言不断,这位英国首相马上一蹦三尺高,抓住法国总理的衣领要求他道歉。克里孟梭则提出和劳合·乔治决斗,说"用手枪或剑都行",威尔逊拉开二人。参阅李岩、高明主编《第一次世界大战史画》北京:蓝天出版社,2005年2月第1版第467页。

名不副实势必会变成华而不实，暴力势必会衍生出暴力①。威尔逊曾经梦想在凡尔赛达成整体的和平和永久的和平，而其实它是不完全的和平，离圆满还差很远，因为这种和平的产生只是考虑到单纯的物质利益，根本没有从未来出发，也不是出于人道主义精神。人们白白错过了历史上可能仅有的一次可以改变人类命运的机会。失去救世主的、让人失望的世界再次回归到怅然若失的状态。威尔逊——这个过去被人看作救世主的人回到了自己的国家，可是现在在人们眼里，他只是一个遭受重创、一脸倦容的病人而已。他身边没有再响起欢呼声，他身后也没有旗帜在飘扬，当他乘坐军舰从欧洲海岸②离开时，这位失败者都没有回过头再看一眼这片无限坎坷的欧洲大地。——几千年以来，欧洲一直希望和平和统一，可是一直没有实现。又一次，在大海的远方雾霭中，一个人性化世界的永生梦想慢慢飘散了。

---

　　① 德国外长布罗克多夫到巴黎来签订和约，当他看到和约内容以后当即予以拒绝并回到德国。1919年6月中旬，克里孟梭对德国说，假如德国拒绝接受和约条件，协约国将宣布停战条件失效。因为害怕协约国的武力，德国才决定马上签署和约。可是和约对德提出了非常苛刻的条件，使得德国人的心理受到了极大的创伤。三巨头中比较理智的劳合·乔治曾经说过："诸位先生，你们可以把德国的殖民地夺回来，限制其陆军只能用于警察，让其成为第五等的海军国家。可是无论如何，如果德国人觉得1919年的和约有失公正，肯定会尽可能复仇。"历史验证了劳合·乔治的话。巴黎和约签订后没多长时间，德国就开始滋长复仇主义。德国军国主义分子大力鼓动对战胜国（尤其是法国）的仇视，部署反对履行和约的暴力行动，比如说1923年的鲁尔事件。

　　② 巴黎和会结束以后，1919年6月28日，威尔逊离开巴黎，6月29日乘"乔治·华盛顿"号回美国。1919年7月8日到达纽约。